緊急支援のアウトリーチ

現場で求められる心理的支援の理論と実践

小澤康司・中垣真通・小俣和義
編著

遠見書房

まえがき——本書の趣旨

　1995年に発生した阪神・淡路大震災の頃から，「心のケア」という言葉がマスコミで頻繁に使われるようになり，その後，学校で事件・事故が発生するとスクールカウンセラーが緊急派遣される流れが生まれ，災害や事件・事故が発生すると現場に心理職が出向くアウトリーチによる心理支援が一般化してきた。そして2011年3月11日に発生した東日本大震災においては，これまでにない数の心理職がさまざまな形で現地に出向いて心のケアを行い，積極的にアウトリーチによる心理支援を行った。このように，心のケアに注目して歴史を概観すると，アウトリーチによる心理支援が新しいもののように感じられるのだが，本当に新しい取り組みなのだろうか。震災などの災害や学校での緊急支援における心のケアが注目されるよりも前から，不登校ケースへの支援などでは個人の危機に対するアウトリーチが行われていたのではないだろうか。そもそも心理支援を必要とする状況は，危機事態の性格を帯びており，支援を必要とする人が大きな困難に直面していて，相談室に足を運ぶことがままならない状態に陥っていることが少なくない。そうであれば，支援者がその人の生活の場に出向き，アウトリーチによる心理支援を提供することは，ごく自然な援助者としての姿勢であり，特別な手法や技法ではないと言うことができるだろう。
　近年，心理職に対する社会的認知は高まり，それにともなってアウトリーチによる心理支援に対するニーズが社会全体で高まっているように感じられる。その一方で，すべての心理職がアウトリーチによる心理支援の技術を習得できているかと言えば，現状はいささか心許ないと言わざるを得ない。加えて残念なことに，これまで脈々と行われてきたアウトリーチによる心理支援の実践報告や知見が十分に蓄積されているとは言えず，理論や体系を整理できる段階には至っていない。本書では，このような現状を少しでも前進させるべく，野に埋もれているアウトリーチ支援の実践に光を当て，現場で積み重ねられた貴重な知見を明るみにしていきたいと考えている。
　また，アウトリーチによる心理支援を行う場合，さまざまな職種の人とチームを編成して対応にあたることが多いので，職種間の連携が必要になる。また，職種間だけでなく，交代しながら長期的な支援を継続する時には，心理職同士で引き

継ぎをすることもある。このような場合に，自分たちの方針や役割を的確に伝えるための言葉が求められる。したがって，体系を整えることまではできないとしても，アウトリーチによる心理支援に関する基本概念や用語の整理を進めたいという意図も本書にはある。さらに，援助構造が曖昧な現場に出向いて行き，治療契約を結んでいない人を支援する時に，過度なやる気や善意が適切な支援を妨げ，かえって支援対象や現場の人々にとって害となることもある。そのため，アウトリーチによる心理支援を行うに当たって，心理職は何をすることが望まれていて，何をすべきではないのか，倫理的な側面と心理職独自の役割を踏まえて，新たなモデルを提示する必要があると考えている。

　上記の2点の編集目的に加えて，アウトリーチによる心理支援であるからこそ，触れておかねばならない話題があると考えているので，それらをここで紹介しておきたい。その1つめが，問題解決への準備性である。アウトリーチによる心理支援では，問題意識や治療動機を持たない人を支援対象とすることが多く，困り事を訴えて相談室にやってくる「来談者」とは異なるアプローチをとることが求められる。平たく言うと，お節介と言えるような支援を行うこともあるのである。2つめは，予防にも取り組む点である。相談室に来談する人はすでに困り事が起きているのだが，アウトリーチの場合は，困り事が生じる危険性が高いもののまだ問題が生じていない人たちと出会うことができる。彼らに問題が発生しないよう，未然に防ぐための啓発や心理教育などを行い，支援内容を拡大することは，援助職として自然な流れだろう。3つめは，一般的な社会性と常識性についてである。先述のとおり，アウトリーチをするとチームの一員として支援に携わることが多い。このチームは多職種であったり，職場をまたいだ編成であったりするので，心理職だけの常識や職場固有のやり方に囚われると齟齬が生じてしまう。場合によっては，支援の場を作り出すためのコーディネートをしていくことから始めなければならないこともあり，ごく常識的なコミュニケーション力を求められることになる。これは，カウンセリングのように非日常性が求められる業務と質的に異なるところである。

　以上のような企図に基づき，本書は3部構成でまとめている。第1部は理論編として，アウトリーチによる心理支援の基本概念，基本姿勢そして倫理について整理した。特に，基本姿勢と倫理については，日本臨床心理士会会長の村瀬嘉代子先生に座談会の時間をとっていただき，生活に基盤を置いた長年の臨床経験から紡ぎ出された臨床哲学とも言える知見を編著者3名が伺っている。村瀬先生の

思うところを率直に語って下さっているので，是非ご一読いただきたい章である。第2部は実践編として，子育て，犯罪被害，自殺，学校，災害，電話相談の領域を取り上げ，各領域の最前線で御活躍の先生方に具体的な取り組みについて紹介していただいた。アウトリーチによる心理支援が現在どのように展開しているのか，概覧していただける内容だと考えている。第3部は展望編であり，未然・予防活動とアウトリーチの未来についてまとめた。また，アウトリーチ活動の可能性をさまざまな側面から広げてこられた第一人者の方たちにエッセイの形でご執筆いただいた。

　家族や地域のつながりが希薄化するとともに，人口の減少や貧困層の固定化も進みつつある現代社会において，潜在的に心理支援を必要とする人々が数多く存在している。アウトリーチによる心理支援がより洗練されたものになり，さらに社会の中に浸透していくことで，このような人達にも支援の手が届くようになることを願っている。

2016年11月

小澤康司・中垣真通・小俣和義

もくじ

まえがき──本書の趣旨　3

第1部　理論編

第1章　緊急支援のアウトリーチとは何か ………………… 小澤康司　11
　Ⅰ　広がる心理職の活動スタイル　11／Ⅱ　心理職の活動スタイルの分類　12／Ⅲ　緊急支援アウトリーチ活動について　20／Ⅳ　緊急支援アウトリーチに求められる能力　22／Ⅴ　心理職に求められる緊急支援アウトリーチの働き方　23

第2章　個人の危機・コミュニティの危機への支援 ……… 中垣真通　25
　Ⅰ　危機とは　25／Ⅱ　さまざまなシステムでの危機とケア　27／Ⅲ　危機事態への対応の特徴　31

第3章　多職種連携と心理職のあり方 ………………………… 小俣和義　36
　Ⅰ　心理職の職域　36／Ⅱ　災害後の心理支援について　38／Ⅲ　災害時における関係機関との連携について──東日本大震災後における支援活動の実際　40／Ⅳ　大規模災害時に支援活動を行う上での留意点　42／Ⅴ　心理職チーム内での連携　45／Ⅵ　連携をとるうえでの留意点　47

第4章　アウトリーチ活動の倫理 … 小澤康司・中垣真通・小俣和義　50
　Ⅰ　基本的倫理観　50／Ⅱ　基本的人権の尊重　51／Ⅲ　プライバシーの尊重　52／Ⅳ　守秘義務と緊急対応の関係　53／Ⅴ　情報の管理　54／Ⅵ　限界の認識と他機関との連携　56／Ⅶ　調査と個人的欲求の抑制　57／Ⅷ　報道対応の公正性　59／Ⅸ　自己認識と心身の健康の保持　59

第5章　座談：生活に根ざしたアウトリーチの心理支援──村瀬先生に聞く… 村瀬嘉代子／聞き手：小澤康司・中垣真通・小俣和義　65
　ニューヨーク：911から　65／自らの経験のなかで　67／さりげなくいること　70／総合的な人間力：千手観音　71／被害者支援のリーダーとして　73／熱意と覚悟　75／その人の気持ちの力になる　77／被害者支援の本質　81／できる限り　82／生きたアセスメント力　84／未然と予防　85／時・所・位　88／覚悟　91

Essey　家族への危機介入──ナラティブの観点から ………… 平木典子　93
Essey　心理支援センターのマネジメント ………………… 奥村茉莉子　95
Essey　中長期的な被災地での支援 ………………………… 菊池陽子　97

第2部　実践編

第6章　子育て支援 ……………………………………青戸泰子　103
Ⅰ　はじめに　103／Ⅱ　子育て支援とは　103／Ⅲ　子育て支援の機能　105／Ⅳ　コミュニティ・カウンセリングによる子育て支援　106／Ⅲ　おわりに　113

第7章　児童虐待への支援 ……………………………中垣真通　115
Ⅰ　児童虐待の現状　115／Ⅱ　通告対応におけるアウトリーチ　118／Ⅲ　まとめ　125

第8章　犯罪被害者支援 ………………………………鶴田信子　126
Ⅰ　はじめに　126／Ⅱ　犯罪とは　126／Ⅲ　犯罪被害とは　127／Ⅳ　犯罪被害者支援のあゆみ　128／Ⅴ　被害者支援の実際　128／Ⅵ　被害者支援の関係機関・団体による取り組み　131／Ⅶ　公益社団法人被害者支援都民センターにおける被害者支援活動　132／Ⅷ　アウトリーチ型支援の意義や留意点　135／Ⅸ　被害者支援における多職種連携と心理職の役割　136／Ⅹ　予防活動としての被害者支援　136／Ⅺ　おわりに　136

第9章　自殺予防とアウトリーチ ……………………窪田由紀　138
Ⅰ　はじめに　138／Ⅱ　自殺予防の全体像　138／Ⅲ　心理臨床と自殺予防　139／Ⅳ　心理臨床の諸領域と自殺予防の重点　141／Ⅴ　未然防止活動の実際と心理職の役割　142／Ⅵ　危機対応（Intervention）段階での支援の実際と心理職の役割　144／Ⅶ　事後対応（Postvention）の実際と心理職の役割　145／Ⅷ　むすびに代えて——自殺予防とアウトリーチ　148

第10章　アウトリーチにおける動作法・ストレスマネジメント・心理教育 ……………………………………冨永良喜・後藤幸市　150
Ⅰ　リラックス動作法　151／Ⅱ　集団でのストレスマネジメント　153／Ⅲ　心理教育　154

第11章　学校での被災地支援——おとなへの支援を中心に
……………………………………………………下田章子　159
Ⅰ　はじめに　159／Ⅱ　震災直後の状況と最初期の支援　159／Ⅲ　初期の支援——学校再開前後　161／Ⅳ　震災後の子どもたちの状況と学校での対応について　162／Ⅴ　連携とサポート　164／Ⅵ　自分自身や地域の状況と課題　165／Ⅶ　今後に向けて　167

第12章　学校での被災地支援——子どもへの支援を中心に
……………………………………………………渡部友晴　169
Ⅰ　はじめに　169／Ⅱ　なぜアウトリーチか　169／Ⅲ　事例を通して　170／Ⅳ　おわりに　180

第13章　DVへの支援 …………………………………米田弘枝　182

Ⅰ　DV の理解　182 ／Ⅱ　精神的被害　185 ／Ⅲ　介入の必要性と心理教育，情報提供　188 ／Ⅳ　回復への支援　191

第 14 章　海外での被災地支援 ································ 槙島敏治　193
　Ⅰ　国際的な緊急事態時の支援　193 ／Ⅱ　支援活動の国際基準　194 ／Ⅲ　IFRC の心理社会的支援　196 ／Ⅳ　日本赤十字社の国際的な PSS 活動　198 ／Ⅴ　予防活動　199 ／Ⅵ　多職種連携の有効性とチームの中における心理職の役割　200 ／Ⅶ　国際的な緊急事態時におけるアウトリーチの課題　201

第 15 章　日赤の被災地支援 ···································· 池田美樹　204
　Ⅰ　日本赤十字社と救護活動　204 ／Ⅱ　赤十字のこころのケア　205 ／Ⅲ　こころのケア活動の実際　208 ／Ⅳ　多職種・他機関との連携と協働に向けて　212

第 16 章　危機介入の電話相談 ··································· 片岡玲子　214
　Ⅰ　電話相談の歴史と特性　214 ／Ⅱ　災害時の緊急支援電話　216 ／Ⅲ　虐待予防と子育て支援機関　220 ／Ⅳ　子どもの権利擁護相談　222 ／Ⅴ　さまざまな危機介入電話相談とこれから　224

第 17 章　PFA（サイコロジカル・ファーストエイド）
　　　　　　　　　　　　　　　　　　　　　······················· 大沼麻実・金　吉晴　225
　Ⅰ　はじめに　225 ／Ⅱ　危機的状況下での心理的な初期対応とは　226 ／Ⅲ　WHO 版 PFA の特徴　227 ／Ⅳ　WHO 版 PFA の活動原則　228 ／Ⅴ　支援者自身と同僚のケア　230 ／Ⅵ　PFA の公益性と今後について　231

Essey　EMDR（眼球運動による脱感作と再処理法）··············· 市井雅哉　234
Essey　BASIC Ph の世界 ·· 新井陽子　237
Essey　緊急支援とアウトリーチでの失敗を防ぐ ·················· 岩壁　茂　240

第 3 部　展望編

第 18 章　未然と予防 ··· 小俣和義　245
　Ⅰ　健康心理学における予防の概念について　245 ／Ⅱ　予防を行うためのアウトリーチ　246 ／Ⅲ　自殺予防へのアプローチ　247 ／Ⅳ　非行や犯罪，虐待の予防　254 ／Ⅴ　防災，減災について　255

終章　アウトリーチの未来にむけて ······························ 小澤康司　258
　Ⅰ　アウトリーチができる心理職の養成　258 ／Ⅱ　拡大が予想されるアウトリーチ活動　260 ／Ⅲ　求められるアウトリーチ活動の研究と実践活動の発展　262

　さくいん　264 ／執筆者一覧　巻末

第1部　理論編

第1章
緊急支援のアウトリーチとは何か

小澤康司

I 広がる心理職の活動スタイル

　近年,心理的支援活動の重要性が認知され,公認心理師やキャリアコンサルタントの心理職の国家資格が創設された。今後,心理職の養成や資質の向上が本格化するとともに,さまざまなスタイルの心理的支援活動が広がってゆくことが予想される。従来,カウンセリングや心理療法は,自発意思で来談してきたクライエントに対し,カウンセラー&セラピストが,治療構造が安定した相談室やセラピールームで,個人の内在的な問題を解決することに主眼が置かれて発展した経緯がある。しかし,多様な領域で生活する,さまざまな境遇の人たちに心理的支援を行うには,従来の相談室における活動だけでは不十分であり,ニーズを抱えた人のいる現場に赴き,混乱した状況の中で,心理的支援を行なうアウトリーチ活動が次第に重要な活動スタイルとして定着してきた。アウトリーチ(名詞)は英語の動詞 reach out で手を伸ばすことを意味しており,本書では,援助ニーズを持つクライエントが生活する場において実施する支援活動を「アウトリーチ活動/アウトリーチ」と定義する。
　アウトリーチ活動は,ソーシャルワーク活動,福祉領域における地域社会への奉仕活動,公共機関での現場出張サービスなどを意味するものとしてすでに幅広く実施されている(船越,2016)。
　心理的支援領域においても,このアウトリーチは,災害や惨事に際し,現場への緊急支援(危機介入)活動として実施されている。この「緊急支援のアウトリーチ」は治療構造が安定した相談室でのアプローチとは異なり,混乱した現場に赴き,状況を判断し,自らの活動の拠点を構築し,個人へのアプローチだけでなく,環境への働きかけや,システムの構築などを行うことも含む総合的なアプローチと考えられる。心理的支援である以上,活動スタイルが異なっていても,ダ

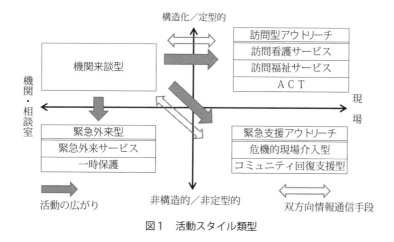

図1　活動スタイル類型

メージを受けたクライエントの心理的回復を促進することが目的であり，心理的変化を促進する要因は同じであるといえるが，この活動スタイルの違いは，支援者とクライエントがいる環境やクライエントとの関係性構築の在り方，使えるリソース等が異なり，支援者が行なうアプローチ方法や支援者に求められる資質等の相違を生み出していると考えることができる。

　本書では，心理職の活動スタイルが多様化している現状に鑑み，今後，心理職の重要な活動スタイルになると考えられる「緊急支援のアウトリーチ」を中心に心理職によるアウトリーチ活動について実際の活動内容とその意味や方法について，各章で取り上げてゆく。

II　心理職の活動スタイルの分類

　心理職の専門的支援のあり方から活動のスタイルをモデル化して，その特徴を明らかにすることを試みる。便宜的に次の①②の観点から心理的支援の活動スタイルをマトリックス分類してみる（図1）。

①活動の場：心理支援業務の提供の場が「機関・相談室」であるか，クライエントが生活する「現場」であるか。
②業務の構造や定型性：支援者が行う業務が「構造化・定型化」されているか「非構造化・非定型的」であるか。

これまでの心理療法やカウンセリングは，構造化され安定的な環境を整備した施設や機関あるいは相談室で，来談したクライエントに専門的なアプローチによる支援が実施されてきた。また，その機関やその心理支援業務は，定型化され定常業務として運営されている。このタイプの活動スタイルを「機関来談型」とする。したがって多くの機関＆相談室の活動は「機関来談型」といえる。

　活動の場が機関・相談室であっても，来談意思のない緊急的に運び込まれてきたクライエントに非定型的に対応する場合がある。医療分野での「緊急外来」や児童相談所の「一時保護」などの活動である。これを「緊急外来型」とする。

　一方，心理的支援をクライエントが生活する「現場」において実施する活動スタイルは一般的にアウトリーチと呼ばれる。アウトリーチとして，何らか事情で機関に来談できないクライエントに対し，訪問して必要なサービスを提供することが行われている。これを「訪問型アウトリーチ」とする。この訪問型アウトリーチは，定型化され，定常業務として継続的に実施されている。

　これに対して，クライエントが危機に直面している，あるいはクライエントが生活している環境が危機的であり，クライエントの危機を未然に防ぐ必要があり，その「現場」に緊急的に支援に入り，クライエントの安全や安定を確保する一定の活動を実施して，その目的が達成した場合に撤退する活動を「緊急支援アウトリーチ」とする。

　「緊急支援アウトリーチ」は，混乱する状況の中で心理支援活動を展開するために，定型的でない多様な活動を行うことが必要とされる点で，また，現地の機能回復が図られた時点で撤収する点において「訪問型アウトリーチ」とは異なると考える。この「緊急支援アウトリーチ」は，個人の安全の確保やダメージの予防を目的として危機的場面にアウトリーチする「危機的現場介入型」と大規模な災害等で，コミュニティの回復支援を行う「コミュニティ回復支援型」に分けて考えることができる。

　また，来談できないクライエントへのサービス提供を行うために，電話・FAX・電子メール相談等の「双方向の情報通信手段による心理支援サービス提供」が実施されている。緊急支援活動に際しても，被災地に緊急電話を開設するなど，一時的に電話相談（有期限）が開設されることがある。

　このように分類整理すると，機関来談型が心理支援サービスの中核であり，他の活動スタイルへと広がっていったと考えることができる。医療分野では，すでに4つの活動スタイルが実施＆発展しており，心理的支援の領域においても，次

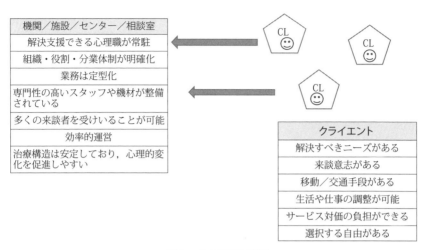

図2　A：機関来談型

第に拡大すると想定される。

　このような観点で整理した活動スタイルモデルをA～Fの6類型（図2～図7）に分類し、相違を検討する。

A：機関来談型（図2）

　心理社会的サービスを提供することを目的とする機関・施設・センター・相談室が設置＆整備されており、心理的社会的支援の専門家である心理職が常駐している。組織としてその役割・権限・責任の分業体制が明確化され、心理職が行う業務は定型化されている。業務を遂行するためのスタッフや機材や資料は整備されている。効率化された運営がなされており、多くの来談者を受け入れることができる。営業時間が限定され心理職のメンタルヘルスは管理されている。

　解決すべき課題（ニーズ）を持つクライエントは、当事者意識があり、必要な援助を求める能力があることが前提となる。来談意思があり、クライエントにとって適切な機関を探し申し込むこと、目的の機関に来談するための時間や費用を調整すること、機関への移動・交通手段が確保されていること、それらをすべて揃えて実行することが来談の前提となる。このような来談可能なクライエントにとっては、心理社会的サービスを提供する数多くの機関の中から、自分にあったサービス提供機関を選択する自由が与えられていえるといえる。

　相談室やセラピールームが完備され、安心＆安全な環境でカウンセリングやセ

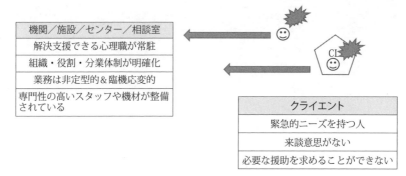

図3　B：緊急外来型

ラピーを実施することができ，心理的変化を促進しやすい環境が整えられている。実施される心理療法やカウンセリングアプローチは，構造化された環境の中で，効果が発揮できる多彩なアプローチが用意されている。

　また，それぞれの心理療法やカウンセリング・アプローチが効果的に実施できる機器や設備が整えられ，効果研究や継続的変化を確認できる状況にあるといえる。心理的支援者には，複数のスタッフやスーパーバイザーがいて，ケースカンファレンスやスーパービジョンなどが定期的に実践され，資質の向上が目指されている。

　このような形態が機関を運営する側にとって理想とされ，心理支援の基盤となる活動スタイルといえる。

B：緊急外来型（図3）

　機関・相談室であって日常定型的に業務が行われているが，来談意思のない緊急的に運び込まれてきたクライエントに非定型的に対応する場合がある。

　クライエントの状況に応じて臨機応変的な対応が求められ，このようなクライエントの受け入れ体制をあらかじめ整えていることが多い。医療分野での「緊急外来」や児童相談所の「一時保護」などの活動がある。支援者はその機関の設備や仕組みを利用して，クライエントの安定と安心を回復させることができる。

C：双方向情報通信手段によるサービス提供型（図4）

　解決すべきニーズがあり，来談意思があり，必要な援助を求める力があるが，業務や交通手段等の何らかの事情で来談できないクライエントのために双方向の情

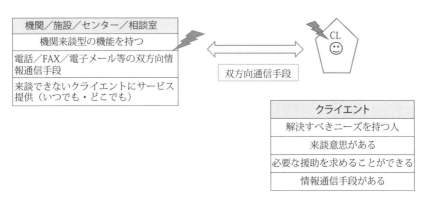

図4　C：双方向情報通信手段によるサービス提供型

報通信手段（電話・FAX・電子メール・WEB等）による心理支援サービス提供を行っている。いのちの電話やチャイルドラインは，自殺予防などの危機的場面への支援等を目的として，スタッフの交代制により，24時間体制での電話相談を提供している。対面でのアプローチではないので，そのアプローチには制約があるが，クライエントが来談しなくてもサービスを享受できる。重篤なクライエントに対しては，「機関来談型」の専門的機関をリファーすることが行われている。

D：訪問型アウトリーチ支援（図5）

　解決すべきニーズがあり，支援サービスを受ける意思があり，必要な援助を求める力があるが，身体的事情や交通手段等の何らかの事情で来談できないクライエントのために，「来談機関型」の支援スタッフが，クライエントの生活の場を訪問して必要とされるサービスを提供する。クライエントの生活状況の改善や病気の発症や安定・予防を目的とした訪問活動を継続的に定常業務として行っている。ケースワークや訪問看護サービス，訪問福祉サービス，ACT（包括的地域生活支援プログラム）などが該当する（高橋・藤田ほか，2011）。訪問型アプローチのサービス提供では不十分で，クライエントが重篤である場合等は，地域の「来談型機関」でケアされる。

E：緊急支援アウトリーチ（危機的現場介入型）（図6）

　クライエントが危機に直面している，あるいはクライエントが生活している混乱する環境の場（現場）に緊急的に支援に入り，クライエントの安全や安定を確

緊急支援のアウトリーチとは何か　第1章

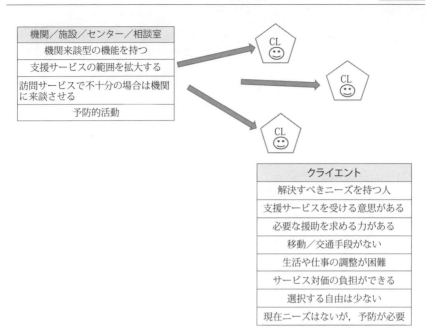

図5　D：訪問型アウトリーチ

保する一定の活動を実施して、その目的が達成した場合撤退するアウトリーチ活動を「危機的現場介入型」とする。

　生命の危機や人権が侵害されている人にはクライエントが機関への来談を待つのでなく、その当事者がいる現場にアウトリーチし、救援活動することが不可欠となる。特に、被害者の人権を擁護する必要のある危機的な事態に対応するために、各法律により支援が義務化され、その支援機関が定められて、支援活動が実施されている。DV被害者への支援では「配偶者からの暴力の防止及び被害者の保護に関する法律（平成13年4月制定）」が制定されており、その実施機関として、各都道府県に女性相談センター等が設置されている。犯罪被害者への支援については「犯罪被害者等基本法（平成16年12月年制定）」が制定されており、各都道府県に被害者支援センター等が設置されている。また、裁判などのプロセスでは、被害者が現場検証や、法定での証言など、二次的ダメージ負うことが想定されるのでその場に応じた援助が行われる。児童虐待については「児童虐待の防止等に関する法律（平成12年5月年制定）」が制定され、実施機関として児童相談所などがその重責を果たしている。これらの支援機関は「機関来談型」で設置さ

17

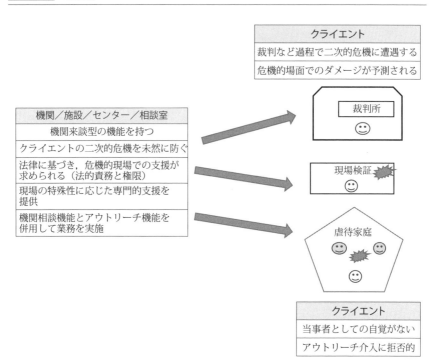

図6　E：緊急支援アウトリーチ（危機的現場介入型）

れ定常型で運営されているが，危機的状況にいるクライエントに対して，人権の確保や精神的ダメージを軽減する責務があり，「危機的現場介入型」のアウトリーチが行われる。そのアプローチはそれぞれの領域に応じた特殊性があり，現場にてクライエントの人権を侵害する人たちとの交渉や関係を構築することが求められる。また，クライエントのその後の人生の立ち直りを配慮して総合的に支援しなければならない。このような法律に基づく緊急支援アウトリーチでは，法的責務と権限の行使が求められる。

F：緊急支援アウトリーチ（コミュニティ回復支援型）（図7）

「災害救助法（昭和22年10月制定）」は，災害に際して，国が地方公共団体，日本赤十字社その他の団体および国民の協力の下に，応急的に，必要な救助を行い，被災者の保護と社会の秩序の保全を図ることを目的として定められており，都道府県知事や日本赤十字社は災害救助に努めることが義務づけられている（ただし，心理的支援についての定めはない）。そのためには，被災したクライエントが

第1章 緊急支援のアウトリーチとは何か

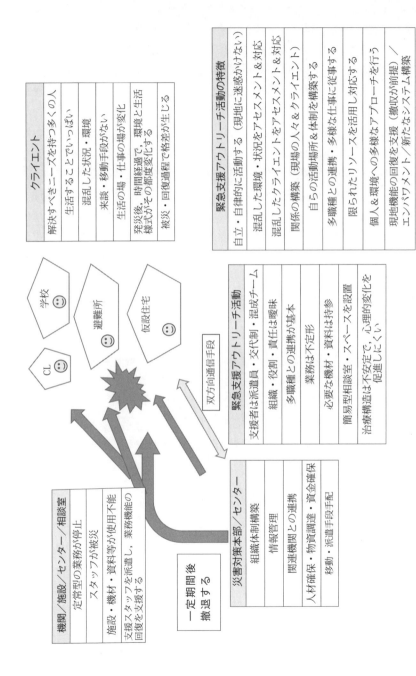

図7 F：緊急支援アウトリーチ（コミュニティ回復支援型）

機関への来談を待つのでなく，その当事者がいる現場にアウトリーチし，救助・支援することは不可欠である。元来，生命の危機や人権が侵害されている人には，人道的に救援しなければならない。この人道的支援の観点からも各種のボランティア支援活動が行われている。専門的機関においては，医療機関のDMAT，DPATを始め，さまざまな団体が独自の緊急支援を実施するためのシステムや備えを行っている。

東日本大震災のような大規模災害においては，コミュニティ全体が被害を受け，多数の被災者が避難生活を余儀なくされる。被災者は直接的な被災体験に加えて，大切な人の喪失体験，家財や仕事の喪失，その後の避難生活や仮設住宅でのストレスが重なり，将来の展望が描けないことが多い。心理的支援を行う各種機関やセンターの機能が停止し，スタッフも被災して，定常業務が遂行できない状況になる。また，ライフラインの確保や生活することが精一杯の状況でもあり，来談型機関に援助を求めることは少ない。また，災害のため移動・交通手段がないのが常である。

このような場合，新たに災害対策本部／センターが設置され，そのコミュニティの災害対策や復興支援活動が開始される。災害対策本部では，組織体制を構築し，被害状況を把握し，支援計画を立て，その実施に向けて，関係機関との調整，人材や物資の調達，資金の確保などが実施される。現地の機関来談型が機能停止であれば，支援者を派遣（アウトリーチ）し，その任務を補完し，機能が回復するよう支援を行う。また，避難所や学校，仮設住宅など被害者の生活の場に，支援者を派遣（アウトリーチ）し，支援活動を行う。

また，クライエントへのサービス提供として，災害対策本部で電話相談などの窓口を開設することも多い。

III 緊急支援アウトリーチ活動について

Caplan（1961）は「危機は，人が大切な目標に向かう時，障害に直面し，それが習慣的な問題解決の方法を用いても克服できない時に生じる。混乱の時期，動転の時期が続いて起こり，その間にさまざまな解決の試みがなされるがいずれも失敗する」と定義している。「危機は，人が通常もっている，事態に打ち克つ作用がうまく働かなくなり，ホメオタシスが急激に失われ，苦痛と機能不全が明らかに認められる状態」（アメリカ精神医学会，1994）である。すなわちその人がもつ通常の自己防衛の方法や問題解決の方略が崩壊してしまった状態で，心身に何

らかの不調や変調が生じている状態といえる。

　危機介入（Crisis Intervention）は，被害者が物事に対処できる機能状態に復帰できるように援助することであり，危機の中にある人の苦悩や症状を安定，低減するために立案された急性精神状態に対する応急処置といえる（Everly & Mitchell, 1999）。危機介入（Crisis Intervention）は，被害者が物事に対処できる機能状態に復帰できるように援助することである。「惨事」は「Critical Incident」の訳であり，危機（Crisis）が発生する可能性のある事態・出来事を意味しており，緊急事態とも訳される。我が国では，「危機介入」よりは「緊急支援」の表現が一般的に用いられている。惨事・緊急事態（Critical Incident）には，自然災害（地震，津波，噴火，台風，水害など），人為的災害（火災，自動車事故，航空機墜落，事故，爆発），戦争や暴力（戦争，テロ，殺人，レイプ，虐待，事件）などが含まれる。

　緊急支援においては，アウトリーチが必要となり，現場を主体に，次のような多元的な活動をしなければならない（小澤，2015）。①被害現場や被害者を訪問し，関係構築をしなければならない。②被害者や組織のダメージやニーズを把握しなければならない。また，③被害者の被害ストレスをアセスメントし，④PTSD等のハイリスク者をスクリーニングし，⑤具体的援助計画を立案し，⑥それぞれの個別的なケアを実行しなければならない。また，⑦混乱している現場・組織の状況を安定化（環境へのアプローチ）させ，⑧限られた現地の資源・人材をコラボレートして，⑨中長期ケアを考慮した総合的な援助体制を構築することも重要な責務である。その際に，⑩被害者自身が，正しい知識を持ち，症状を理解し，セルフケアできるように対処方法を教えることも大切である。また，⑪その組織や地域の人達が被害者の長期的な支援者として関われるようストレスマネジメント教育（心理教育）を実施することも必要である。さらに⑫直接的被害以後に生じる二次的，三次的被害を防止することも必要であり，特に⑬他機関や他の専門職種との連係のコーディネートは一から創造的に取り組まねばならないことが多い。また，⑭緊急支援は個人や組織，地域が危機以前の機能遂行のレベルに回復するようエンパワメントやシステムの構築を支援することであり，その目的が達成され次第，緊急支援は終了することになる。

　緊急支援は，その危機状況や被害者の状況に応じて柔軟に対処することが求められているが，およそ次のようなステップが必要となる（小澤，2010）。

STEP 1：心理的接触を図る／安心できる信頼関係の構築——被害者と接触を図

り，心理的な触れあいを行い，その人の心理状態を理解する。同時に信頼関係を構築するとともに援助関係について話し合う。

STEP 2：アセスメント──危機的状況やダメージの程度，被害者や周囲の人たちの心理的状態やニーズ，その人の資源やサポートシステム，地域や他機関との連携や程度や可能性を検討する。

STEP 3：解決法の検討──被害状況や問題を把握し，実施可能な解決方法を検討する。混乱や不安を沈静化させ，安心できる環境を取り戻す方法を検討する。個人へのアプローチと環境へのアプローチの双方への働きかけが必要となる。また，予想される二次的被害への対処も検討する。

STEP 4：行動計画の立案と実行──緊急支援の目的は，危機的状況になる前の状態に回復することであり，被害者をエンパワーすることにある。したがって，当事者が実行可能な計画を一緒にたて，当事者が実行することを支援し自立的回復を図る。また，地域の機能が回復するためには，システム構築が重要である。支援活動が撤退した後で，自立的に機能するためのシステムやその技術の提供，計画の立案とその実行が必要といえる。

STEP 5：フォローアップ──緊急支援の目的が達成されたと判断されると，支援活動自体は撤収することになる。その際に，緊急支援が適切に行われたか，問題がなかったか，改善項目や支援ニーズがないか等を検討し，必要があれば，フォローアップの実施や援助終結のあり方について話し合う。

IV　緊急支援アウトリーチに求められる能力

このような緊急支援アウトリーチにおいては，派遣される要員は，交代制で各地から派遣されており，混成チームで活動を継続することが行われる。

組織，役割，業務内容，責任体制は不明瞭で，現場の状況に応じた判断が求められる。被害者のニーズは多様で多職種の支援者が共同でチーム活動を行う。

現地に迷惑をかけないよう，必要な食料や活動の機材等を持参し，現場において，活動できるスペースや活動場所を確保しなければならない。

支援者は，混乱した環境・状況・組織をアセスメントし，活用できるリソースを探し，その支援計画を考えなければならない。また，混乱しているクライエントをアセスメントし，その場で関係構築し，できうる支援を実施することが求められる。また，その地域や組織，家庭には，独自の風土や文化が存在し，また支援者の価値観や基準とは異なることが常である。支援者はこのことを理解し，自

分の価値観や基準を当てはめないで、現地のナラティブを理解するように努めなければならない。

　たとえば、地震災害の場合、発災後から避難所生活、仮設住宅、復興住宅へと生活の場が変化する中で震災の直接的ダメージだけでなく、その後の多様な生活ストレス、心理的ストレスを軽減し、これからの人生に希望を持って進めるようなエンパワメントが求められる。緊急支援は、現地の機能が回復した時点で撤収することが前提でもあり、個人的なアプローチはもとより、コミュニティの機能が回復するようなシステム構築を支援することが重要である。このような緊急支援のアプローチでは、臨床家として総合的な能力が必要とされるといえる。

　緊急時の支援者は、危機的な状況においても、少々の出来事にも動じないメンタルのタフネスさや機敏な行動力と、ダメージを受けた人々の心情を察する繊細さやその風土や状況を見極める観察眼や時期を見て動ける我慢強さなども必要といえる。また、多様な問題を解決する創造力や多様な人と協調できる力、自身のメンタルヘルスについてセルフコントロールできることも必要といえる。

V　心理職に求められる緊急支援アウトリーチの働き方

　これまで、心理職は民間の資格であり、正規職員として組織の業務分掌に位置づけられていないことが多く、「機関来談型」の組織であっても、業務が非構造的、非定型的であることがある。このような場合、その活動スタイルは、「緊急支援型アウトリーチ」の活動スタイルで仕事をしなければならないといえる。

　例えば、スクールカウンセラーの場合、「スクールカウンセラー等活用事業で雇用」されており、学校での立場は非常勤職であり、その役割、権限、責任は各校長の判断にゆだねられ、学校によってスクールカウンセラーの仕事は異なるなど業務は非定型的と考えられる。また、地方においては、スクールカウンセラーの活用について知識や理解の乏しい学校が存在する。

　このような学校に赴任したスクールカウンセラーは、緊急支援型アウトリーチ（コミュニティ回復支援型）と同じ構図で活動しなければならない。

　学校組織の中での役割、業務内容、責任体制は不明瞭で、現場の状況に応じた判断が求められる。未知の職場環境である学校環境・状況・組織をアセスメントし、校長や副校長に掛け合い、自らが活動できる居場所や相談場所を確保しなければならない。また、活用できるリソースを探し、自分の仕事ができるよう必要な機材等を持参し、自らの活動業務を立案しなければならない。現場のニーズは

多様で多職種の教職員と共同でチーム活動を行うことになる。また，混乱しているクライエントや教職員をアセスメントし，その場で関係構築し，限られた資源を活用してできうる支援を実施し成果を出すことが求められる。入学から卒業まで学校生活の場が変化する中でいじめなどの直接的ダメージだけでなく，多様な生活ストレス，心理的ストレスを軽減し，これからの人生を希望を持って進めるようなエンパワメントをすることが求められる。個人的なアプローチはもとより，学校教育の機能が回復するようなシステム構築を支援することも重要である。また，自殺などの緊急支援アプローチも対応することが必要といえ，緊急支援アウトリーチとしての総合的な能力が必要とされていると考えられる。

　企業内カウンセラーにあっても，心理職は非常勤職であることが多く，緊急支援型アウトリーチの活動スタイルで対応することが重要となる。心理職が国家資格になったとはいえ，今後も，各組織内で心理職の職務や役割，権限と責任は不明確であることが想定される。その中で心理職として信頼を得て居場所や仕事を確保しなければならない。そのためには，この緊急支援アウトリーチの視点やアプローチを理解し，的確に実践できることが求められているといえる。

文　献

American Psychiatric Association（1994）Diagnostic and Statistical Manual of Mental Disorders, Fouth Edition (DSM-Ⅳ). APA.（高橋三郎・大野裕・染矢俊幸訳（1996）DSM-Ⅳ：精神疾患の診断・統計マニュアル．医学書院．）
Caplan G.（1961）An Approach to Community Mental Health. New York; Grune & Stratton.
Everly, G. Jr. & Mitchell, J. T.（1999）Critical Incident Stress Management. Chevron.（飛鳥井望監訳（2004）惨事ストレスケア―緊急ストレス管理技法．誠信書房．）
船越知行（2016）地域における心理援助と支援の基盤．In：船越知行編著：心理職による地域コンサルテーションとアウトリーチの実践―コミュニティと共に生きる．金子書房．
小澤康司（2015）危機介入―ダメージからの回復支援．In：岩壁茂編：カウンセリングテクニック入門―プロカウンセラーの技法 30．金剛出版．
小澤康司（2010）危機介入とは．In：日本心理臨床学会監修・同学会支援活動プロジェクト委員会編：危機への心理支援学― 91 のキーワードでわかる緊急事態における心理社会的アプローチ．遠見書房．
髙木俊介・藤田大輔編（2011）こころの科学増刊　実践！アウトリーチ入門．日本評論社．

第2章
個人の危機・コミュニティの危機への支援

中垣真通

I 危機とは

　私たちは普段あまり意識していないが，日々の暮らしの中にはさまざまな危険が潜んでいる。外出をすれば事故に遭うかもしれないし，職場ではトラブルに巻き込まれるかもしれないし，自宅でも家族と揉め事が起きるかもしれない。しかし，私たちは日常に潜むさまざまな危険を未然に防止したり，あらかじめ回避したり，発生したとしても最小限の影響にとどめたりすることで，安全で平穏な毎日を送ることができている。このように危険に対処できている平穏な毎日の生活を"日常"と呼ぶことができるだろう。それに対して，個人や行政機関の対処能力を上回る危険な事態が生じて，"日常"の生活を続けることが困難になった非日常の状態のことを"危機"と呼ぶことができる。具体的な危機状況として，大規模な地震や洪水のような自然災害が挙げられる他に，いじめ，虐待，犯罪，事故，テロリズム，戦争など人間同士の関わりの中から生まれてくる危機もある。

　臨床心理学の分野では，Erikson, E.H. の心理社会的発達理論における危機の概念が有名だが，上述した意味での危機についてはあまり論じられてきていないように思われる。政治や経済の分野では，危機やリスク管理について研究する危機管理という研究領域があるので，まずはその専門家による危機の説明を確認してみよう。

　　危機とは，ギリシア語の「分離」を意味することば krinein に由来しており，元来，回復と死の分岐点になるような，病状の突然の決定的な変化を示唆する医学用語として用いられてきた。そうした語源から，危機とは通常，ある状態の安定に否定的に影響を与えるような不測の緊急事態の発生，もしくはある事象の決定的または重大な段階を示す分水嶺とみることができる。したがって，そうした危機は，人間個人に始まって家族，企業，地方の自治体，一国の政府，そして国家間関係といったすべての領域次元において生じ，さ

らにその危機の内容も，人間個人の肉体的，精神的な面から，国家の政治経済や社会の体制危機，大規模な自然災害，放射能漏れなどの重大事故，大量殺傷型テロなどの重大事件など多岐にわたっている。国際社会ではかつてキューバ危機（1962）やエネルギー危機（1974）などを経験したが，日本では阪神・淡路大震災（1995），アメリカでは9・11同時多発テロ（2001）など，突然の大量死傷者の発生という危機を経験した。とくに大量殺傷型テロリズムの横行は21世紀の新たな危機要素になっている。（後略）

（青木一能『日本大百科全書』2016）

　この説明で注目されるのは，危機の原語は「分離」という医学用語であり，生死の分岐点という意味を持っていた点である。生死に関わるような状態は，緊急事態であり，切迫した状況である。その語感が敷衍されて，危機という用語になったと理解してよいだろう。
　では，危機にはどのような特徴があるのだろう。上記の説明から私なりに危機の特徴を抽出すると，以下の4点を挙げることができる。

①個人から国家までの広範なシステムで発生する。
②システムの安定に否定的で重大な影響を与える。
③速やかな判断や対応を要する緊急事態である。
④通常の予測や対処では応じきれない不測の事態である。

　これらの特徴に加えて危機は，システムに何らかの変化を求める転換点となる性質も持っている。もしも従来どおりの手続きを取ることが最善の選択ということであれば，今起きている危険事態は的確に手続きを遂行できなかった結果であり，「失敗」と呼ぶ方が適当ということになる。危機は，従来からの方法では予測ができず，対処もできないものであり，その方法の限界が現われた結果生じていると言うことができる。
　では，次に臨床心理学に近い立場の専門家が危機についてどのように説明しているのか確認してみよう。地域精神医学の世界的指導者であったCaplan, G. はその著書 *An approach to Community Mental Health*（Caplan, 1961）の中で危機の定義について触れ，次のように述べている。

　　危機が生じるのは，人が人生の大切な目標の障害となるものに遭遇した時であり，その障害はいつも使っている問題解決の方法を利用しても，一時的であるにせよ，克服するこ

とができない障害である。（筆者訳）

　Caplanの定義は，通常の方法では解決できない障害という点で上記の危機管理学の定義と共通するが，人生の目標という個人的な要素が含まれている点で危機管理学の定義と異なっており，精神医学的な独自性が認められるものとなっている。
　さらに近年の危機介入の手引を見てみると，危機の定義は個人の心理状態により踏み込んだものになっている。Albert（2000）によると，ソーシャルワーカーや心理士の間では，危機状態にある人は以下の特徴を示すことが共通認識となっているということである。

①突然ふりかかった出来事が，重大で脅威となるものだと感じている。
②強いストレスから受けた衝撃を立て直したり対処したりすることは，従来の対応方法では不可能だと思っている。
③高まっていく恐怖，緊張それと／もしくは狼狽を感じている。
④自分が感じている不快感を強く表してくる。
⑤短時間のうちに危機状態――不安定な精神状態――が亢進していく。

（筆者訳）

　この定義は従来の定義と同様に，危機とは予期せぬ重大な脅威であり，対処が不可能であると規定しているが，それが当事者の主観的な認識であることと，短時間のうちに不安定な精神状態が亢進することを加えて，個人の心理的経過をより詳細になぞったものになっている。危機事態にあっては，時間の猶予がなく切迫感が生じることも考慮すべき重要な事柄であるため，本章ではAlbertの定義を基に危機に関する論考を進めていくこととする。
　さて，先述の青木によると，危機はさまざまなシステムで発生し，個人から国家までの幅広い階層で生じるものとされている。次節では，さまざまな集団やコミュニティを「システム」という括りで捉え，そこで生じる危機とそのケアについて検討を加えたい。

II　さまざまなシステムでの危機とケア

1．さまざまなシステムでの危機

ここで言うシステムとは，生物体が集まって形成する組織一般のことを意味している。システムは，複数の要素で構成されていて，それらの要素が互いに作用し合い，一定の構造や秩序を持っている。例えば学校や職場はシステムと言えるし，家族も一つのシステムと言うことができる。そして，システムを構成する要素は，それ自体がシステムとしての性質を持ち，下位システムとしての性格も同時に帯びている。例えば，家族を構成する要素は一人ひとりの人である。この一人ひとりの人は，筋肉や臓器などさまざまな器官で構成された生体システムと見ることができる。このように，システムは階層性を備えている。システムの階層性については，Miller, J. の「生物体システムの7つのレベル」が有名である（図1）。細胞システムを最下層に置いて，細胞は器官システムの要素であり，器官は生体システム（人間，動物等）の要素であり，各生体は集団システム（家族，職場の係など）の要素であり，集団は機構システム（町内会，会社など）の要素であり，機構は社会システム（国家など）の要素であり，社会は超国家システム（国連など）の要素となっているというのが Miller の考え方である。

　さて，ここでシステムの危機について考えてみよう。前節で述べた Albert による危機の特徴の記述は，個人について述べたものだったが，主語を「成員」とすれば，集団システム以上のシステムにおける危機についても同じ特徴があてはまる。

①突然ふりかかった出来事が，重大で脅威となるものだと成員が感じている。
②強いストレスから受けた衝撃を立て直したり対処したりすることは，従来の対応方法では不可能だと成員が思っている。
③高まっていく恐怖，緊張それと／もしくは狼狽を成員が感じている。
④成員が感じている不快感を強く表してくる。
⑤短時間のうちに危機状態──不安定な精神状態──が成員の間で亢進していく。

　たとえば，学校に不審者が侵入して，教員の制止を振り切って生徒に危害を加えるという危機事態が発生した場合を考えてみよう。不確かな情報が生徒と教員の間に広がり，短時間のうちに学校全体が衝撃と恐怖に飲み込まれて騒然となってしまうことだろう。そして，警察や救急隊が出動して，事態の収集が図られた後も，生徒と教員に加えて保護者の間にも衝撃と不安の余波は残っていて，数日

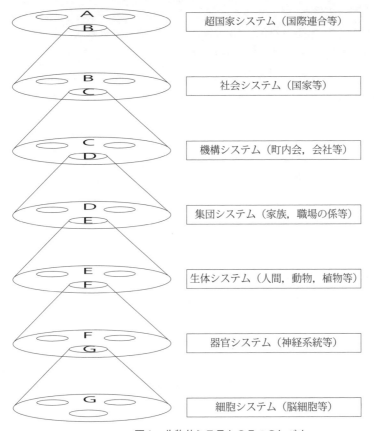

図1　生物体システムの7つのレベル

間は通常の日課で学校を運営することができず，緊急保護者説明会，教員への心理教育，生徒の心身の健康調査，心理教育的授業などの対応が必要になる。さらに事件が報道されると，近隣地域はもちろんのこと，社会全体が衝撃を受け，日本全国に不安や不信が伝播することになる。このように，個人よりも上位のシステムにおいても，個人の場合と同じような危機状態が発生し，その影響はさまざまな階層のシステムに広がっていくのである。学校の例に限らず，私たちが属するシステムは，さまざまなリスクにさらされている。国家規模の大災害に見舞われるかもしれないし，職場で重大な事故が発生するかもしれないし，家族が犯罪被害に遭うかもしれない。さまざまな階層のシステムで，さまざまな危機が起こるおそれがあるのである。

2．組織の危機への対応

　では，組織（以下，集団システム以上のシステムを「組織」と呼ぶこととする）に危機が発生した場合，どう対応したら良いのだろうか。個人の危機にあっては，危機事態を収束させた後に，衝撃を受けた人の恐怖や緊張を和らげて安心感の回復を図り，安定した日常生活を立て直し，そして危機事態への対処方法や回避方法を伝えて主体性の回復を図ることが必要である。組織の危機にあってもこれらの基本的な対応が必要であることは変わらないのだが，もうひとつ留意しなければならないことがある。それは，成員間で生じる相互作用である。相互作用が起きるために，直接に危機事態に遭遇していない人にも危機状態が伝播して，危機事態の衝撃が拡大することがあるだろうし，不安定な組織の雰囲気に影響を受けて，安心しかけた人に恐怖や緊張がぶり返してしまうこともあるだろう。上記の学校での侵入事件の例でも，教員や生徒に衝撃と恐怖が伝播して混乱が拡大しているし，不安な心理は学校の枠を超えて，保護者や地域そして社会全体にまで拡散している。このように危機状況が拡大すると，関係者の間で安心感が回復するまでに余計に時間がかかることになり，混乱の長期化や深刻化を招きかねない。したがって，組織の危機への対応においては，危機状況の拡大を防ぐことが肝要であり，危機が発生したら速やかに当該組織の全体に働き掛ける「場のケア」に着手する必要がある。場のケアについて，学校を対象とした緊急支援チーム（クライシス・レスポンス・チーム）を日本に導入した河野（2005）は，以下のように説明している。

　　クライシス・レスポンス・チームは，子どもを取り巻く環境（場）を安定させることにより，子どもの心のケアを図ることを重視しており，これを「場」のケアと呼んでいる。教師を支え，適切な対応をしてもらうことや，保護者を集めての心理教育，教室でのグループワークなどが「場」のケアに相当する。いくら「個」のケアをしても，学校（もちろん，家庭も）という「場」が安定しない限り，「個」のケアは「焼け石に水」になりかねない。「衛生状態を改善しない限り，次々に発生する伝染病患者を個別に治療してもキリがない」とたとえることができる。

　この説明では，場のケアを行うことによって，"再感染"とも言える状況を予防することの重要性を述べている他に，「教師を支え，適切な対応をしてもらう」とも述べている点に注目をしたい。これは，危機事態に対して「対応不可能だ」という認識に陥っている当該組織に対して，心理教育等の支援を通じて主体的に対

応する力を回復させることができれば，組織が本来持っているはずの"治癒力"を取り戻せるということを示唆する一文である。上述のとおり，危機事態の衝撃が拡大しないようにすることが場のケアの重要な目的なのだが，それに加えて，組織が本来持っている治癒力を回復させることも場のケアの大切な目的のひとつである。そして，組織が落ち着きを取り戻す際にも成員間の相互作用が機能するので，場のケアによって良い循環が生まれることが期待できるのである。

　ここで，援助者のチームについても一言触れておきたい。組織をケアする際に，援助者も組織で臨む方が効果的である。援助すべき対象が複数いるのだから，複数の人に同時並行的に援助する必要が生じることもあるだろうし，援助内容に応じて職種別に役割を分担した方が適切に対応できることもある。また，援助が長期に及ぶこともあるので，要員が交代しながら援助を継続することも少なくない。業務であれ，ボランティアであれ，組織の危機に対応する際は，何らかの形のチームを編成し，組織的な対応が必要になることが多いだろう。

III　危機事態への対応の特徴

　アウトリーチによる支援と相談室での支援の比較については，第1章に述べられているとおりだが，さらに危機事態への対応という点に注目して，その特徴について検討してみたい。

1．混乱や興奮を沈静する指示的関わり

　危機事態の特徴のひとつは，先述のとおり，当事者の間に恐怖と緊張もしくは狼狽が広がり，短時間のうちにそれが高まっていくことである。したがって，危機状況への心理支援を行う場合は，まず混乱を収めたり，興奮を鎮めたりすることから支援を始めることが多い。来談型の支援であれば，相談室に入室してくる利用者が今まさに興奮して取り乱していることは稀なことだろうが，アウトリーチ型の支援は現場に駆けつけて支援を行うので，利用者が混乱し興奮している危機状況に飛び込んで行くことが一般的である。危機状況にある現場では，支援の方略も来談型の支援と異なってくる。通常の来談型の支援では共感的な態度で非指示的に関わることで，信頼関係が深まり援助過程が進んでいくのだが，危機状況下では共感を示しながらも指示的に関わり，安定と安心を回復させるために先導的な役割を執ることが求められるのである。

　たとえば児童相談所に継続指導中の母親から電話がかかってきて，「約束を守っ

て子どもを叩くのを我慢してきたけど，もう我慢の限界だ！ これからボコボコにしてやる！」とひどく興奮した様子で訴えがあったというケースで，危機事態への指示的な関わり方を確認してみよう。母親からの電話を受けて，担当の児童福祉司と児童心理司が直ちに自宅アパートに駆けつけると，近隣に聞こえるほどの大声で母親が子どもを怒鳴りつけているのが聞こえた。呼び鈴を押して母親に呼びかけると，怒鳴り声が止まり，上気した形相で母親が玄関先に出てきて，「来てくれなんて頼んでないよ！」と対応は素っ気ない。児童心理司から「まあまあお母さん，電話してくれてありがとうございました」と声をかけ，児童福祉司から「玄関先では目立つから，中に入らせてください」と頼んで室内に入れてもらった。3歳になる息子は，リビングダイニングにたたずんでいて，周りに子どもが投げ散らかした野菜炒めが散らばり，室内にはおもちゃが散乱していた。母親は「私が優しくしていればこのざまだ！ こいつは親のことなめてるんだよ！」と再び声が大きくなり始めた。児相職員から，「これは頭に来ちゃうな。大変でしたね」，「私らが簡単に片づけるから，お母さんはキッチンで麦茶でも飲んでいてください。それからお話を伺いますよ」とかわるがわるに声をかけ，母親の興奮の沈静と事態の収拾を図る指示的な声掛けをした。児相職員は片づけをしながら，子どもにも声をかけ，手を拭いてあげたりしながら傷や痣を確認したところ，表から見えるところに暴力を受けた痕は認められなかった。麦茶を飲み終わった母親が「片付けまでしてもらってありがとうございます」と落ち着いた様子でリビングダイニングに戻ってきた。母親は一緒に片づけながら，子どもを食事に呼んでもなかなか遊びをやめなくて，やっと食卓に来たと思ったら野菜を嫌がって投げ散らかしたので，我慢の限界を超えてしまったと，経過を説明してくれた。児相職員から，母親なりに頑張っていることをねぎらい，作戦の練り直しをしたいから相談所で話をしようと誘うと，母親は同意した。

　この例で確認していただいたように，危機状況への介入は興奮の沈静と混乱の収束を意図しており，それは共感的で指示的な関わり方となる。上記の例のような場面で，「お母さんはどうしたいの？」とか「お母さんはどうしたらいいと思う？」のような非指示的な開いた質問は，母親の思考をいっそう混乱させ，苛立ちを強める結果に終わる危険性が極めて高い。混乱の中にあってどちらに進んでいいのかわからなくなっている人には，優しく手を引いて先導してもらえることが，有効な助けになるのだろう。

　ただ，上記の例で児童相談所に出向いてもらって話し合いをする際には，非指

示的な関わりが重要な意味を持つようになる。この例では，児童相談所の助言だけでは好ましい結果に至っていないのだから，自分にとって必要なものを母親自身がより掘り下げて考えてみる作業を行わなければならない。これは自分の中で対話を行う自問自答の作業なので，指示的な関わりが阻害する雑音となってしまうおそれがある。自問自答を促進することが必要な場面では，来談型の支援で一般的に行われているような，非指示的な関わりが有効なのである。危機状況での支援は指示的に関わることが有効だと言えるが，アウトリーチを行うケースだからと言って，指示的に関わるべきだと単純に言えるものではなく，場面に応じて適切な関わり方を使い分けることが求められるのである。

2．援助を求めているとは限らない

　危機事態が発生しているから，援助者が現場に駆けつけるのだが，当事者が援助を求めているとは限らない点が，危機事態への対応のもうひとつの特徴である。先述の児童相談所に電話をかけてきた母親の例でも，家庭訪問をした児相職員に対して母親が「来てくれなんて頼んでないよ！」と拒否的な態度を示していることを思い出していただきたい。児童虐待事例に限らず，DV事例でもこのようなことは起きるし，災害支援や学校緊急支援においても支援チームが出向くことでかえって現地の人に負担感を抱かせてしまう場合もある。危機に見舞われているからと言って，必ずしも"助けてほしい"と思っているわけではないのである。

　さらに言えば，明らかな危機事態でありながら，当事者から危機感を感じられない場合もある。極端な例かもしれないが，父親から継続的に性的虐待を受けていた小学6年生の娘が，父親から優しくされるのが嬉しいと言い，父親も自分の行為は愛情表現であり虐待ではないと主張する場合などがこれに当たる。当事者たちがどのように主張しようとも，父親が小学生の娘に性的接触を持つことは児童虐待なので，このような事実を告白されれば学校関係者は法律の定めに従って児童相談所等に通告しなければならないし，児童相談所は法的な使命を帯びて介入しなければならない。当事者が危機感を表明せず，関係者ばかりが危機感を募らせている状況であっても，当事者の意に反して危機事態への介入を敢行する危機対応もありうるのである。このような事例は，当事者が狼狽を示したり不快感を表明したりしていない点で，Albertが述べた危機の特徴に合致しないのだが，子どもの健全な発達が脅かされたり，母子の安全が損なわれたりする事態にある時は，当事者の意思に関わらず法的な権限で介入を行うことがあり，これらもアウ

トリーチによる危機支援に含めて検討すべきだと考える。

問題意識や動機づけが乏しい利用者の理解については，ブリーフ・セラピーの領域でモデルが提唱されている。問題意識や動機づけのレベルによって，利用者の動機づけの段階を「カスタマー」，「コンプレイナント」，「ビジター」の3段階に分類して，それぞれの特徴を以下のように説明している。

> カスタマー（customers），コンプレイナント（complainants），ビジター（visitors）という概念は，変化の動機づけのあるいわゆる「真の」クライエントの地位にある者を決めるのに役立つ。とりわけ，クライエントの変化への動機づけが段階ごとに異なり，それぞれの段階に適した作業を重視するとき，これらの概念が有用である。
> クライエントあるいは「カスタマー」というのは，問題性についての認識があり，自らがその問題に積極的に取り組むという，まさにその枠組みにおいて特徴づけられる。変化を得ようとするカスタマーは，自らが解決の一部であるとみている。
> 「コンプレイナント」というのは，問題が存在していることを認識しようとはするが，自らが解決の一部であるとはみない。コンプレイナントは，しばしば「やっかいな」クライエントであると記述される。その理由は，問題解決は自分たちの埒外のことであるという認識が彼らにあり，そのため，心底から悩んでいるにもかかわらず，一般には，つい批判的な態度でいたり，事態はどうしようもないことであるという無力感にさいなまれていたりするからである。（…中略…）
> 「ビジター」というのは，問題の存在を認識していない。ビジターはしばしば，自分以外のだれかから要請されたり圧力を受けたりしてセラピーにきている。（後略）
>
> （J・f・クーパー，1995［岡本吉生・藤生英行訳，2001］）

ビジターは言ってみれば"部外者"で，問題認識が現れておらず，自分たちの問題に対して他人ごとのような距離がある段階である。法的権限に基づいて介入したり，治療プログラムを課したりしている場合は，この段階の利用者と接していることになる。まずは問題意識を共有することが当面の目標となるので，傾聴をしながら関係作りを進めることが必要である。そして，不満や不平を語るようになってくると，コンプレイナントつまり"苦情相談"の段階に上がったことになる。不平というのは問題を認識しているから語られるのだが，この段階の利用者は問題の原因は周囲の人たちにあり，自分は悪くないという立場をとっている。そのため，自らの行動を変化させるように提案しても，自分は変わる必要がないと反論したり，これこれの理由で無理だなどとできない理由を挙げたりしてくる。結局，不満を聞き続けるだけの状況に停滞してしまうことも少なくない。自らの行動を変えてみようという動機を持ったカスタマーつまり"顧客"になってもら

図2　動機づけのレベルの3段階

うためには，自分の力に気づいて，諦めや回避行動を乗り越えるべく，挑戦してみる気持ちが高まるような関わりが必要である。そして，カスタマーの段階になれば，助言を受け入れて積極的に自らの行動を変えていけるようになるし，そもそも助言などなくても自発的に行動を工夫するようになることも多い。

　以上のように，アウトリーチによる危機支援においては，問題意識や動機づけが乏しい利用者も支援対象に含まれており，問題意識を共有するためのプロセスや動機づけを高めるための関わりに対して，かなりのエネルギーを注ぐ必要があることが多いのである。

文　　献

青木一能（2016）危機．In：コトバンク日本大百科全書．小学館．https://kotobank.jp/word/%E5%8D%B1%E6%A9%9F-50085#E6.97.A5.E6.9C.AC.E5.A4.A7.E7.99.BE.E7.A7.91.E5.85.A8.E6.9B.B8.28.E3.83.8B.E3.83.83.E3.83.9D.E3.83.8B.E3.82.AB.29（2016.7.16 取得）

Caplan, G.（1961）An Approach to Community Mental Health. Tavistock Press.

Cooper, J.F.（1995）A Primer of Brief-Psychotherapy. W.W.Norton & Company.（岡本吉生・藤生英行訳（2001）ブリーフ・セラピーの原則―実践応用のためのヒント集．金剛出版．）

河野通英（2005）クライシス・レスポンス・チーム（CRT）の活動―山口県の試み．In：藤森和美編著：学校トラウマと子どもの心のケア　実践編―学校教員・養護教諭・スクールカウンセラーのために．誠信書房．

Miller, J.G. (1980) The Family as a System. In: Hoffling, C. & Lewis, J.: The Family: Evaluation & Treatment. Brunner/Mazel.

Roberts, A. R.（2000）Crisis Intervention Handbook: Assessment, Treatment, and Research. Oxford University Press.

遊佐安一郎（1984）家族療法入門―システムズ・アプローチの理論と実際．星和書店．

第3章
多職種連携と心理職のあり方

小俣和義

I 心理職の職域

　近年，心理臨床における実践の場は，大きな広がりを見せるようになってきている。病院やクリニックなどの医療領域，スクールカウンセラーや教育相談などの教育領域，そして生活支援センターや児童相談所，児童福祉施設などの福祉領域がある。そして，企業内の健康管理室や外部 EAP 機関をはじめとする産業・労働領域，家庭裁判所や少年鑑別所，刑務所などの司法・矯正の領域，さらには保健所や精神保健福祉センターをはじめとするコミュニティ支援の領域，地域子育て支援や発達相談などの保育臨床の領域，個人またはグループが運営する私設心理相談の領域などがあり，活動の範囲は多岐にわたっている。いずれの領域においても，こころの問題を抱えている人への心理支援を行うという目標は共通しているものであり，臨床実践活動を円滑に行う際には，一緒に働く組織内のスタッフや，外部機関の専門職と円滑で有機的な連携をとらなくてはならない。

　精神科病院やクリニックなどの医療現場においては，うつ病などの気分障害や不安障害，統合失調症などの精神的な不調に対して，心理職は心理アセスメントと各種心理療法を用いて，心理援助を行う。その際には，医師，看護師，精神保健福祉士，薬剤師，事務職などの他の専門職種のスタッフともチームを組んでアプローチしていくことが求められる。

　教育領域において，学校現場でスクールカウンセラーとして勤務する場合には，担任教師だけでなく，校長，副校長，養護教諭，用務員などさまざまなスタッフと関わりをもちつつ，不登校やいじめ，学習困難を抱える児童・生徒のケアを行っていく。さらに，教育相談室や教育研究所などの教育機関，医療や保健，警察など職域の違う外部機関の専門家ともネットワークを作っておく必要がある。福祉領域では，児童・高齢者虐待やDVの相談が多く，医師や警察，家庭裁判所調

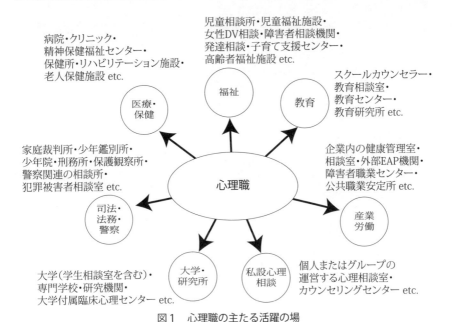

図1　心理職の主たる活躍の場

査官，弁護士との外部連携が非常に重要になってくる。このように，心理職として有効な臨床実践を行うためには，他の専門職との円滑なコミュニケーションをとりつつ活動をしていくことが求められるのである。

　また，自然災害や事件，事故などの緊急支援においては，心理職は支援者として自らが現場に出向き，心理社会的サービスを提供するアウトリーチの活動が必要となってくる。なぜなら，多くの被災者，被害者は混乱して自分が支援要請をしてよいのか，どこに相談してよいのかわからない場合が多い。したがって，心理職は関係機関と適宜連携を取り，対象者やその地域のニーズを丁寧に受け止めつつ，心理社会的支援を行っていくことが重要となってくる。心理職のアプローチとしては，相談機関に自発的に来談した方に対して面接室内で個別的に，かつ内面的にかかわっていくことは重要である。それと同時に，緊急支援も含めて実際の臨床実践ではアウトリーチの視点を持ちつつ，多職種間で連携しながら支援を行っていくことが求められる。本章では，東日本大震災での心理支援にける筆者の経験も含めて，支援者間の連携について述べてみたい。

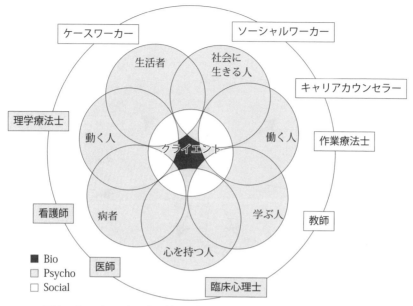

図2　クライエントの多面的な理解と援助のモデル（高橋（2011）より）

II　災害後の心理支援について

　災害は，自然災害だけでも，地震，津波，台風，水害，台風，噴火など多様であり，戦争や紛争，テロ行為などの人的な災害もある。また，犯罪事件や交通事故，虐待や自殺も含めて，緊急支援が必要な事態は，その被害の種類や規模によってさまざまである。仮に被害が小規模であったとしても，当事者にとっては生命の危機に見舞われるほどの重大な出来事であり，自分を取り巻く世界全体が崩れてしまうほどの大きな衝撃を伴うものである。災害後の心理支援に関するわが国での初期の研究としては，1993年7月12日に発生した北海道南西沖地震での活動を通しての論考（藤森・藤森，1995）が挙げられる。この中で，災害後に子ども，成人，高齢者，それぞれに特徴的に起こる心身のさまざまな症状を挙げて，被災者への心理支援の必要性を説いている。1996年1月17日に発生した阪神淡路大震災後の避難所や学校支援での実践から，被災地での心理支援の有効性についての知見（冨永，1995；杉村，2000）が積み重ねられてきている。さらに，2004年発災の新潟中越地震（後藤，2006）や2011年に起こった東日本大震災（小俣，2012）での支援についても多くの実践報告がなされている。

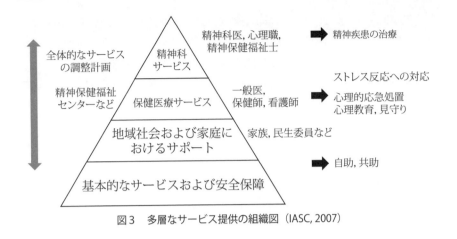

図3　多層なサービス提供の組織図（IASC, 2007）

　前田（2013）は，「災害を生命の危機と喪失を伴うストレス事態と定義するなら，ストレスを低減するすべての活動はこころのケア活動である」と述べている。震災や津波などの大規模な災害によって人々は，安心と安全，さらには生きていくための基本的な生活物資も奪われ，心身ともに多大なるダメージを受ける。自分の家族や友人，仲間たちを一瞬にして失ってしまう悲しい現実にもさらされ，その立場に置かれた方々の思いは察するにあまりあることだといえる。こうした事態に専門家が対応するためには，それぞれの専門職が連携を組んで，協働しつつ対応を行っていく必要がある。2007年に国連が作成した「緊急事態におけるメンタルヘルスと心理社会的支援のIASCガイドライン」（IASC, 2007）では，安全，安心や基本的なサービスから，精神医療の提供までも含んだ包括的な指針を出している（図3）。この図にある通り，まずは基本的なサービスや安全保障が大前提であり，その上で自助，共助，そして保健医療や精神科サービスなどのより専門的な支援につながっていくのだといえる。

　こうした支援活動を担っていくためには，職種を超えた協力関係や各機関同士の連携が不可欠である。2011年3月11日に東北地方で発生した東日本大震災でも多くの専門職団体が被災地に入り支援活動を展開した。被災後間もない時期には，専門家が特殊な心理療法を行うことではなくて，温かい食事や柔らかな寝具，あるいは静かで落ち着ける居場所を提供するといった常識的な援助が重要であり，より日常の生活に根ざした実際的な問題解決や現実的な判断が求められる。その後，復興期に向けて，被災者の住居や就労などの生活基盤が確保され，これ

から先の生活の不安が少しずつ解消されてゆくことが，こころのケアの前提になる。このように，心理支援の方法とは，必ずしも専門的な心理学的知識や技術を提供するものではなく，まずは安全と安心を確保することが重要といえる。こころの専門家を名乗っても，わざわざ相談に訪れて悩みを語る被災者はあまりいない。こころのケアを受けて内面に触れられることで自分の弱さを吐露したくない，それよりも身の安全やライフラインの復旧が先だという被災者の心情も理解しておく必要がある。心身ともに全身疲れ切っている被災者に，生活状況や身体面を切り離して精神的な問題だけを取り出して別々にケアすることはあまり現実的ではない。したがって，大規模災害時において支援の専門家は，自ら被災した人々が居住する地域に赴き，メンタルヘルスの具体的なニーズを掘り起こすアウトリーチを行うことが求められる。その際，もともと地域で支援者の役割を担ってきた地元の医師や保健師，ソーシャルワーカー，役場スタッフなどとの連携がとても重要になってくる。また，地域の支援者自身も被災されていることが多いので，その方たちへ心理支援という側面にも十分に配慮しておくことが望まれる。

III 災害時における関係機関との連携について
——東日本大震災後における支援活動の実際

東日本大震災の時には，さまざまな支援チームが被災地に訪れて支援活動を行っている。筆者自身も日本臨床心理士会，日本心理臨床学会，日本臨床心理士資格認定協会が母体となって震災直後に開設された東日本大震災心理支援センター（以下，センターと表記）からの派遣という形で宮城県を中心に支援活動を行ってきた（東日本大震災心理支援センター，2012）。まずは，その中での経緯を紹介していきたい。

センター派遣チームは医療のプロジェクトチームに帯同する形で，発災直後の2011年5月より約1週間交代で岩手県および宮城県の2つの派遣先に，全国各地から募った心理職をそれぞれリレー形式で送るという体制を組むこととなった。岩手県派遣チームは，医療チームと同行しながら周辺の避難所への訪問活動や，病院内での面接活動やボランティア活動を約半年間行った。筆者は宮城県派遣チームとして現地での活動を行うこととなるとともに，心理コーディネーターという立場から派遣調整や後方支援も含めて職務を担当した。宮城県への派遣者は，医療チームとは日中は別行動で，夜の宿所を共にしつつ情報交換やミーティングを行っていた。当初心理チームは，沿岸部を中心に活動拠点を模索していたが，

現地の状況は，津波による被害が甚大で沿岸地域全体が被災し，壊滅的なダメージを受けていた。個別の心理面接などの心理支援へのニーズをつかむことがことのほか難しく，こちらの提供しようとする心理支援に対しての抵抗感もあり，活動を断念せざるを得ない状況にもなった。そこで心理チームは，役所とも交渉し，内陸部の避難所に活動の軸足を移し，地元の避難された方々と日常を共にしながら支援活動を継続できることとなった。支援の際には，心理職であるという看板を下げて，まずは地元の方がたの日々の生活や困っていることを知り，できることは何でもするという方向で進めていくこととした。実際の活動内容は，一般ボランティアと同様に，支援物資の仕分けや運搬，畳の張替，所内清掃，風呂焚きの手伝いなどが中心であり，被災された方々の生活の中に入り一緒に汗を流していくことに専念した。避難生活を送っている方々に，必要なことは何でもお手伝いするという姿勢でかかわり，被災された人々から上がってくる声に耳を傾けつつ，心理支援へのニーズを地道に探っていく方針とした。そこでは，生活基盤や仲間を失った喪失感や今後への不安，避難所生活での辛さが語られた。とくに，震災によるコミュニティの崩壊を体験している住民にとっては，せっかく避難所で出来上がった人間関係が仮設住宅での生活に移ることによって再び壊れてしまうのではないかという危機感は強く，孤立してしまうことへの不安が語られていた。そこで，センター派遣チームは，帯同している医療チームやNPO団体とも相談しつつ，地元病院，保健センター，役場にも足を運んで医師や保健師らと面談を重ね，現地で起こっていること，そして今後必要となる支援について話し合っていった。やはり，仮設住宅においても住民の方々が安心して顔を合わせる場所が必要ということで，再び沿岸部に活動拠点を戻し，仮設住宅近くに設けたカフェという交流スペースを介して心理支援活動を継続することとなった。この交流スペースが，子どもの遊び場やおとなや高齢者の憩いの場，話し合いの場としての機能を持つことになり，被災者同士の交流促進となっただけでなく，生活不活発病や心の問題発症の予防的な側面も担うこととなった。センター本部とも協議し，支援団体や企業の協賛も募り，お茶やコーヒーを飲むだけでなく，ゲームやぬいぐるみ，玩具などを用いた遊び道具も用意し，情報交換やイベントを楽しむ場，ときには健康チェックも行ったり健康増進のための運動やリラクセーションも行えるような交流の場を提供することを目的としていった。大規模災害時の心理支援においては，派遣チームが開かれた場を提供し，派遣者も地元住民や支援者に溶け込みながら生活を支えていくというアウトリーチの発想を基盤に置く

ことが非常に重要であると考えたからである。2011年秋以降は，地元の社会福祉団体に運営の主体を預け，地元で再雇用された生活支援員の方がたと協力し合いながら，2カ所の仮設住宅において交流の場をサポートしていった。2012年7月以降は，地元宮城県の臨床心理士会支援チームに支援活動を引き継ぎ（菊池,2014），センターはおもに後方支援という役割を担うこととなった。

これらの経験を踏まえて，大規模災害時という危機事態において，心理支援を行っていく際の心理チーム内部の連携とともに，地元関係機関を含めた多職種の連携の重要性について述べてみたい。

Ⅳ 大規模災害時に支援活動を行う上での留意点

1．支援の目的を明確にし，共有する

心理臨床実践において，連携体制を作っていく上では，まずは目指す方向性を定めていくことが重要である。それぞれの専門性や技量，考え方によって対応が定まらない場合はチーム内での軋轢が生じ，かえって支援体制が乱れてしまうこともある。多職種チームにおいて支援活動していく際の失敗要因として丹治（2004）は，言葉の壁，縄張り意識と意地，価値観・考え方の違いなどを挙げている。これらは，お互いの専門性が特化され過ぎていたり，ほかの専門職に頼ってしまったりしていることが自分の力量の無さの表れのように感じてしまっていることが背景にあると考えられる。また，自分たちが専門性を学ぶ中で長年培われ，積み上げてきたことを崩されたくないという思いもあり，結果として周囲の多様性を受け入れられずに閉鎖的になり孤立してしまうことにつながってしまう場合がある。これらの状況を克服するためには，支援活動を行う際の目的はどこにあるのかを明確にして，十分に話し合いをしながら共有していくことが不可欠といえる。

センター派遣チームとして円滑な支援活動を行うために，仮設居室内に引きこもることによる心の問題（うつや自殺，孤独死，アルコール依存など）を予防できるように，皆が交流の場に出てきて顔を合わせ，ざっくばらんに話ができる場を居場所することが目的とした。お茶やコーヒーを飲むだけでなく，ゲームやトランプ，ぬいぐるみ，玩具などを用いた遊びや情報交換，ときには健康チェックも行えるような交流の場になることを目指している。そこの場に，心理職だけでなく，生活支援員や地元住民，ボランティアなど，さまざまな人がかかわり，相互に主体的に支え合えるように必要に応じてサポートしていく。これらのことを説明会や報告会，専用電子掲示板などを通じてチーム内に周知，徹底し，地元の

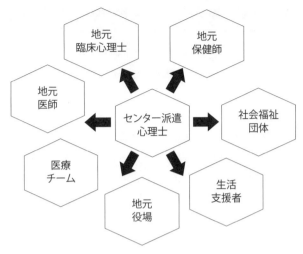

図4　現地関係機関との連携

多職所の関係機関にもチームとしての方針を伝えたことにより，リレー形式で派遣者が入れ替わる体制でも支援活動が円滑に行えるようになっていったといえる。

2．被災地の関係機関をアセスメントする

　災害の規模や，被害の程度を把握し，それらを取り巻く，支援環境についてアセスメントしていく。地元の病院，保健センター，福祉機関，役場，行政機関，企業，そして支援活動に入っている他の団体がそれぞれどのような役割を担っているのか，またそれぞれの関係性が円滑なのか，疎遠なのか，どのようになっているかについてアセスメントをしっかりと行っていくことが非常に重要である（図4）。大規模災害を受けた地域に入るにあたっては，自分たちのチームがどのように受け入れてもらえるかが，その後支援活動を行う際には非常に重要な要素となるからである。そのためには，まずはチームとしての支援方針を明確に持ちつつ，各関係機関に足を運んで情報を得ることである。また，各組織内の指揮系統や情報の共有度，人間関係の風通しをアセスメントしていくことを心がける。そのためには，組織の役職のあるとりまとめ的な立場の人と，実際に支援の現場で働いている人との意思疎通の状況や，スタッフ内の関係性やコミュニケーションの特徴などを見定めていくことも非常に重要な任務となってくる。これらの具体的な状況をなるべく早い段階で把握し，今後の活動の方向性を探り，地元のニーズに

沿った円滑な支援活動につなげられていくこととなる。そのときには，その組織の特徴や地元での役割，行っている活動をしっかりと理解できるように情報収集をしていくのであるが，地元関係機関も被災し疲弊した状態にあることを十分に念頭において負担をかけないように配慮しなければならない。

3．地元のキーパーソンをとの関係を作る

今度は地元関係機関や周辺の土地から支援活動をされている方，そして外部から支援活動に入っている団体の中のキーパーソンが誰かをいち早く見出し，こまめに連絡を取りつつ派遣心理チームの様子を知ってもらい，信頼関係の構築に努めていく。筆者がコーディネーターという役割で派遣活動をする中でまず心掛けたのは，今後派遣されるスタッフに対して，地元のキーパーソンを把握してもらうことであった。そのために，派遣者が替わっても必要な関係機関には，欠かさずに派遣に入る時に徹底させられるように派遣者のご挨拶に入る機関のリストも地図をつけた形のマニュアルも作成した。現地で重要な役割を担う方々の立場や，職種などを十分把握し，被災された方々により良い支援活動を行えるように，話し合いや情報共有を行った。

4．ニーズを受け止める

そして，まずは被災された方々との心理的な接触を持ち，信頼関係を構築できるように努めることである。その際には，対話を強制したり，安易に内面に踏みこんだりして侵襲的にならないように十分な配慮を心がけていく。なぜなら，被災体験を掘り下げるような介入をするとかえって相手に負荷をかけることになるからである。金（2010）は，自然に治っていく心の傷に無理に手を加えてかき乱してしまうことにつながるとの理由で，こうした介入は何もしなかった場合よりも予後は悪くなると述べている。外部から緊急支援に入ろうとするとどうしても，過度な介入をしたくなってしまうということに自戒の念を持っておきたい。そして，地元関係機関ならびに被災者のニーズを丁寧に受け止めて，自分たちが提供できるサービスと丁寧にすり合わせを行っていくことが重要である。相手が求めていることを理解しないままに専門性を押し付けてしまうことで不信感を持たれることのないように注意をしておく必要がある。実際に，被災地において「こころのケア」という言葉に抵抗感や警戒心を持たれて，「他の人のところに行ってほしい」というメッセージを受け取ることもある。まずは被災者が安心できるよう

な環境作りに専念するのが望ましい。

5．関係機関にこまめに足を運び，連絡を取る

まずは被災地の関係機関に所属する支援者との連携を円滑にしていくために，外部からの派遣者はしっかりと顔の見える関係が作れるように挨拶や声かけを怠らないようにする。なお，その際には，先方の負担になっていないかどうかを慎重に見極めて，相手の状況や面談するタイミングなどをしっかりと把握するように努める必要がある。また，センター派遣チームも活動当初には，「地元関係機関とのコンセンサスを十分に得ないままに活動していると，専門家組織としての信頼感が持てない」というご指摘も受けた。そこで，派遣に入る時と終わる時に必ず関係機関に足を運んでご挨拶をすることを徹底した。その際には，可能な範囲でお時間をいただき，現地の状況やチームとしての活動の方向性などの情報共有を行い，円滑な連携体制が作れるように努めた。そして，地元臨床心理士会チームも含めて関係機関同士が円滑な連携ができるようにまた，コーディネーターから現地代表者への連絡を積極的に行うことを心がけた。さらに，派遣の延長などの節目には，代表者が現地に入って話し合いの場を持ち，覚書を交わすなどした。

V　心理職チーム内での連携

1．支援チームとしての意思統一を十分に図る

災害時には，さまざまな支援チームが被災地に訪れて支援活動を行うこととなる。心理チームとしてのリレー型派遣を円滑に行っていくためには，心理チームとしての内部の連携を十分に取っておくことが重要である。

大規模災害時には，全国各地からの派遣者が入ってくるため，お互い顔も知らない中で現地での支援活動を行っていかなければならないことも多い。同じ心理職であっても派遣者によって，専門とするバックグラウンドがさまざまであり，援助に行うにあたっての考え方も一様ではない。そういう状況の中で，一貫性をもった活動していくことには多くの困難があり，さまざまな工夫が求められる。何よりも支援の目標や見通しの共有化と，それに向けて一致団結して各陣（派遣する1週間のクールを「陣」と呼んでいた）でできることをミッションとして，現地で必要とされるそれぞれの役割をこなしてもらうようにすることが重要である。また，事前説明とともに活動報告会を定期的に開き，派遣から帰ってきたスタッフへの疲弊した気持ちを語ってもらう機会も必要である。現地でその時々で起こ

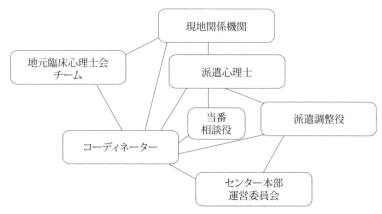

図5　心理職内部での連携体制

っている状況を語ってもらい，これから派遣に入るスタッフに心構えも含めて伝えていく。さらに，コーディネーターや相談役，派遣調整などの後方支援システムを作り，緊急時の連絡対応や，派遣スタッフ同士の連携，前陣・後陣の間の引き継ぎがスムーズに行えるように心がけた。災害支援においては，現場感覚をもった支援者が，同じ方向を向いて継続的な支援体制を作ることが重要であり，後方支援者，組織のまとまり，そして活動を理解し支える社会との絆の大切にする（小俣，2013）ことが望ましい。

2．派遣とりまとめなどの指揮系統を作り，意思決定を下すプロセスを明確にしておく

　リレー型派遣においては，現地関係者からの問いかけに対し，派遣者個人の判断では動くことは難しい。とくに，初めて派遣活動を行うものにとっては，被災地ではとまどうことも多く，現地関係者との意思疎通が十分できないことで，支援活動に支障が出てくることがある。そこで，派遣スタッフからの問い合わせや不足の事態への SOS にも対応できるように，支援経験が豊富なスタッフを相談役として配置しておく。また，コーディネーターが専用電話を常時携帯して，相談役，派遣者，現地関係機関との電話やメールをいつでも受けられるようなシステムを作った（図5）。コーディネーターは，センター本部とも適宜連絡を取れる体制をとりつつ，必要なことは運営委員会で図って判断を行っていった。こうした体制を通じて，現地関係者からの要請を受けた派遣者からの相談があった時には

適宜指示を出すなどの，組織としての指揮系統をしっかりと整えていった。そのことにより，支援場所や宿所の変更，派遣延長の要請などの重要な判断をスムーズに下していくことが可能となった。後方支援の相談役も特定の人だけに負担がかかり疲弊することのないように当番制として，交代で各派遣者に対応できるように工夫していくことも必要である。そして，支援活動の節目では，チームの代表者が現地に入ることが地元との信頼関係を深めていく上では重要であるといえよう。

VI 連携をとるうえでの留意点

1．他職の専門性を尊重する

　緊急支援を行う際に，良い連携を組むためには，日ごろから他職の専門性についてある程度知っておくことである（河野，2015）。医師や看護師，保健師，薬剤師，福祉士，教師，法律家など，それぞれの職種の学問的な背景を知ると同時に，その職務を遂行する上でのさまざまな苦労や大変さを十分に理解していくことが望ましい。犯罪被害ではとくに，弁護士や警察などとの連携が欠かせず，犯罪事実の立証の問題にも直面するので司法分野のことにも精通しておくことが求められる。緊急時の連携のためには，平時より円滑なコミュニケーションをとり，さまざまな角度からの見立ての方法や価値観を持てるように視野を広げておく必要がある。筆者自身も精神科クリニックや学生相談での臨床経験から，危機事態に陥ったときには，事務スタッフも含めた各施設部署でチームとして対策を立てて支援を行っていくことの重要性を痛感し，日ごろの関係構築を重要視している。危機事態に対応できる円滑な支援体制を整えるためには，平時より風通しの良い人間関係を保っておくことが有効である。そのためには，心理職としての守備範囲を十分に自覚しつつ，どこまで情報共有をするか，どのような役割分担をしていくか，臨床の場の特性や支援に求められるニーズを踏まえて，できるだけ明確にしておきたい。自分一人で何とかしようとして抱え込んでいると，緊急時に周囲のサポートが得られず，より深刻な事態を引き起こしてしまうこともある。縄張り意識を持たずに，多職種間で報告，連絡，相談を行って支援を行っている仲間と協調し，サポートし合えるようなネットワークの構築が極めて重要である。その際には，誰にどこまで，どのように伝えていくか，あるいは伝えないかについて，第4章で述べる守秘義務などの倫理面に十分配慮しつつ，慎重に検討していくことが望ましい。

2．連携するからこその危険性も自覚しておく

　さらに，連携するからこそ生まれる見立てや支援の方向性へのずれがジレンマとなり，クライエントの混乱を招く危険性にも注意し，対立構図にならないように，意見をすり合わせ調整していく試みを怠らないようにする。学んできた背景やアプローチの方法が異なることにより，それぞれの立場の専門職で軋轢が生じやすく，支援者間の不協和音がもとで適切に支援活動が行えず，対象者が置き去りにされてしまう場合がある。それぞれの職種の特徴を認識するとともに，お互いの守備範囲を明確にして適宜役割分担を行えるようにする。多職種連携はあくまでも手段であり，対象者への支援であるという最終目的を忘れないようにしたい。緊急支援の対象者とっては支援者の専門性は関係がなく，まずは困っていることに寄り添って，人として真摯に支援の手を差し伸べてくれるかが何よりも重要であることを肝に銘じておくことが重要である。

文　　献

藤森和美・藤森立男（1995）こころのケアと災害心理学．芸文社．
後藤雅弘（2006）災害支援活動報告：災害時のこころのケア―新潟中越地震被災地域での精神医療支援．精神医学，48(3); 255-261.
東日本大震災心理支援センター（2012）南三陸町心理支援活動報告．
IASC（2007）IASC Guidelines on Mental Health and Psychosocial Support in Emergency Settings. Geneva: Inter-Agency Standing Committee.
菊池陽子（2014）宮城県沿岸部の被災地における中長期支援のために．外来精神医療, 14(2); 23-26.
金吉晴（2010）災害支援の心構え．In：日本心理臨床学会監修：危機支援の心理支援学．遠見書房，pp.22-23.
河野荘子（2015）多職種支援における心理士の役割．In：本城秀次監修，河野荘子・永田雅子・金子和史編：心理臨床における多職種との連携と協働．岩崎学術出版社，pp.1-12.
前田潤（2013）災害時のこころのケア―IASCガイドライン．In：全国赤十字臨床心理技術者の会編：総合病院の心理臨床―赤十字の実践．勁草書房，pp.174-178.
小俣和義（2012）交流の場を介した被災地心理支援モデル．外来精神医療，12(1); 8-12.
小俣和義（2013）被災地宮城県における心理支援活動．青山学院大学教育人間科学部紀要，4; 71-82.
小俣和義（2013）交流の場を介した心理支援活動（宮城県）．In：小俣和義編：こころのケアの基本．北樹出版，pp.188-192.
清水將之（2006）災害の心理．創元社．
杉村省吾（2000）災害時ケア―阪神淡路大震災をめぐって．In：氏原寛・成田善弘編：コミュニティ心理学とコンサルテーション・リエゾン―地域臨床・教育・研修．培風館，pp.216-232.

高橋美保（2011）大学教員として臨床心理学の発展を考える．臨床心理学，11; 50-55.
丹治光浩（2004）連携の成功と失敗．In：丹治光浩・渡部美沙・藤田美恵子ほか著：心理臨床実践における連携のコツ．星和書店，pp.1-28.
冨永良喜（1995）被災者の心のケアとしての臨床動作法．リハビリテイション心理学研究，21; 59-82.

第4章
アウトリーチ活動の倫理

小澤康司・中垣真通・小俣和義

　日本の民法では，私人の法律関係は私人が自由に契約で決めることができるという私的自治の原則が基本となっており，当事者間の合意によって契約が成立すると考えられている。この契約は，口頭の合意があれば契約は成立するとされる（岡田，2003；伊藤，1996）。

　アウトリーチ活動においては書面での契約はなされないが，口頭での契約関係が存在すると考えることができる。民法644条では「受任者は，委任の本旨に従い，善良な管理者の注意を持って，委任事務を処理する義務を負う（善管注意義務）」とされており，心理的援助活動においても，この善管注意義務を遵守する必要があり，これに反する行為は善管注意義務違反や民法709条「故意又は過失によって他人の権利又は法律上保護される利益を侵害した者は，これによって生じた損害を賠償する責任を負う」に定められた不法行為責任に該当することになる。心理職者は，医師や弁護士と同じ専門職者であり，専門職者としての職業倫理を遵守することが求められている。アウトリーチ活動は活動スタイルのあり方であり，専門職者としての倫理原則や倫理規定に従うことに変わりがない。

　したがって，アウトリーチ活動を実施する者は，その職能団体が規定する倫理綱領を遵守することが求められる。また，その職種や資格が資格法や公務員法に定められたものである場合，その業務活動が法律に定められた業務等である場合，関連する法律や制度に従って活動することが求められる。

　本章では，アウトリーチによる心理支援を行う際に留意すべき倫理上の課題について，「一般社団法人日本臨床心理士会倫理綱領（以下，「倫理綱領」と言う）」を例として検討し，解説（★印）をすることとする。

I　基本的倫理観

　〔倫理綱領　前文〕平成　21年4月1日より施行

「一般社団法人日本臨床心理士会は，財団法人日本臨床心理士資格認定協会が認定する臨床心理士の職能団体として会員が提供する専門的臨床心理業務の質を保ち，業務の対象となる人々の基本的人権を守り，自己決定権を尊重し，その福祉の増進を目的として倫理綱領を策定する。会員は，上記の目的にそうよう，専門的職業人であるとともに一人の社会人としての良識を保持するよう努め，その社会的責任及び道義的責任を自覚し，以下の綱領を遵守する義務を負うものである。」

★アウトリーチ活動の基本的な倫理は日常臨床と同じである

前文に謳われている臨床心理士が遵守すべき事柄は，次の2点に要約することができる。

- 業務の対象となる人々の福祉の増進のために，提供する専門的臨床心理**業務の質を保**ち，**基本的人権**を守り，**自己決定権**を尊重すべきである。
- 専門的職業人であるとともに一人の**社会人としての良識**を保持するよう努め，その社会的責任および道義的責任を自覚し，綱領に定める遵守事項に従うべきである。

（文字の強調は筆者が付け加えた）

アウトリーチによる心理支援活動でも，この倫理観を基盤として支援活動を展開することが求められるのは当然である。むしろ定まった援助構造を持たないアウトリーチ支援だからこそ，よりいっそう基本的人権を尊重する姿勢や社会人としての良識が求められる。

II 基本的人権の尊重

第1条第1号「会員は，基本的人権を尊重し，人種，宗教，性別，思想及び信条等で人を差別したり，嫌がらせを行ったり，自らの価値観を強制しない」

★対象者の価値観と尊厳を尊重する

アウトリーチによる心理支援を行う場合，地域性や文化的背景などの違いへの感受性を高くし，多様性を受け入れ，現地の文化に沿った礼節を保つことがより強く求められる。その上で，被害を受けた人たちがこれまで育ってきた歴史や環境に敬意を払い，現在起きている状況を真摯に受け止めることが必要である。災害や事故による被害の責任を対象者に押し付けるような関わり方は，厳に慎まなければならない。

そのため，援助者が自らの価値観を自覚し，意図せずに行ってしまう価値観の押しつけに注意を払う必要がある。例えば，災害支援で出かけた現地の文化を軽視したり，DVやレイプの被害者の落ち度を責めたりする姿勢は，価値観や尊厳

を尊重できていない例と言える。

★支援者が得意とする支援を押し付けない

　対象者には支援が必要だと考えるからアウトリーチを行うのだが，支援者の思いを対象者に押しつけていないか慎重に吟味し，お仕着せの支援を自重する姿勢を保つことはとても重要である。災害支援においては，心理支援にこだわらず，相手が必要としている手伝いをして，必要とされれば心理支援も行えるというスタンスが適切である。支援者としては「何とか役に立ちたい」，「困っている人を助けたい」という熱意をもって支援に乗り出すのだが，対象者としてはその熱意が重荷になり，かえって心理的負担をかけてしまうことになりかねない。

　また，心の専門家であることをことさらに強調したり，得意な援助技法を押し付けたりすることによって，対象者の警戒心を強めてしまい，支援を拒否される場合があることにも注意をする必要がある。

　他の支援チームや他の職種の支援活動を尊重し，効果的な協力関係を築くよう努めることも，アウトリーチによる支援においては大切である。心理支援の専門家であることを振りかざして，「支援競争」や「共感競争」（宮地, 2011）に陥り，他の関係者と競争的な関係になることがないように常に心掛けるべきである。

★宗教の布教や特定の治療技法の宣伝を行わない

　支援活動中に宗教的儀式や教義の講話等を行うと，対象者から宗教への勧誘行為とみなされるため，心理支援においては宗教的に中立の立場に立つべきである。また，特定の治療技法を広めることを意図して被災地を巡回するようなことは，厳に慎むべきである。

　あくまでも対象者が受けたもしくは受けると予想される精神的衝撃をケアすることが支援活動の目的であり，支援者側の営利や利得を優先する姿勢で心理支援を実施するようなことがあってはならない。

III　プライバシーの尊重

　第1条第2号「会員は，業務遂行に当たって，対象者のプライバシーを尊重し，その自己決定を重んじる」

★対象者のプライドや主体性を尊重する

　アウトリーチによる支援では，対象者への積極的なアプローチが必要になるこ

とが多いが，対象者が主体性や自発性を発揮する機会を奪っていないか，慎重に検討することも重要である。心理支援を実施するに当たって，災害，犯罪，事故等の困難に遭った人や地域が，その主体性を回復できるように支援することを最優先に考えるべきである。また，訪問支援においては，プライバシー保護に十分な注意を払い，対象者のプライドを傷つけないように配慮しなければならない。

★過度に内面に踏み込まない

対象者の心の準備が整わないうちに，立ち入った質問をしたり，トラウマ体験を表出させようとしたりすると，不安を強めたり，傷つきを深めたりする危険性がある。不適切な介入は対象者にとって害悪になる危険性を常に念頭に置き，相手のおかれている環境や心理状態，パーソナリティ特性，被害の程度などについて，十分にアセスメントをした上で適切な支援活動を行うべきである。

災害後に対象者に行うデブリーフィングについては，否定的な見解（Rose, S. ら，2002）が優勢になっており，PFA（2006）や IASC（2007）でも被災後にデブリーフィングを行うことの危険性を警告している。冨永（2014）は，「急性期には過覚醒状態が顕著であり，被災体験を語ろうとすると情動興奮が高まり，感情コントロールができなくなり，もう二度と話したくないという回避を強める結果をもたらす」と述べている。とくに被災直後で不安定な状態にある対象者は，PFA が提唱するような安全と安心感や情緒の安定化を図れるように非侵入的にかかわることが重要である。小澤（2009）は，危機介入のあり方として，自然な回復力を高める PFA 等が世界的な基準になっていくと論じている。

IV　守秘義務と緊急対応の関係

第2条第1号「業務上知り得た対象者及び関係者の個人情報及び相談内容については，その内容が自他に危害を加える恐れがある場合又は法による定めがある場合を除き，守秘義務を第一とすること」

第4条第4号「自他に危害を与えるおそれがあると判断される場合には，守秘よりも緊急の対応が優先される場合のあることを対象者に伝え，了解が得られないまま緊急の対応を行った場合は，その後も継続して対象者に説明を行うよう努める」

★守秘義務と情報共有の選択が求められる場面が少なくない

アウトリーチによる支援の場合，一般的な通所相談に比べて危機介入を求められる場面が多い。そのため，対象者の最善の利益を守るために，守秘義務よりも関係者間の情報共有が優先されることが少なくない。例えば，性的虐待を受けて

いる児童が被害体験を開示した際に，他の誰にも言わないでほしいと依頼されることがある。この場合，心理職が秘密の保持を優先すると，児童が性的被害に遭い続けることを看過することになってしまう。児童を説得して，ただちに所属長等に報告し，児童相談所等の関係者に通告する必要がある。仮に児童の了解が得られなくても，法令に基づく通告義務があるので，関係機関に通告することが採るべき選択肢となる。ただ，本人の了解を得ず緊急対応として情報共有した場合は，関係機関が緊密に連携をして，事後であっても介入の意義を本人に説明するとともに，介入の結果本人が何らかの利益を得られるように最大限の努力をする必要がある。

★児童虐待とDVは守秘よりも通告・通報が優先される

児童虐待とDV（配偶者間暴力）に関しては，守秘義務よりも通告・通報が優先されることが，法律によって明確に規定されている。児童虐待については，保護者が加害者であり，かつ子どもは自分の力で自らの安全を守ることができないという考えから，当事者の意思に関わらず通告する義務があると定めてある（児童虐待の防止等に関する法律，第6条）。DVに関しては，被害者は自分の意思で逃げることができるだろうという想定のもと，被害者本人に意思確認の上，通報することができるという，いわゆる"できる規定"になっている（配偶者からの暴力の防止及被害者の保護等に関する法律，第6条）。

また，児童虐待については，関係機関の協議会で情報を共有することができる旨が児童福祉法に明記されていて，関係者間で必要に応じて情報共有をすることが可能になっている（児童福祉法，第25条の3）。その一方，関係者のネットワークの外に秘密を漏洩することは禁止されていて，秘密は関係者内で保持されるように定められている（児童福祉法，第27条の4）。

Ⅴ　情報の管理

第2条第2号「個人情報及び相談内容は対象者の同意なしで他者に開示してはならないが，開示せざるを得ない場合については，その条件等を事前に対象者と話し合うよう努めなければならない。また，個人情報及び相談内容が不用意に漏洩されることのないよう，記録の管理保管には最大限の注意を払うこと」

第4条第5号「対象者から，面接の経過及び心理査定結果等の情報開示を求められた場合には，原則としてそれに応じる」

第4条第6号「面接等の業務内容については，その内容を客観的かつ正確に記録してお

かなければならない。この記録等については，原則として，対象者との面接等の最終日から5年間保存しておく」

★個人情報の紛失や漏洩に最大限の注意を払いながら必要な情報を引き継ぐ

　緊急支援活動では担当者やチームが交代で対応することが少なくない。この際に，日誌，面接記録，検査・調査データ，対応経過，対応上の留意点等の資料を引き継いでいくことが必要になる。これらの資料は個人情報とプライバシー情報が記載されているので，不用意に持ち歩くことは厳禁で，万が一紛失をした場合には心理職や支援者への信頼を喪失しかねない重大な過失である上に，状況によっては賠償責任を問われるおそれもある。資料やデータの保管については，現地対応機関（学校や保健センター等）に責任を持って管理していただくことが望ましい。

　ただ，交代要員に引き継ぐための資料は，現地を離れた後に必要になる。この場合は，インターネット上のデータ保存サービス（クラウド）にパスワードをかけて資料を保存する等の方法を使い，可能な限り資料やデータを携行することなく，必要な情報を活用できるようにするべきである。USBメモリー等の携帯型記憶装置による保管や携行は，紛失の危険性が高く，相当に慎重で厳重な管理が必要である。

★対象者と支援者のプライバシーに配慮した情報共有

　支援チームの交代や他機関との連携を円滑に進めるために，重要な事柄を引き継いだり，情報を共有したりしておかなくてはならない。この際に対象者のプライバシーを守るために，電子データにパスワードをかけたり，不必要な個人情報を掲載しないようにしたりするなどの配慮が必要である。また，対象者の情報を関係機関に提供する場合は，誰にどこまで伝えて良いか本人や家族等の了解を得ることが原則的に必要である。

　支援者同士の連絡先もチーム内で必要な情報であるが，本人の承諾を得た上で，共有できる電話番号やメールアドレスを共有するようにすべきである。非日常的な状況で支援活動を行うと，対象者と支援者の心理的距離が近くなり，支援者のプライバシーを守ることが難しくなる場合があるので，自分や他の支援者の個人情報を必要以上に対象者に伝えることがないように，どの支援者も十分に注意する必要がある。

VI　限界の認識と他機関との連携

第5条第1号「自分自身の専門家としての知識・技術の範囲と限界について深い理解と自覚を持ち，その範囲内のみにおいて専門的活動を行うこと」
第5条第6号「自分自身の専門的知識及び技術では対応が困難な場合，又はその際の状況等において，やむを得ず援助を中止もしくは中断しなければならない場合には，対象者の益に供するよう，他の適切な専門家や専門機関の情報を対象者に伝え，対象者の自己決定を援助すること。なお，援助の中止等にかかわらず，他機関への紹介は，対象者の状態及び状況に配慮し，対象者の不利益にならないよう留意すること」

★専門性に固執しない

　職種や業務に貴賤はなく，立場は違っても，同じ現場で支援活動を行う仲間である。まずは，一人の生活者としての立場に立ち，そこから自分の技能を活かせる機会を模索することが大切である。自らの専門性を誇示して，対象者に負担感を与えるようなことがあってはならない。また，災害支援であれば，その地域の文化や生活に溶け込み，専門的な技法に固執せず，掃除でも荷運びでもできることは何でもやるという姿勢が重要である。

　職種によって視点や価値観に違いがあり，時にその差異が対立につながることもあるが，どの職種にも担える役割の限界があるので，対象者の利益のためには互いに連携をするべきである。さまざまな視点は職種ごとの個性であり，支援のバリエーションの広がりと捉えることもできる。心理職であれば，生活場面での交流を通して対象者の置かれている状況や心情をくみ取り，心理的なサポートにつながる生活支援の方向性を探ることができるだろう。ただ，プログラム通りに心理支援を展開しようと，相手の状況を考慮せずに介入を急ぐと，信頼関係がこわれてしまい，かえって支援の途が閉ざされてしまうおそれがあることには留意すべきである（多職種アウトリーチ支援による支援のガイドライン；http://www.ncnp.go.jp/nimh/fukki/documents/guideline2.pdf）。

★現地関係者に負担をかけない

　外部から支援が入ると人員が増強される半面，その対応や調整等で現地関係者に多大な負担がかかる面もある。特に学校緊急支援や大規模災害の支援では現地の受け入れ機関が混乱しているので，支援者が一斉に押しかけることで，余計に現地関係者を混乱させ，疲弊させてしまうおそれもある。そのため支援チームは，自給自足体制で現地入りするなど，受け入れ側に負担をかけないように特段の配

慮をする必要がある。被災地や学校等の現地に出向く場合は，現地の被害状況や対応機関の機能等について情報を集め，十分にアセスメントをした上で，受け入れる側の負担にならない方法で心理支援を実施するように心がけなければならない。

★立場の範囲内での支援

　支援活動の形態はさまざまであり，職務による場合もあれば，ボランティア活動の場合もある。優れた知見や技能を備えている心理職であっても，支援活動にどのような立場で参加しているかによって，期待される役割は違ってくるし，担うことができる責任も違ってくる。例えば，外部から被災地支援に駆けつけたボランティア心理職が心理相談を行う場合，通常のカウンセリングのように継続面接の契約を結ぶことはできない。現地の相談機関等に紹介する一次相談の役割が，期待されるものであり，責任を負える範囲でもある。アウトリーチによる支援活動を行う際には，活動を継続する体制，重篤化した場合の後方支援，本務との兼ね合い等の現実的制約を考慮して，現地の期待を裏切ることなく，責任を持って取り組める活動とするべきである。また，現地のニーズを顧みずに支援活動を展開したり，請われてもいないのに現地機関に指示や助言を与えたりして，現地機関の業務遂行を阻害するような活動は厳に慎むべきである。

VII　調査と個人的欲求の抑制

第1条第3号「会員は，対象者に対する心理査定を含む臨床心理行為を個人的欲求又は利益のために行ってはならない。同時に，対象者が常に最適な条件で心理査定を受けられるように，心理査定用具及びその解説書の取扱いには十分に留意する」

第7条第1号「事例を公表する際には，原則として，対象者本人及び必要な場合には，その保護者又は後見人等の同意を得るとともに，対象者等が特定されないような取り上げ方や記述について細心の工夫を行う」

第7条第2号「記述に当たっては，対象者本人及びその家族等の人権や尊厳を傷付けるような表現は厳重に戒める」

第7条第3号「事例における臨床心理援助技法及び活動については，誤解を招く記述は避け，さらに，臨床心理士として用いる援助技法及び援助活動を正確かつ適切に記述する」

第7条第4号「事例の公表は，今後の臨床心理業務又は臨床心理士の活動に有効かつ有益であることが基本的前提である。したがって，その事例の公表は，社会的な意義を有するものであることが第一義であり，営利的活動や業績蓄積が主な目的であってはならない」

★覗き見的好奇心を自制する

　社会の関心を集める事件や事故に立ち合う機会を得ると，誰しも気分が高揚し，一般には触れることができない内幕を知りうることに密かな喜びを覚えるのではないだろうか。危機事態に対応する支援者は，覗き見的好奇心から完全に自由であることは案外に難しいことを自覚し，必要以上に対象者のプライバシーに立ち入っていないか，常に自己点検をするように心がけることが大切である。支援者の個人的興味で対象者に関わってしまうと，不必要なプライバシー情報を尋ねて対象者に不信感を抱かせたり，対象者との間に適切な距離を保てなくなったりして，支援が困難になってしまうことがあるので注意が必要である。

★心理検査やアンケート調査は対象者の福祉に資するように実施する

　災害支援や重大な事件・事故に関与すると，通常は入手できない貴重なデータを採取する機会を得られることがある。このような場合であっても，単に研究を目的としたデータ収集は慎むべきであり，対象者になんらかの利益がもたらされるように配慮する必要がある。疲弊している被災者にとって，アンケートに答えることは，不快や恐怖の体験を思い出すきっかけにもなり，非常に負担であると同時に心理的苦痛を伴う場合もある。したがって，アンケート調査を行う際には，継続的に関与できる人が心理教育を同時に実施できるような体制を作っておく必要がある。過去の自然災害の際に，避難所でさまざまな機関が次々とアンケートを実施したために，避難住民から「自分たちはモルモットじゃない」という不満の声があがったというエピソードを，アウトリーチ活動を行う心理職の一人ひとりが心に留めておかなければならない。

★事例の公表は社会的意義を有する場合にのみ許される

　大規模災害や重大な事件・事故など社会の関心を集めた出来事に関与すると，通常は経験できない稀有な事例に関わる機会を得られることもある。心理職は守秘義務を負っているので，個人情報や相談内容をみだりに公開することはできないが，事例を公表することに社会的意義が認められる場合に限り，公表することが可能である。この場合においても，事前に当事者の了解を得ることが原則であり，当事者の尊厳を傷つけるような記載はあるまじきことである。あくまで公共の利益に資するから例外的に公表できるのであって，個人的な営利や業績を目的としているもしくはそのように受け取られる形で，事例の情報が公表されることがあ

ってはならない。

VIII 報道対応の公正性

第6条第2号「テレビ，ラジオの出演又は一般雑誌等への執筆においては，対象者に関する守秘義務はもちろんのこと，対象者の人権と尊厳を傷付けることがないよう細心の注意を払うこと。また，心理査定用具並びにその具体的使用法及び解釈法の公開は避けること」

★メディアでの発言は冷静と公正を旨とする

マスコミの取材を受けると上気して，つい饒舌になることもあるが，メディアでの発言は，被害者や関係者等の当事者に届くことを常に念頭に置いて，当事者を傷つける発言になっていないか細心の注意を払うべきである。また，対象者の個人情報等に触れないように留意することも必要である。

さらに，支援チームの一員であることを忘れずに，誠実かつ丁寧に対応することも重要である。支援の有効性をことさらに誇示したり，注目を得たいがために奇を衒った発言をしたりすることは，特に慎むべき振る舞いである。また，専門家として発言する際には，経験，知識，訓練，文献に照らして，心理学的な裏付けや根拠があることなのか十分に吟味してから，発言しなければならない。（APA基準による心理学倫理問題事例集（2007）第5章「広告と他の公共的発言」トマス・ネイギー著，創元社）

IX 自己認識と心身の健康の保持

第1条第4号「会員は，自らの知識，能力，資質及び特性並びに自己が抱える葛藤等について十分に自覚した上で，専門家としての業務や活動を行う」
第1条第5号「会員は，心身の健康のバランスを保つとともに，自分自身の個人的な問題が職務に影響を及ばしやすいことを自覚し，常に自分の状態を把握するよう努める」

★自らの葛藤や特性を自覚し，心身のバランスを保持する

緊急支援の現場では，衝撃的な出来事や痛ましい場面に遭遇することが多く，支援者も強いストレスを被ることとなる。このような時には心理職といえども，個人的に抱える葛藤が支援活動に影響を与えやすくなるものである。そのため，普段の業務よりもいっそう冷静でありたいところだが，実際には緊急対応の高揚感から過覚醒気味になり，自制力が弱くなりがちである。自制力が低下すると性格上の特性もより顕在化してくるので，頑張り過ぎや口出し過ぎなどに十分に注意

して，常にバランスを整えるよう意識することが必要である。

【参考】一般社団法人日本臨床心理士会倫理綱領
　一般社団法人日本臨床心理士会倫理規程第3条に基づき，本会正会員（以下「会員」という）の倫理綱領として以下を定める。
前文　一般社団法人日本臨床心理士会は，財団法人日本臨床心理士資格認定協会が認定する臨床心理士の職能団体として会員が提供する専門的臨床心理業務の質を保ち，業務の対象となる人々の基本的人権を守り，自己決定権を尊重し，その福祉の増進を目的として倫理綱領を策定する。会員は，上記の目的にそうよう，専門的職業人であるとともに一人の社会人としての良識を保持するよう努め，その社会的責任及び道義的責任を自覚し，以下の綱領を遵守する義務を負うものである。

第1条　基本的倫理（責任）
1　会員は，基本的人権を尊重し，人種，宗教，性別，思想及び信条等で人を差別したり，嫌がらせを行ったり，自らの価値観を強制しない。
2　会員は，業務遂行に当たって，対象者のプライバシーを尊重し，その自己決定を重んじる。
3　会員は，対象者に対する心理査定を含む臨床心理行為を個人的欲求又は利益のために行ってはならない。同時に，対象者が常に最適な条件で心理査定を受けられるように，心理査定用具及びその解説書の取扱いには十分に留意する。
4　会員は，自らの知識，能力，資質及び特性並びに自己が抱える葛藤等について十分に自覚した上で，専門家としての業務や活動を行う。
5　会員は，心身の健康のバランスを保つとともに，自分自身の個人的な問題が職務に影響を及ぼしやすいことを自覚し，常に自分の状態を把握するよう努める。
6　会員は，専門的技能を高めるために切磋琢磨し，相互の啓発に努め，他の専門家との連携及び協働について配慮し，社会的信頼を高めていくよう努める。
7　会員は，臨床心理士の信用を傷つけ，または臨床心理士全体の不名誉となるような行為をしない。
8　会員は，各種法規を守り，財団法人日本臨床心理士資格認定協会の定める臨床心理士倫理規定及び臨床心理士倫理綱領並びに関連規定を遵守するとともに，本倫理綱領を含む本会の定款及び関連規程を遵守する。

第2条　秘密保持
　会員は，会員と対象者との関係は，援助を行う職業的専門家と援助を求める来談者という社会的契約に基づくものであることを自覚し，その関係維持のために以下のことについて留意しなければならない。
1　秘密保持　業務上知り得た対象者及び関係者の個人情報及び相談内容については，その内容が自他に危害を加える恐れがある場合又は法による定めがある場合を除き，守秘義務を第一とすること。
2　情報開示　個人情報及び相談内容は対象者の同意なしで他者に開示してはならないが，開示せざるを得ない場合については，その条件等を事前に対象者と話し合うよう努めなければならない。また，個人情報及び相談内容が不用意に漏洩されることのないよう，記録

の管理保管には最大限の注意を払うこと。
3　テープ等の記録　面接や心理査定場面等をテープやビデオ等に記録する場合は，対象者の了解を得た上で行うこと。

第3条　対象者との関係

会員は，原則として，対象者との間で，「対象者－専門家」という専門的契約関係以外の関係を持ってはならない。そのために，対象者との関係については以下のことに留意しなければならない。

1　対象者等に対して，個人的関係に発展する期待を抱かせるような言動（個人的会食，業務以外の金品の授受，贈答及び交換並びに自らの個人的情報についての過度の開示等）を慎むこと。
2　近隣地域に自分以外の臨床心理業務を提供する専門家がおらず，既に知人である人に対して，やむを得ず必要な臨床心理業務を提供せざるを得ない場合には，他の関連する専門家・専門機関に紹介を行うことに加えて，既に社会的関係を有している臨床心理士が臨床心理業務を提供することの問題点についても十分な説明を行った上で，対象者の自己決定を尊重すること。

第4条　インフォームド・コンセント

会員は，業務遂行に当たっては，対象者の自己決定を尊重するとともに，業務の透明性を確保するよう努め，以下のことについて留意しなければならない。

1　臨床心理業務に関しての契約内容（業務の目的，技法，契約期間及び料金等）について，対象者に理解しやすい方法で十分な説明を行い，その同意が得られるようにする。
2　判断能力等から対象者自身が十分な自己決定を行うことができないと判断される場合には，対象者の保護者又は後見人等との間で十分な説明を行い，同意が得られるようにする。ただし，その場合でも，対象者本人に対してできるだけ十分な説明を行う。
3　契約内容については，いつでもその見直しの申し出を受け付けることを対象者に伝達しておく。
4　自他に危害を与えるおそれがあると判断される場合には，守秘よりも緊急の対応が優先される場合のあることを対象者に伝え，了解が得られないまま緊急の対応を行った場合は，その後も継続して対象者に説明を行うよう努める。
5　対象者から，面接の経過及び心理査定結果等の情報開示を求められた場合には，原則としてそれに応じる。
6　面接等の業務内容については，その内容を客観的かつ正確に記録しておかなければならない。この記録等については，原則として，対象者との面接等の最終日から5年間保存しておく。
7　対象者以外から当該対象者についての援助を依頼された場合は，その目的等について熟考し，必要であれば対象者を含めた関係者との話合いを行った上で，対象者及び関係者全体の福祉向上にかなうと判断できたときに，援助を行う。

第5条　職能的資質の向上と自覚

会員は，資格取得後も専門的知識及び技術，最新の研究内容及びその成果並びに職業倫理的問題等について，研鑽を怠らないよう自らの専門家としての資質の向上に努めるとともに，以下のことに留意しなければならない。

1　自分自身の専門家としての知識・技術の範囲と限界について深い理解と自覚を持ち，そ

の範囲内のみにおいて専門的活動を行うこと。

2　臨床心理業務にかかわる臨床心理援助技法等を業務において使用及び標榜する場合には，その実施に足るだけの研修を既に受けていること。

3　心理査定及び心理療法並びに地域援助などの専門的行為を実施するに当たっては，これまでの研究による十分な裏付けのある標準的施行方法により行うことを原則とする。やむを得ず，実験的段階にある方法を用いる必要が生じた際には，対象者に対し，十分な情報提供を行い，同意を得た上で実施すること。

4　心理査定の結果及び臨床心理的援助の内容等，会員がその業務において行った事柄に関する情報が，対象者又はそれ以外の人に誤用又は悪用されないよう，細心の注意を払うこと。

5　自分自身の専門的知識及び技術を誇張したり，虚偽の情報を他者に提供したりしないこと。

6　自分自身の専門的知識及び技術では対応が困難な場合，又はその際の状況等において，やむを得ず援助を中止もしくは中断しなければならない場合には，対象者の益に供するよう，他の適切な専門家や専門機関の情報を対象者に伝え，対象者の自己決定を援助すること。なお，援助の中止等にかかわらず，他機関への紹介は，対象者の状態及び状況に配慮し，対象者の不利益にならないよう留意すること。

7　会員が，臨床経験の浅い者に職務を任せるときは，綿密な監督指導をするなど，その経験の浅い者が行う職務内容について自分自身に重大な責任があることを認識していること。

第6条　臨床心理士業務とかかわる営利活動等の企画，運営及び参画

　　会員は，臨床心理業務とかかわる営利活動及び各種研修会等を企画，運営及び参画する際には，独善的な意見及び主観的な見解に終始しないように努め，臨床心理士としての公共性と社会的信頼を失しないようにしなければならない。同時に，臨床心理士としての責任を自覚し，以下のことに留意しなければならない。

1　個人又は営利団体等の主催する「カウンセラー養成講座」「自己啓発セミナー」などの営利活動の企画，運営及び講師等としての参画に際しては，受講者等が臨床心理士の養成課程と混同するような誤解を生じさせないよう努めること。

2　テレビ，ラジオの出演又は一般雑誌等への執筆においては，対象者に関する守秘義務はもちろんのこと，対象者の人権と尊厳を傷付けることがないよう細心の注意を払うこと。また，心理査定用具並びにその具体的使用法及び解釈法の公開は避けること。

第7条　著作等における事例の公表及び心理査定用具類の取り扱い

　　会員は，著書や論文等において事例を公表する場合には，対象者のプライバシーや人権を厳重に保護し，以下のことに留意しなければならない。

1　事例を公表する際には，原則として，対象者本人及び必要な場合には，その保護者又は後見人等の同意を得るとともに，対象者等が特定されないような取り上げ方や記述について細心の工夫を行う。

2　記述に当たっては，対象者本人及びその家族等の人権や尊厳を傷付けるような表現は厳重に戒める。

3　事例における臨床心理援助技法及び活動については，誤解を招く記述は避け，さらに，臨床心理士として用いる援助技法及び援助活動を正確かつ適切に記述する。

4　事例の公表は，今後の臨床心理業務又は臨床心理士の活動に有効かつ有益であることが

基本的前提である。したがって，その事例の公表は，社会的な意義を有するものであることが第一義であり，営利的活動や業績蓄積が主な目的であってはならない。
5 著書及び論文等の公表に際しては，先行研究をよく検討し，それら先行研究を盗用したと誤解されないような記述に努める。
6 心理査定に用いられる用具類及び解説書の出版，頒布に際しては，その査定法を適切に使用するための専門的知識及び技能を有しない者が入手又は実施することのないよう，十分に留意しなければならない。また，心理査定用具類は，学術上必要な範囲を超えてみだりに開示しない。

第8条 相互啓発及び倫理違反への対応
会員は，同じ専門家集団として資質の向上や倫理問題について相互啓発に努め，倫理違反に対しては，以下のとおり対応するとともに，各都道府県臨床心理士会の倫理担当役員及び一般社団法人日本臨床心理士会倫理委員会の調査等に積極的に協力しなければならない。
1 臨床心理士として不適当と考えられるような臨床活動や言動に接した時には，当該会員に自覚を促すこと。
2 知識，技術，倫理観及び言動等において臨床心理士としての資質に欠ける場合又は資質向上の努力が認められない場合，同様に注意を促すこと。
3 上記1及び2を実行しても当該会員に改善がみられない場合，又は上記1及び2の実行が困難な場合には，客観的な事実等を明確にして各都道府県臨床心理士会又は一般社団法人日本臨床心理士会倫理委員会あてに記名にて申し出ること。
附則 本倫理綱領は，平成21年4月1日より施行する。

児童福祉法（昭和22年12月12日法律第164号）

第二十五条の三 協議会は，前条第二項に規定する情報の交換及び協議を行うため必要があると認めるときは，関係機関等に対し，資料又は情報の提供，意見の開陳その他必要な協力を求めることができる。
第二十七条の四 第二十六条第一項第二号又は第二十七条第一項第二号の規定により行われる指導（委託に係るものに限る）＊の事務に従事する者又は従事していた者は，その事務に関して知り得た秘密を漏らしてはならない。
＊児童福祉司，知的障害者福祉司，児童委員，児童家庭支援センター相談員等による指導のこと。

児童虐待の防止等に関する法律（平成12年5月24日法律第82号）

第六条 児童虐待を受けたと思われる児童を発見した者は，速やかに，これを市町村，都道府県の設置する福祉事務所もしくは児童相談所又は児童委員を介して市町村，都道府県の設置する福祉事務所もしくは児童相談所に通告しなければならない。
2 前項の規定による通告は，児童福祉法（昭和二十二年法律百六十四号）第二十五条の規定による通告とみなして，同法の規定を適用する。
3 刑法（明治四十年法律第四十五号）の秘密漏示罪の規定その他の守秘義務に関する法律の規定は，第一項の規定による通告をする義務の遵守を妨げるものと解釈してはならない。

配偶者からの暴力の防止及び被害者の保護等に関する法律（平成13年4月13日法律第31

号)

第六条　配偶者からの暴力(配偶者又は配偶者であった者からの身体に対する暴力に限る。以下この章において同じ)を受けている者を発見した者は，その旨を配偶者暴力相談支援センター又は警察官に通報するよう努めなければならない。

2　医師その他の医療関係者は，その業務を行うに当たり，配偶者からの暴力によって負傷し又は疾病にかかったと認められる者を発見したときは，その旨を配偶者暴力相談支援センター又は警察官に通報することができる。この場合において，その者の意思を尊重するよう努めるものとする。

3　刑法（明治四十年法律第四十五号）の秘密漏示罪の規定その他の守秘義務に関する法律の規定は，前二項の規定により通報することを妨げるものと解釈してはならない。

4　医師その他の医療関係者は，その業務を行うに当たり，配偶者からの暴力によって負傷し又は疾病にかかったと認められる者を発見したときは，その者に対し，配偶者暴力相談支援センター等の利用について，その有する情報を提供するよう努めなければならない。

文　　献

APA基準による心理学倫理問題事例集（2007）第4章「プライバシーと守秘」トマス・ネイギー著，創元社.

Emergency Settings. Geneva: Inter-Agency Standing Committee.

http://www.who.int/hac/network/interagency/news/iasc_110423.pdf

IASC（2007）IASC Guidelines on mental health and Psychosocial Support in National Child Traumatic Stress Network and National Center for PTSD（2006）：Psychological First Aid Field Operations Guide 2nd Edition.（兵庫県心のケアセンター訳（2011）災害時の心のケア：サイコロジカル・ファーストエイド実施の手引き　原書第2版．医学書院.）

伊藤進（1996）契約の成立．In：遠藤浩ほか（編）民法（5）契約総論　第4版．有斐閣，pp.54-85.

宮地尚子（2011）震災トラウマと復興ストレス（岩波ブックレット，815）．岩波書店．

岡田裕子（2003）心に関する法律の全体像．In：佐藤進監修：心の専門家が出会う法律－臨床実践のために．誠信書房．

小澤康司（2009）危機介入・支援に関する心理社会的アプローチについて－危機支援学の構築に向けて．立正大学心理学部紀要，7; 73-81.

Rose, S., Bisson, J., Wesley, S.（2002）Psychological debriefing for preventing posttraumatic stress disorder (PTSD) (Cochrane Review). In: The Cochrane Library, Issue 4. Oxford: Updated Software.

冨永良喜（2014）災害・事件後の子どもの心理支援－システムの構築と実践の指針．創元社．

第5章
座談：生活に根ざしたアウトリーチの心理支援
村瀬先生に聞く

村瀬嘉代子

聞き手：小澤康司・中垣真通・小俣和義

小俣　村瀬先生，今日はお忙しいところ，お時間をとっていただき，誠にありがとうございます。早速，「アウトリーチと生活」というテーマで，村瀬先生からいろいろとお話を伺いたいと思っております。まずは，どうしましょう。こちらの体験を語っていくことにしたらどうかと思いますが，まずは小澤先生，何かお話をお願いできませんか。被害者支援の世界に入ったころのお話とか。

ニューヨーク：911から

小澤　2001年9月11日に起きた米国同時多発テロ事件で，文部科学省の依頼でニューヨーク地区の日本人小学校に支援に行ったことがあります。被害者は支援を必要とされていると思いますが，その中で，自分自身で何ができるのかというのはまた別の課題です。被害者支援活動はいくらやってもやはりこれでいいのかなとか，求めていることには応えきれないというか，不完全燃焼することが結構あります。逆に，教わることも沢山あります。そこが大事な仕事の部分なのだろうなと思っています。

――小澤先生は，どうしてニューヨークに行くことになったのですか。

小澤　あれはもう偶然です。文部科学省の在学教育施設を管轄する海外子女教育課というのがあって，日本人学校に先生方を派遣しています。文部科学省の海外子女教育センターが東京学芸大学にあって，その時のセンター長が東京学芸大学の福島修美先生で，僕の大学院の指導教官だったことから，小澤君，行かないかという話が来て行くことになりました。

中垣　事件後，すぐですか？

小澤　事件が発生して4日目に文部科学省から連絡があって，空港が解除された7日目に現地に行きました。そこで2週間活動してきてきました。

小俣 具体的にはどういう支援だったんですか。

小澤 当時，文部科学省としては，災害時や事件が起きた際に，海外の日本人学校の教員や子どもたちの心理的支援をするということについてはあまり経験がなかったのです。基本的に政府は国を越えて動けないが現地からの要請があった場合には動くこともできる。現地には雇われているカウンセラーの人達もいるし，外務省派遣のお医者さんもいらっしゃる。そういう人達と一緒にチームで活動しました。文部科学省が所轄する日本人学校とか，補習校というか私立の幼稚園とかをチームで回りました。その後もいろいろな事件や災害が起きていますが，3.11の東日本大震災が，日本の災害史上一番大きな災害かなと思っています。

小俣 2011年3月11日の大震災の際に立ち上げた東日本大震災心理支援センターは日本心理臨床学会と日本臨床心理士会，日本臨床心理士資格認定協会で最初に一緒につくった支援活動プロジェクトで，私自身は自治医科大学医学部同窓会の支援チームのプロジェクトで入らせていただきました。そこで南三陸町と釜石市に分かれて入っていたんですが，そのときいろいろと村瀬先生にセンター長という形でかかわってとりまとめていただきました。ただ，あまりにも被害が甚大で，結局心理士が現地に入って何ができるかといったときに，とてもとてもいろんな困難に当たりました。一つは心のケアと言われても被害を受けた人たちにとってはいったいどんなことなのかという，いろんな不安もよぎりました。その他の支援チームが入る中で，周りとの関係をどう作るかとか。たとえば地元の関係機関と最初うまくつながれなくて，支援が頓挫しそうになった時期もありました。そういうときに村瀬先生からもたくさん示唆をいただいて。やはり心理としてちゃんと意志統一をしたい，押しつけがましくなく，さりげなくとかって，先生におっしゃっていただいたんです。それで一緒に生活に溶け込みつつ，避難所に実際に入って，最初は1週間の交代で入りました。その中でいろんな見えてくるものもありましたね。それぞれの人たちが，どういう困り事があるのかを伺っているときに，交流の場とか人が集まる場所がほしいという話もあって，それを受けてカフェという形で国境なき医師団がもっていったものを引き継いでやらせてもらったという経緯があります。

いったい本当に心理職として何ができるのかとか，何ができたのかとか，というところはとても難しいですし，今もってよくわかりません。どういうやり方がいいのか，模索中です。今もちょうど宮城県の臨床心理会のチームとも引き継

ぎながら連絡を取り合っています。時々先方の病院の先生方とも，向こうに入ったときにお会いしているんですけれども，結局心理職として何ができるかということと，そういうことを全面に出さずに，でも専門性をもってどう動くかとか，というあたりはとても悩ましく難しい問題です。そういう点では，小澤先生，村瀬先生も含めて，被災地の経験もおありですので，それも踏まえて村瀬先生にはお話をいろいろいただきたいなと思います。この企画の元々は 3.11 があって，そこから，アウトリーチの視点を抽出して，3.11 のような大規模災害でも，あるいは日常臨床でも時折起こるような緊急対応でも，心理職として活用できるようなヒントを探ろうというのが主旨になります。とはいえ，外に出るというアウトリーチの視点を含めてやっていくことが大事だとわかっているんですが，具体的にはどういうことなんだろうとも思ってしまうんです。

村瀬　正直にお話しすると過激でさしさわりがあるのではと躊躇がありますけれど……。災害支援に対して語られる表の話もあります，でも実態——当事者，現地の方々にとって支援がどう受け取られているかということと，支援者の満足との乖離というのはかなりある。阪神淡路大震災から昨今までそういうのはずっとあると思うんですが，その反省が少しずつ生きてきて，3.11 の支援ではずいぶん減っているとは思います。こういうことを話すと非常にさしさわりがある。だから座談会は遠慮したいのです。学会とかいろんなところに行っても，皆さん，表の話をされるわけですね。

自らの経験のなかで

村瀬　第二次世界大戦が私の子どものころにありました。次第に戦火が広がって敗戦色が強くなっていく，そもそもが非常に無理な戦争を始めている。私が小学校 3 年のときから，田舎に少しでもつながりのある子は東京にいてはいけない，それがない子は集団疎開で親元を離れました。考えてみると私はあの頃から何も成長してないと思うんですが（笑）。昔の新聞はみんなルビがふってありましたから，新聞を読んでいると戦局がどんどん厳しくなって負けるんだなというのがわかりました。「アッツ島玉砕」「サイパン玉砕」って。玉砕は玉と砕けるという，漢字が読めればどんな意味かわかります。その島で軍人はほとんど戦死され，多くの島の人たちが亡くなっていく。本土決戦なんて言うけれど，圧倒的に制空権をとられていて，アメリカ軍の飛行機はたびたびやってくる。それに竹槍の訓練を小学生もして対抗するだと……。精神一到何事か成ら

ざらん……なんて無理だと。でも，そんなことを言ったら非国民で大変なことです。私を引き取ってくれた親戚の人や後見人に迷惑がかかる。手紙は東京に出すと1週間かかりましたし，着かないかもしれないという時代でした。だから自分の気持ちを東京の家族へ手紙に書いたら心配すると思って書きませんでした。思ったことを言わないで過ごすって大変なことだって痛切に思いましたね。とても不思議に思ったのは，生意気かもしれないですが，私が感じていたことは事実だったんですけれど，新聞や報道は全くそうではないわりと良いことが書かれていました。オープンに言われることと現実にはひどい開きがありました。乖離です。

それくらい大きな開きがあるとは申しませんが，でも私は災害を受けた人の自分や世の中に対して思われる気持ちと，こういうふうに支援としてどうなったと語られることの開きはものすごく大きいと思うので，こういう話をすることは，私は正直に申すと控えたい。私はほとんど自分から災害支援については語らずにきました。ただ雑誌が何度か取材に来て，臨床心理士というのが世の中に少しでも知られるように役割上，とにかく周囲との関係は損なうまいと，ある程度付き合ってきました。私が当事者だったら，そういうふうにお考えでいらっしゃいますか，ほんとはこうなんですって言いたいところです。だけど私は現地に行ってみて，行かなくてもだいたい災害にあった人というのは，ピッタリ合っていなくても，でも心を寄せてくれるということは非常にありがたいと，これは一様に思っておられて，とても自分の生の気持ちを表現することには，普段はそんなに遠慮がちでない人でも，このことに対してはみんな遠慮されて，まずは遠方から来てくれてありがたいとか，気持ちを寄せてくれてありがたいとか，それをすごくおっしゃると思う。思うというのか，それをいっぱい経験してきました。でもこういうことをたくさん話すと，この企画は崩れてしまうでしょ？

――東日本震災などの大きい災害だけじゃなくて，アウトリーチそのものに焦点を当てます。緊急の時には面接室から外へ出る必要がありますよね。アウトリーチは，災害時だけでなく，学校臨床や病院の中，地域のコミュニティの中でも行われていると思うんです。なので，この本では，もちろん災害のことは大きく扱いますが，根本にあるのは，日常に突然現われる緊急支援のアウトリーチということです。

村瀬　緊急支援。

——なので，例えば学校の中で何か事件が起きたときに，そういう場面でも役立つような本になれば，と。

村瀬　殺人事件の周辺でとか。

——そうですね。

村瀬　先ほど趣旨の説明をされたときに，面接室から出るようになったといわれましたけれど，私は半世紀前から出ていたので，なぜ今さらと。不思議です。やはり支援というのは現実に関わっているのであって，じゃあ現実の事実はどういう性質のものか，事実は何を求めているか，というのをわからないでこちらの物差しで考えることは違うことですから，私は本当に20代のときから必要に応じてそれをしてきたので（笑），なぜ今，新たにって。こんなこと言うと全部ぶち壊しのようで申し訳ありません。

小俣　ぶち壊しではないですよ。

村瀬　それにアウトリーチは，建物から出て行って現場に行くこと，相手のところに行くことだけではないんです。私は黙って座って話を聞いていても——妄想はダメですよ，根拠のないことも——でもちょっとした，わずかな相手の言動，たった一言，あるいは仕草からその背景にあるものを手がかり，根拠にして，的確なその事実になるべく近いことを想像しようと努めます。そして部屋の中にいても，またそこに行っているかのごときに思い描いて話せるという面接をするということが臨床家として成熟することだと思っています。アウトリーチというと，何か出かけるということになりそうですが，静かに座っていても頭の中は非常に活発に能動的に働いている。そのわずかな点から，例えばですが，住所を聞いたときに「ああそうですか」とただ聞くのと，その場所は流入流失が非常に激しくて，しかも一部に江戸時代からの村の名残も残っていて，それが急にさびれてきた。そういう違った文化，経済背景の人たちがあそこには住んでいる……ということがパッとわかる人と，なんかああ首都圏から遠いなと思うだけの人ではすごく違ってきます。基本はやはり現場にいても，聴いたことが頭の中で働かない人は，別にそこに行っても，本当のアウトリーチにならないと思うのです。それをきちんと押さえることが基本だと思います。……憎まれ口みたい，もうやめましょう（笑）。

中垣　先生がおっしゃることはすごく大事なことだと思います。アウトリーチといって現場に入っていっても，やはり村瀬先生がおっしゃるようにその人たちの背景だったり——よく心の窓とおっしゃいますよね——，その人から見る景

色だったり，状況をわかろう，理解しようとすることがなければ意味がないですよね。現場に行って自分たちがいいだろうと思うことをただやって，しかも奢って，援助して帰ってきたんだというふうになってしまうこともあります。あるいは，そこで起きている現実の人たちの生活の苦しみがわからないで帰ってきてしまうということも。こういうことは，戒めなければなりません。本当は心理職としては，そこの視点をちゃんともって臨んでいるのかというのが逆に問われるのが，現場に行くことだろうとは思ってはいます。

さりげなくいること

小俣　村瀬先生がおっしゃっているのは大事なことです。本当の意味で多くの心理職がわかるということは必要だと思いますし，そのためにも先生には忌憚なくアドバイスいただきたい。

村瀬　さりげなくいること，でしょうか。そもそも，人に負担感を与えないこと，極端に言えば自分がいないよりはいることに意味があるとすればどうあるべきなのか，そういうことを考えておくことです。でも個々人の心持ちとは別に，効果のほどをエビデンスで示すということをしょっちゅう求められる現代ですから，難しいところです。

中垣　認知行動療法は盛んにエビデンスをはっきりさせる傾向があるなと思うんですが。

小俣　中垣先生は虐待とか施設の現場で，いろいろと大変な経験もされたりして，その中で感じてらっしゃることがたくさんある。今のエビデンスの話もそうですし，実際に直接出向いて行くこともあれば，どこで待つかとか，入り方とか，村瀬先生がおっしゃったように，そこに居ながらも相手の痛みを感じることも含めて長年経験していらっしゃると思うので，何か思うことがあればお願いします。

中垣　確かにエビデンスで切り取れる部分というのは，ケーキのいちごのとこだけ食べているような話です。でもケーキはもっと大きいし全体を味わうということからすると，ほんとはごく一部しか見てないという弱点はあるんだろうなと思っています。さっき村瀬先生がおっしゃったみたいにまず場所に出かけていくという物理的な移動だけをアウトリーチととらえてしまうと，やっぱり寄り添い損ねてしまうような気がします。施設で支援をしていますと，場所の移動はないですが，何とか療法ではない生活の中での支援をやっているので，そ

れはアウトリーチに近い支援じゃないかなと感じることがあるんです．こういう治療目標でこれを目指しましょうみたいなスタイルで一応自立支援計画とか作るんですが，実際はそれだけじゃないもっと周辺のところまで含めて生活の質まで視野にいれながら生活支援をしているような感覚があります．ただ，それは自分たちの言葉でうまく言語化できないんです．

総合的な人間力：千手観音

村瀬　緊急というのはだいたい予期しない，突然に，しかも中身も場合によっては全く未経験，新しい正体のわからないことだったりします．たとえば地下鉄サリン事件が起きたとき，あれって当初正体がわかりませんでしたね．そういうときに何が一番のベースかというと，やはり総合的な人間力だと私は思っていて，心理支援と限定的に考えることに無理があると思います．だって心理というのは，たとえば人間の体がいろんなパーツできているとしたら，鼻とか耳とか目とみたいに，ここは心というよりは，心とは何かと言えば，その人が自分をどんなふうに思っているか，それから他の人とかものをどういうふうにとらえてかかわっているかということ，それから人が生きていくうえでいろんなことがありますよね——生まれるとか，病むとか，亡くなるとか，失業したり破産するとか——そういうことにどう対応するかというのがその人の心だと思うんです．だから心に関わるということは，本当はものすごい多次元のいろんなことに精通していることが望まれます．で，頭の中でそれがどんなことか理解できるような，本当に生きたジェネラルアーツ，それプラス，できれば生きるための業をたくさん知っている方がいい．これはすごい大変ですね．一言でいえば千手観音みたいな人が，でも私は名もない庶民ですって黙っていて，やれることはやるというのがベストじゃないかなと思うんです．けれどそういう発想は現代の，役割とか機能とか，生産性に応じて対価をどれだけにするとか，資本投資してどれだけ回収するか，という原則が通っている時代には，それは極めて難しいわけですが，でも困っている人からしたら普通の顔した普通の人のような千手観音が非常に必要なわけです．

　ニューヨークの911のときのことです．文科省の外郭団体で〇〇教育センターってありますよね．

小澤　海外子女教育センター．

村瀬　文科省の外郭団体で文科省の方がちょっと行ってらしたり，そこに派遣さ

れる人がいらっしゃる機関です。日本から支援に行くというような問い合わせとかあったのですが——これは事実で感情を交えないでさっきのことを説明するために言いますね。あのときニューヨークにある慶応大学付属高校からは支援はいらないと言われたのです。自分たちでやっている教育の中で、生徒に対応しますと。でも、支援者は行きたがるわけです。私はそのとき日本臨床心理士会の被害者支援の担当でしたが、現地のニーズと支援者の熱意がマッチするという方はいらして、もちろんよかったのはあるけれど、意図したことと合わない人もあった。それで私のところに直にニューヨークから電話がかかってきたことが何度かありました。こういうことをおっしゃってました。ぱっときて自分でレンタカーを借りて、どこなんだと聞かなくてもちゃんとその辺を走れる、それから英語も人や階層によってもずいぶん違うけれども、そういうのを自分で話せてしっかり対応できるぐらいで来てくださるのはいいけれど、トランスポーテーションをどうしましょうとか、通訳は誰かいますかなんて、そういうのは困るって電話をもらいました。これ本当なのです。千手観音といったのは、やはり多芸多才であって、しかもふつうの素人みたいな方がいい。もし自分が被災したら、どうですか？

中垣　村瀬先生は覚悟がいるとはよく言われますが、千手観音になれというのですか。それはなかなか大変です。

村瀬　失礼しました（笑）。

中垣　そんなことはありません（笑）。またお聞きしたいことが浮かんできちゃったので。

小俣　先生が今おっしゃった千手観音のお話があって、先ほどの人間力にもつながる話だと思うんですが。

村瀬　自分でぱっと動けるようでないのなら、日本から来ないでくれと、向こうから電話がかかってきました。またアルバート・アインシュタイン医科大学の先生が家にいらしたのですよ。クレームをもって。ニューヨーク在住の日本人の人と。会いたいと言われるし、ご苦労されているし、すごく忙しくって昼間はなかなか無理だというと、それじゃああなたの家まで行きますって。素人の手料理を出してお話しているうちに、相互理解が生まれ、帰るときは会ってとてもよかった、自分の思いと行動でこれをするというのが臨床心理士の特徴だと思っていたけれど、あなたに会ったので安心して戻れると言って帰られました。でも直に会いたいと突然言われたときはご立腹の様子だったのです。こん

なことは全体に支援するという時に言うと，みんなに素直に伝わるような雰囲気でもないし，さりげなくカバーすることだと思いましたけれど。
さっき言ったように心はそういう具体的なものにどうかかわるかということに現れるわけなので，やはり私は総合的な力ってすごくいると思うのです。日本の教育だと心理学ってけっこうな理論体系と方法があるような感じですが，抽出した特別な技法はすごくサイコロジカルな方法ですけれど，でもこれはやっぱり生きているということにつながりますから，心理職は，並の人よりはもっとさまざまなことについてのレパートリーが広くて，しかも気負わなくて，ふつうの生活人であることが必須だと私は思うんです。こういうこと言うとうるさいって言われる（笑）。
一番初めに被害者支援委員会を臨床心理士会に作らなきゃならないと言われたときです。阪神淡路大震災の一番大変な時期が終わった頃で，困ったことも多かった。みんなが被災地に箱庭を持っていったりしたけれど，それが受け入れられなかったとかいう話で……。これ本当なんですよ。

小俣　箱庭をですか？
村瀬　そうですよ。さすがに箱まで持っていかないけれど，置くものを持っていって，布をひいて……とにかくそういうのがあったんです。時期の問題です。安全に生きるには，何が必要か，その順序を相手のニーズにそって考えることが基本です。

被害者支援のリーダーとして

村瀬　阪神淡路大震災のあと，河合隼雄先生がこれから被害者支援は非常に大事になると言われ，さまざまな団体や人とか，社会的に関わりが複雑でかつ大切である，一番委員会の中で難しく考えなきゃならないものだとおっしゃいました。そして，いきなり村瀬さん委員長やりなさい，と。私は阪神淡路のときは，少々献金するくらいで，現地に行ったこともなく，僭越ですって言いましたけれど，当時，臨床心理士会のトップだった河合隼雄先生が「あんたは外との折衝をちゃんと考えなあかん」とおっしゃったのです。それで委員の人はバリバリの有名な方々，でも波長が合っていないんですね（笑）。

小俣　そうなんですね。ひしひしと感じておられたんですね。
村瀬　一言でいえば人間的な総合力と社会性を含んだとっさの判断力がこの領域ではとりわけ大切です。

小俣　そうですね。……私の経験ですが，東北への支援センターに入ったときに，みんな休みを取って何かをしに行こうという意識はあったと思うんですが，現地の人からはある意味受け入れてもらえなかった。それで心理支援には来ないでほしいとなって，結果的にどうしたかというと，先生と相談させていただいた経緯があるんですが，もう名乗らずにボランティアと一緒でいいじゃないかと。先ほどの千手観音の話ではないですけれど，いろいろなものを持っていても必要とされるまでは出さないでいてほしいと。それで薪割ったりとか，畳替えたりとか，お掃除してということを一緒に何週間かずっとやった中で，最終的に実は心理職なんですって話をしたら，そのときに受け入れられてきたんですね。そう考えますと，今思えば，名乗るなと言われたのは，ある意味現実ですし，それをちゃんと受け入れて動いていかないといけないんだなということが，一緒にボランティアするからこそ見えてきた。被災者の痛みを感じたりというのは，何かしに行くと見えにくくなる。もう一つはアンケート。すでに被災者の方は，いろいろされているので，もうしないでほしいと。それは一切しないようにしましょうと。

村瀬　いろんな現地の組織のまとめ役の方からクレームをいただきました。被災者の方たちは沢山アンケートとか調査表みたいなものへの回答を求められていて，困ってらっしゃる。なのに，臨床心理の研究者にアンケートを取らせてくれと頼まれただとか。それで現地の窓口になっている心理職の方が，臨床心理の研究者にアカデミズムが足りないという趣旨のことで批判されたと電話をかけてこられたことも。……要するに私は苦情承り係です。十分な対応ができなくて苦情をおっしゃってきた方には申し訳なく思っています。

阪神淡路大震災の次に大きかったのが鳥取西部地震。ただ阪神淡路に比べ被害規模が小さく，規模が小さいときは人間のそういう脆さが，そう大きく出ない。被害が大きくなるとズレも大きく出る。だから新潟県中越地震の時はかなり大変でした。河合先生が有無を言わせない感じで，いろいろな人が何人かでやるとゴタゴタするから，新潟県庁を中心とした支援本部が立ち上がるまでは，村瀬さんあなたが一人で連絡係をするようにと仰せつかりました。連絡係は1週間で終わりましけれど，でも1週間，現地に行きたいという問い合わせとか，何人が行ったらいいかとか，新潟県の臨床心理士では数が足らないので，隣接県に呼びかけたり。そうすると費用がないとのことで，文科省に相談して，延べ人数で何人，それに対して費用を臨時予算で捻出してもらったり。1週間で終

わりましたが，朝早くから電話をくださる方もいて，もともと風邪をひいていたのが，ほとんど寝ないで話しているうちに，次の1週間は声が出なくなっていました。もともと私は声が小さかったのがそれを機に，今，私は決して労を惜しんで大きな声を出さないわけではないんですが，通る声や力を入れても大きい声が出なくなりました。ともあれ，災害が起きると必ず副次的な課題が起きるのです。私は人災処理をやってきました。でもこれは災害支援の本に書くとなると，まるで水を差してるようなものです。

小俣　難しい。

村瀬　こういうことをご存知なく，本の中に私の対応を批判的に書いていらっしゃる方もいらっしゃいます。これが現実なんだと思うんですね。こういうことは言いたくないんです。でも別に災害支援ではなくても，世の中にそういうことはいっぱいあるんじゃないでしょうか。政治ってそんなもんですよ。華やかに街頭行進する人もあれば，その後をお掃除する人間も，それぞれの分野だと思ってるでしょうし。

小俣　ちょうど先ほどの派遣受け入れのお話ですが，地元に受け入れられつつあって延長するかどうかといったときに，村瀬先生と一緒に各機関を回らせていただきました。村瀬先生が，本当にもう相手の懐といいますか，どういうふうにお困りで，支援をしている人たちの苦労はこうではないかとか，こういうことが大変ではないかとかということもお話しされながらいろんな機関と調整されて，結局延長派遣も決まってスムーズにいったというのが，震災の年の9月のことだと記憶しています。先ほどの出向くということもそうなんですが，さらにそれだけの覚悟というのか，いろんな重いことをしているという意識を含めて持っておかないといけないんだろうなと改めて感じますね。

熱意と覚悟

中垣　ちょっとすみません，話の角度が変わってしまうかもしれないんですが，熱意と覚悟が似て非なるものなのかなと，お話を伺って気になったんですが。

村瀬　そうですね。

中垣　アウトリーチというと，熱意をもって飛び出して行くものだっていう暗黙の前提があるような理解をされちゃっているんですが，それは違うんではないかということですよね。

村瀬　そうですよね。相手が必要とされていることを第一に考えるのであって，自

分の気持ちを優先させるのではないはずです。自分中心の熱意は人様には時には暑苦しいでしょう。

中垣　（笑）

村瀬　そこから違っていると思うのです。

中垣　暑苦しいんですね（笑）。

村瀬　そうじゃありません？　でもこの人は熱心だと思うから，ありがとうございますとおっしゃるわけです。

小俣　熱心だとNOと言いにくくなるところもありますし。本当はおせっかいなんか嫌だなと思っても，言いにくい。

村瀬　ほんとは2時間でも3時間でも，ちょっと横になりたいと思うのに，人が居ればできないでしょう。そういうことがずいぶんあるって伺いました。それは言えませんよ。遠くから来てらっしゃるのに。でも，全然人が行かないのもいけないと思うんです。

小俣　そこのさじ加減が難しい。

村瀬　行くけれども，そういう思いをさせないようなあり方はどういうことかということに留意したいと思います。

小俣　DoingではなくBeingだって言われますけれど，またそこが難しい。しに行く側のしたいという欲求と，それは今おっしゃっていたことともつながるわけで。

中垣　確かににじり寄ってくる千手観音はいないですよね（笑）。そこにただありますよね。

村瀬　家の中の泥がちょっとでも減る方が話を聞いてもらうよりホッとしません？

小澤　実際行って，何か心理的なサービスをっていうと，じゃあ毛布持って来いよって。

村瀬　それから，荷物運びとか。そういうさりげない行為の集積がその人の心の表れとして伝わるのであって，当初から心理療法を現地で致しましょうという式の立て方は違うと思いました。支援委員会の委員長の辞任を申し出たのですが，あなたが委員長だから抜けないでいると言われたり……。そういう人間関係の調整が非常に必要。ほんとはいらないはずなんですけど。プロですから。

一同　（笑）

小俣　心理職同士の心理戦。

村瀬　はぁ……（苦笑）。

その人の気持ちの力になる

小澤　被害者支援の場でも自分の立場や思いや役割だけで争って対立が起きたりとかいうのがすごくあります。でも，大切なことを学ぶこともありました。中国四川省で起きた地震の際に，日本臨床心理士会と日本心理臨床学会が共同で日本人の支援チームをつくって現地で活動したんですよね。重慶市の病院に行って30代くらいの精神科医の人と話をすることがありました。彼は避難所のケアを担当していて，親を亡くした子どもたちを元気にするのが仕事だと，元気にするには子どもたちの自尊心を回復することだって，そのために何をすべきかと考えるのが支援者の役割だろうというのです。そのためには子どもたちに感謝することだと。大人たちが「ありがとう」というのが子どもたちを一番元気にできるっていうのです。どんなことをしたんですかって聞いたら，精神科医なので心のケアの研修会などを開くので，そのビラ配りを子どもたちに頼んだんだそうです。親を亡くして一番弱い存在，ケアをしないといけない幼き子どもたちに心のケア活動の役割を託した。子どもたちが配ると親たちがみんな「ありがとう」って子どもたちに感謝する。配られている大人たちが逆に励まされる。それが支援だろうって話すのです。私は目から鱗でした。日本の心理療法はこうですよ，なんて伝えに行こうなんて思っていたこと自体が実はとんでもなくて，本人をどうエンパワーするのか，そこで今できるアプローチは何かということで彼は動いている。もうなんというのか，こっちの心が洗われた体験というのがありました。

東日本地震のときもそういう出来事に出会いました。陸前高田市の西側に気仙川という川が流れていて，そこは傾斜地になっているんですよ。傾斜地だから津波が来ても登れば助かる地形で，そこの集落は毎年避難訓練をしているんですね。だから実際に津波が来たときにも，そこの人たちはおばあさんをトタン板みたいなの乗せて担ぎあげて，避難場所のお寺の境内にすぐ集まった。そこにはリーダーのおばさんがいて，これから食料がなくなって困るからと，できるだけ食料を持ち寄らせて，すぐに炊き出しをして，とりあえずすぐに寝させるんですね。電気も水もなくなるから，体力を温存するには寝るのが一番だと。そして，一番元気がなくなるのがおばあさんたちだからと，そのおばあさんたちをどうしたら元気よく避難生活を乗り切れるのかということを考えた。避難

所生活では洗濯ができないから下着が汚れないようナプキンを取り替えればいいだろうと。日本手ぬぐいを切って，そこにビニール袋をいれて縫い合わせて布のナプキンを作るんですね。その縫い仕事をおばあさんたちに頼んだっていうんですよ。おばあさんはみんなのために一生懸命縫って，みんなはそれを使うたびに「おばあちゃんありがとう，ありがとう」って言う。そしておばあちゃんたちも元気ですごせた。僕が行ったときは，そのナプキンがこれくらい山積みになっていました。その話を聞いて，本当の支援というのは，やはり身近な人たち同士が本当にサポートしあうこと，それが一番力になるんじゃないかなと，このときもそんなふうに思ったんですね。そんな経験があるので，その人の気持ちの力になれるかどうかは，心理療法とか，○○アプローチではないような気がするんですけれどね。

村瀬　本当にそうで，新潟県中越地震のときに，新潟と長岡の間の河川敷みたいなところにできた仮設住宅に月に1回くらいですが1年余り伺いました。そこはお年寄りが対象の場だったのですが，でもそこに来れないくらい体が弱っているお年寄りもおられる。そして来ている方も，ここまでやっと来たというような方なんですけれど，そんな自分の話を聞いてほしいというようなふうじゃないんです。集会所へこれない方々を目にしたときの様子をそれとなく保健師さんに報告されたり，最近はあまり川にサケ・マスが遡上しなくなったけれど，サケは捨てるところがなくて，こういうふうにやったよと，イキイキと自分のお料理法を話されたり。藁は捨てるところがなくて，いろいろ細工もんができるよとか，自分の作ったものを持参され，今でも使えるから教えてあげるよって。何かしてほしいという人はほんとにおられなくて，ですのでそこに伺っているのは，なんと言うのでしょうか，このご主人が出稼ぎに行って留守の間，どんなふうに心配りしながら子どもを育てたとか，そういう話でむしろこちらが伺い役，教えていただくという感じでした。もっとここに道具や材料があれば，いろいろ教えてあげるのにって。ホントだったらもっと食料があれば，うまく教えてあげられるのにって。仮設で，結露がひどくて大変な所に住んでいても，そういうことはどなたもおっしゃらなかったですね。むしろ東京からよく来たと言われて，自分がいろいろ失ったこととか，震災が原因で体がますます調子が悪くなっているなんてことはほんの少ししか話されない。それでたまに，心理学は何かという話を一緒に行った人に質問され，若い心理職の方が説明するのを聞いて，すごいこと言われるんです。難しいこと言わないで，「ああ，い

い人だなっていうまとまりがとれていることが一番の心理学じゃないのか」と言われたのです。それからいうと，自分が担ぎだされるときに，こういう医者がいて，こんな看護師さんがいて，いろんな職種の人がいて，そのときにああ，こんな心細いときによかったと思うのは，職種ではなかったとお年寄りの方々は言われたのですね。

一同　人間力ですね。

村瀬　ちょっと見るとそっけないものの言い方，理屈っぽい話しかけに対しては，はかばかしい返事が返ってこなくて，この人少し認知症かな，などと思われるかもしれない方が，静かに聞いていると「最後は要するに人間力だ」ということを言われる。お医者さんとかそんなのは関係なかったんだって。いや，すごいと思いました。

小澤　人間力というか，人間としての心のふれあいとか，そういうことで癒されるとか，元気になるとか，そういうことなんでしょうか。

村瀬　ひけらかすことなく，必要なことをさりげなくやってくれた。だからそういう人になんというのでしょうか，負ぶわれて乗り物に乗せられたときにはああ，助かったんだって思った，とおっしゃいました。

小澤　助かった実感が，そのときに生まれるんですね。

村瀬　そう。この人はそういう人だな〜と思った人がおんぶして，乗り物に乗せてくれたときにそう思ったと言われたんですね。だから難しい理屈よりも……。

小俣　この人ならホッとできると，安心できるとかですよね。おぶってもらえる関係をどうつくるかということですよね。

村瀬　関係づくりというよりは，私は普段からどんな生き方をしているか，ということじゃないかと思います。さっき災害というのは一つとして同じものが起きるわけではなくて，基底に共通した要素はあっても一個一個が未知ですよね。未知のところにどうするかというのは，その人がその時にそれまで生きてきた経験と蓄積した知識の総体が，そこに出てくるわけですから。平和なときにも，どうやって心して生きるかというのは，それも実はまったく関係ないようでも，私は被害者支援の基本なのかなと思いました。

避難所にいるという人から自分の身近な人の電話がみんな通じないので，携帯で私の電話番号があったからとかけてこられたのです。その人東北から，夜行バスでスーパービジョンにかつて通ってこられていた人なのです。誰にも電話がかからないし，家もどうなったかわからない。一人集会所にいて，亡くな

第1部　理論編

た人の名前が小学校の玄関に貼り出してあったそうです。それからラジオを聞くとそういう放送をしている。あれを聴くと気が変になりそうだと。それで家に来たときに私の話したことを録音して帰られていたのですが，私の録音を聞いたら，今災害が起きて自分が被害にあってこんな目にあっている，一人で家族や知人がどうなったかも，家がどうなったかもわからないでいるけれど，私の話を聞いていたら，仕事とか勉強のことに気持ちが変わって発狂しそうになったのがおさまったって。手当たり次第に電話したら私につながったのだと言われました。びっくりして少し話をして，ただ，多分必要なことは小学校の玄関に貼り出すというのを，たまたま私もテレビで見たので，たくさんの被害者でどうかわからないけれど，ただ奥の方にいて見ない聞かないよりは，ひょっとしたら御親族の手がかりがあるかもしれない，と。何回かそういうやりとりをしていたら，その人は実家は流されたけれどご両親は大丈夫だったということを貼り出しを見て知られたのです。でもとにかく繰り返し繰り返しそのテープを聞いていたら，内容を諳んじられるようになったって。東京に通っていたときは聞いてもぴんとこなかったことが，今意味がわかるような気持ちがすると……。私はそのときに，そんな勉強のテープを聞くってすごいなと感じ入りました。

別の経験ですが，私，その人のお顔が思い出せないのですが，3.11で東京の電車が止まったときに，線路に降りて近くの神田駅に行ったのですね。あふれるような人の中にお名前わからないんですが，どこか東北に行って私が話したときに私の話を聞いたという人が人混みの中にいらして，帰ったらどうなっているかわからないけれど，とにかく汽車が行くところまで行く，でもとってもダメのような気がするし，私の電話を教えてと言われて，電話の番号をお教えして，その人のご事情を聞こうとしたらもうほんとに人がいっぱい来てその人も押されて行かれて聞けなかったのです。そうですね，その人とか，全然どんな人かわからない人が私の電話を知っていて，何人かの人が避難所から電話をかけてこられました。それで何も言ってさしあげることはできないし，本当にただ電話で話を聞いているだけですが。でも向こうは村瀬に電話が通じるだろうかと電話してみて，ちょっと話ができた。で，話をしているうちに，向こうは村瀬に会ったということがおありのようなのです。お顔も全然わからない人なのです。でもその方はかつて会場で話を聴いていた時のことを思い出すと，もうどうなるかわからない，そんな耐えられない状況が耐えられると。しばらし

くてその人が復職して，別の人みたいにハリのある声で，「働き始めました。でも現地は大変です」という電話が来ました。私が思うのは，私だけではなくそういうことはいっぱいあると思うのですが，普段から無理しないでできる範囲で手抜きをしないで，普通に地味な真面目なことを，皆がやっている生活が私は災害支援の基じゃないかと思うのです。何か起きたときに急に炊き出し作って，お金やものをお届けする，もちろん貴重な大切なことですが，でも本当は普段から自分のできる範囲でエゴイスティックじゃないような生き方や考え方をみんながするようになる，これが支援の一番根本じゃないかと思うようになりました。こういう例は枚挙にいとまがありません。

被害者支援の本質

村瀬　ですけれど被害者支援というと，どちらかといえば，さあ，その時はこういう症状はこれは当たり前だとか，あの手引きを覚え，何をするというセットになってしまいます。私がセンター長になりましたときに，一般の方から行きたいけれど，自分は講義も聞いたことがないし，そういう本も読んだことがない。そんな私が行ったら迷惑でしょうかという問い合わせがずいぶんありました。じゃあ，講義聴いて，本読んだ人がすごく役に立つかというと，そのとき返事に困ったんですけれど（笑）。

小俣　むしろそれが逆になってしまうことがありますよね。

村瀬　被害者学とか支援学とか広く世の中で口にされるようになったので，良心的な人から電話でずいぶんたくさんの問い合わせがありました。とりあえずいいか悪いかというよりは，一般の人が聞けば，いついつこんなのがあります，一遍は，と公開講習会をお報せしまして，参加をお勧めしていますけれど。

小俣　先ほどの電話がつながったことの安心感とか，そういった関係があるといっただけでも，その人にとってはとても強いお守りというか，支援にもなるでしょうし，ある意味制度があって，こういうことをやらないといけないというとハードルが上がって，本当は行ってたくさん支援のできる人が行けなくなってしまう部分と，それを乗り越えて向こうに行っちゃった人は押しつけるような形になりかねないという難しい問題がある。

また，アンケートの話もありましたが，それをとるからこそエビデンスがあって，効果がというんですが，それはされる側からするといろんな負担があったりとか，そういういろんなジレンマというか二律背反的な条件がいっぱいある

んだなと，改めて思いますね。

村瀬　ですからプロフェッショナルな形の支援は確かに理論も方法もあるんですが，その状況におかれた相手に身を添わせるこころもちで想像して，できることをするという精神風土を，そういう文化をつくることが必要なのではないでしょうか。

小俣　日頃の生き方というかね，そのへんの持ち方が問われるし，何が起こるかわからないわけですから。

村瀬　よくやってられるなと思ったのが，震災の前後に子どもを産んだ若いお母さんの育児相談や，障害をもっている子どもさんの育児相談とか。きらきらした奇をてらったものではないですね。いろいろな経験をしてきた臨床家が，そういう支援をされるとしっくりうまくいっている。

できる限り

中垣　ちょっといいですか，すみません。また角度が違っちゃうかもしれないんですが，さっき熱意は暑苦しいというお話を伺って，今度は無理をしなくていいんだよというお話をしていただいて，でもすごく先生のお話ししてくださったことって，私にやれって言われたらできないって思っちゃいます。

村瀬　これは全然違う領域の，ある著名な法学者の先生が，「不思議な方ですね，大胆ですねって」「私全然大胆なんかじゃないです」「いや，あなたは大胆です。あなたはとんでもない家出てきた子どもをご自宅に上げたりしているでしょう」「だってそういう子ども，外に置いておくのはもっと大変じゃないですか」「でもあなたのお家に上げて，今度仲間にあのお家の間取りはこうなっているって，仲間連れてきて何かやるってこともあるんですよ」って。そういうこともあるでしょうね。

でも私，あるときから本当にこう思っているのです。人間って死ぬときはなんとなく，身体的にはあまり辛くなくって，でもだんだん消えてなくなっていく，周りに世話になった人に一言，二言謝辞を言って，そういうふうに死ぬって多くの人は思っているでしょう。はっきり言うと。ほとんど100人が100人そう思っているはず。でもそれができる人って，100人のうち，今の世の中，20人切っていると思うんですね。私なんか，おっちょこちょいですから本当に自動車にぶつかるかもしれないし，ひょっとして強盗に惨殺されるかもしれない。だからすごく嫌なこととか，すごくあきれたときにあまり怒ったりしないのは，

1回しか死ねないのに，そのときに，あのときあんたなんか大嫌いって，あのとき言わなきゃ良かったと思いながら死ぬよりは，まあ不出来だったけれど，しょうがないなと思う。1回しか死ねないから，相手のことを我慢するんです。

中垣　なるほど。1回じゃ無理ですね。

村瀬　そうですよね。生き返ることができて2回死ねるなら，今のことをやらない（笑）。

小俣　1回しか死ねないという覚悟ですね。

村瀬　臨士会の会長をしておりますと，「いろいろ大変でしょうに，普通の感じで明るくもないけれど，別にイライラもして見えない」とよく言われます。それは要するにぼーっとしている感じと，イライラしたってどうなるわけもでないし，1回しか死ねないのにイライラして，それを人に言わなきゃ良かったと1回限りの終わりの時に悔いるより，到らないところが多くて申し訳ありませんでした，ただその折々できることをしようと思って参りました……と。死ぬときってそんなこと思う暇ないないかもしれないけれど（笑）。

小澤　それは死生観というか，人生観というか，最後までどう生き切るかという感じなんですか？

村瀬　深くは考えませんけれど，とにかくあんまり無理しない。できもしないすごいカラ元気出して，生活がたちゆかなくなるような無理はしない。でも，これは人にあげたら惜しいなとか，手抜きしようとか，それは後でちょっと恥ずかしいし，悔いが残る。

小澤　それは悔いが残りますよね。でもできる限りで。

中垣　できる限りの中での。

村瀬　そう，できる限りで，無理がないところのマックス。

小澤　悔いがなくて，そっちがいいという強欲な人たちは，世の中たくさんいるんじゃないですか。

村瀬　いずれ死ぬんですよ。

小澤　そうですよね。

中垣　三途の川にどれだけもっていくつもりだろうということかもしれないですね。そうか，そういう無理がないのですね。

村瀬　全然アウトリーチの話になっていない（笑）。

生きたアセスメント力

小俣　いやいや，アウトリーチという視点の中で，いろんな人との連携も含んで，職種の問題も，さっき職種というよりは人間力だというので十分教えていただいてわかりました。確かにその通りだと思うんですけれども，その中でいろんな専門職がいる現場が，福祉領域，医療，教育含め，産業，災害支援とかあって，そういうときに目的は同じなので一緒にチームワークを組んでいるのがあるんですけれど，その中で心理職というのが，他とある種独自性とか違いとか，先生のお考えの中であるのか。それはまた違う視点なのかというのはいかがでしょうか。

村瀬　差しさわりのあることを申すようですが，自己規定することを優先して考えるのはいかがなものでしょう。もちろん，自分の責任を負えることが，何をどこまで，どのような方法で行うのが適切かについては，常に意識的に考えますけれど。

小俣　ああ，確かに。

村瀬　やはり根拠もちゃんと持ちながら，的確な理解力とそれを具体的な行動にどう反映したらいいかということを，短い時間に正確にさりげなく行うのが心理職だと思うんです。

小俣　根拠をちゃんともって，より具体的に。

村瀬　そうね，根拠なく思うのは，それは詩人が自分の主観を述べているのとよく似ていることですね。心理職者はリアリストでかつ自分の行為に責任を自覚していることだと思います。勝手な願望もまじえた空想じゃなく，自分の知識と経験を総動員してわずかな手がかりから，それがどういう性質のものかを的確に理解する。つまり生きたアセスメント力です。一瞬一瞬アセスメントをしながら，それを行動に反映する。

小俣　そういう意味では他と重なる職種もあるかもしれません……。

村瀬　そうです。みんなそうだと思うんです。私がクライアントになったら，こういう人に出会いたい……。職名が先決ではありません。

小俣　確かに。

村瀬　はっきり言うと。でもこんなこと言うと……。でも自分が困ったらそう思いません？　でしょう？　手早く，機敏に的確にさりげなく，恩着せがましくなく，敏捷に行動する。それが心理職だけかっていうと，非常に他の職種とか

ぶさっていますね。でも逆に言うと，今言った的確なアセスメントするためには古典的な意味でいう，例えば他の専門職のものとされたものもほんとは理解する力がいります。世の中の制度ですとか，法律がどうなっているかとか。それからそれを使ってどう実際に生き延びるかという力。

東京都はまったくお金がない，失業していて，いろいろ精神的問題を含めて重篤な極まった人は，ハローワークの特別な窓口に行くと，とりあえずですが，ちょっとしのげる給付金がある。お金をもらう算段だけではないですが，そういう制度を知ってる人に話を聞くのと，そんなことを考えたこともない人から「自殺しないで頑張って」と言われるのでは，どうでしょうか？　「とりあえず，あなたの条件でそれがもらえるかもしれない。そこに行ってお金もらって，さしあたり，どう役立てて使うか考えましょう」という話をする方が意味があるのじゃないかと思います。

とある深夜も受ける電話相談では，本当に死ぬという人が多くて，しかも罵声を浴びせて相談員が続かないくらい，重篤な人たちなのですね。そういう人の居場所を突き止めて，警官に急行してもらって助けてもらって，あとはどうするか。あとのケアも行うようになられました。そうすると今言ったような知識があってうまくつなぐことができるのと，親切だけれど，受け止めようとひたすら聴いているのではずいぶん違う。やっぱり千手，千まではいかないけれど，せめて複数の手はあった方がいい。それは本来ソーシャルワーカーじゃないかという考え方もありましょうが，でもある独特の表現できないすごく重い人を，その人にだけのオリジナルな表現で，その人の琴線に触れるような表現をするのは，やっぱり上質な心理療法の技法が凝縮しているのだと思います。だからそういうところまでいった心理療法の技法は帰納的だと思います。この手前の，これぞ心理療法って言っているのは演繹的でしょうか。

小俣　はい。

村瀬　人はだれでも画一的に対応されるより，自分に焦点をあてた言葉やかかわりを求めています。オリジナルな自分のそのときにあった言葉や対応を望んでいる。臨床心理士は勉強して，そのレベルに達することが望まれます。

未然と予防

小俣　今回緊急支援というテーマなので，起こったときにどう対応するかというのものあるんですが，それ以上に予防とか，未然もあるんじゃないでしょうか。

起きちゃうことはある意味，自然災害だとやむを得ないことではあるんですが，そうなったときでもいかにこう被害を受けにくくするかとか，あとはいじめとか自殺とか，世の中で起こっている問題を，そういう危機事態がより起きにくくするとか，それを少ない形にするために何か先生がお考えでいらっしゃるか伺いたいです。

村瀬　今は，あなたの危惧される，受けやすいようになるような生活環境が満ちているように思われます。ほとんどのことについてスマートフォンで何がしかの答えが出てくる。自分は見つけてわかったように思うのですが，自分から能動的に考えてわかったという作業はほとんど抜けていますね。ひとつの例です。あるとき，「東京って大変ね。いったん何かあったら，これほど近代の機械文明が行き届いていても，水も止まる，ガスも止まる，ライフラインがなくなる。本当に生きていくのは大変」って言ったら，成績優秀な高校生が，「なんでそんなペスミスティックに考えるんですか。冷蔵庫にはミネラルウォーターがいっぱいあります」って言ったのです。冷蔵庫にミネラルウォーターと言っても，生活の水って，そうとう使いますよね。勉強できる人がそういう発想をするわけで，生きていく知恵と知識が結びついていない。遊びを通して，あるいは，家族のレジャーや家族旅行のときなどに，そういうことをもう1回思い出すべきです。

小俣　生きていく実感とか，体験とか。

村瀬　自分で考え行動する。

小俣　頭で思っていることとが，ある意味乖離しちゃっている状況。なるほど。そういう意味では先ほど小澤先生もおっしゃっていた，接しながら相手に感謝，傾聴する気持ちがあって，実感として元気になるということもそうですし，なんというか，どういうふうに相手と向き合うか，今アセスメント力というのもお言葉でありましたが，さらにその上で人間力，総合力というものもありますね。でもそれらは一朝一夕にはできない。

村瀬　普段の日常生活の積み重ね，質が大切かと思います。たとえばお料理の本で，鯛の白身を使うって書いてあると，それじゃないとダメだって思いこむより，それがダメだったら鱈でもいいんじゃないかとか，鶏の脂身のないところでいいんじゃないかとか，普段からものをそういう風に考える。柔軟に発想する，ことの本質をぱっととらえて，それを応用するとどうなるか，というふうにものを考える。そんな楽しいゲームとかやるといい。

小澤　今の教育は全然そうじゃないですよね。与えられた問題と答えにいかに丸を多くするかですから。

村瀬　私はあまりみたことないんですが，最近の参考書は線が引いてあるそうで，しかもその線がいろんな色なんですって。

中垣　そうなんですか。

村瀬　もともと参考書には線は引いてなかった。自分で何が大事かって考えて線を引いたわけです。でも引かれてあったら，何が大事かって考えなくて済みますよね。

小俣　そこまでなっているんですか。我々も何か起きたときに，いろんな視点をそれこそ可逆的にもって，想像していく必要がありますよね。さきほどの離れていても，そこに実際行ってなくても，まざまざとリアリティを感じとる努力を日々心掛けていかないといけない。

村瀬　毎日そういう遊びをすると，逆に窮屈ですけれど，例えば，これだけのお金で家族4人分の夕食を栄養のバランスと見た目と味を工夫して作れるかというコンテストとかやってみるとか。

小澤　これだけで何食食べられるかとか。

村瀬　たとえば山積みで売られているただの白いTシャツだって，クレヨン染めとか，アイロン・ワッペンつけてみるとか，そういうふうにして，素敵なものは既製品で人が与えてくれるものだという頭をいっぺん壊すような遊び，観察力と発想力を養うことが大切ですね。今どっちかというと，これはこうなる，こうなるで，一方通行に思考は退行する場合が多い。そうではなくて，レシプロカル（相互的）に頭を使うような育児と教育をする。

小俣　子どもにもそういう話をする。大人も含めて。

小澤　心理職も同じ。

村瀬　でも私が言っていること，今の教育のカリキュラムとは全然違う（笑）。臨床心理の教育でもそうでしょ。今言ったようなセンスをもった人が実習に行ったら，私はすごく有能でいい人が来たと言われると思いますね。

中垣　はい。

小俣　確かにそうですよね。

中垣　結局，対人関係の持ち方も相互交流が自然と出てくるわけですから。押しつけないでちゃんとキャッチすればいいんですけれど，なんか投げちゃうだけの人がいるんですよ。キャッチボールではなく，それ単なる玉を投げているだ

けでしょうっていう人もけっこう実習には来ちゃうので，感覚的には非常に伝えにくい。キャッチボールになっていないよって言っても，何をすればキャッチボールかという実感をもっていないみたいなんです。

村瀬　今，コンサルタントという職業の錚々とした人が，すごく自信をもって話されますよね。アウトプット力はなかなかのものです。でもよく聞いてみると，少々オーバーアクション気味というか……。実のあることを押しつけがましくなく伝えてほしい……。

小俣　ある意味,熱意というのはかえってダメというのはありますよね（笑）。そこをどうするかというのが，それこそ人間力が，もっているものをどの場面でどういうふうに，むしろ出さないでおくというのも含めて考えていかなくてはならないですよね。

村瀬　全然テーマと違う話に。

中垣　でも大事な話ですよね。

小俣　本質なことで，とても重要なお話だと思います。

小澤　最初の企画だと不十分でしたよね。こっちの本質の方の問題を語らずして，この本を読んでこれだって言ってしまう人がいること自体が，根本のマイナスの側面ですから。

時・所・位

村瀬　東日本心理支援センターに，そういう一般の方が電話をかけていらしたんですね。行く資格ないですよね，やっぱりって。真面目でとても誠実なお気持ちだから，そういう質問される。

小俣　そういう方が来て，何かスキルをもってるっていうことじゃないんですよと言うとすごく安心して，行ってよかったと思った方は多かったと思うんですね。

村瀬　そうですよね，とりたてて何かご専門があるというわけではない人が多かったと思いますね。

小俣　広島の水害のときも，私，現地に入ったんですが，何をしていいかわからなくて，結局泥を落としていたんですが，それでもそれが必要であれば，別に心理職だということは関係ないですし。

村瀬　気持ちを聞いてもらえるよりは，そういうことをしてもらう方がほっとし，そこから立ち直ろうという気持ちも湧きやすくなる……。

小俣　だから「専門職として」と思いがどうしてもあって，そこにジレンマが生じていきますが，先生おっしゃったアセスメント力とか，そういった的確にかつ柔軟に見ていくことが必要ですよね。

村瀬　相手の人の気持ちから外れたことにならないために，簡単な要素が3つあると思います。時・所・位です。時間の「時」，所属の「所」，「位置」の位です。簡単なことです。

小俣　この3つですね。

村瀬　今どんな時かというのは，時代でもあるし，それからこれから自分がかかわろうとする人が，その人の歴史の中でどんな年代で，自分としてどう受け止めているか。また，こちらがどういうとき，自分の人生のどういう時かという時の要素を考える。それから所というのは自分が所属している，自分が立っている組織とか機関ですよね。それが何をどこまで世の中に対して責任もってやるべき，また役割なのか。所からあまり外れたことを自分のところで無理してやるよりも，これはどうしようかというところで適切な，さっきからおっしゃる連携，チームワークにもつながっていくでしょうし，それからあまりやるべきではないことまで頑張ってやることが，結果として長続きしなかったり，途中で止めるともっとまずいということにもなります。だから自分のいるところがどんなところか，所を考える。位というのは，所の中でも自分がどういう位置にいるか。その自分が所属しているところの中の位置プラス，家族がいたら，自分は家族の中でどういう位置があって，そうすると自分はここ以上のことをすると無理だとか，ここまではぎりぎりやっていいけれどって，時所位に当てはめるとわかります。

小俣　それがわかる。

村瀬　大ヒットは打たないけれど，ジャストミートのヒットにはなる。

小俣　内野安打とか。

小澤　それを積み重ねるから。

小俣　そのために日々トレーニングして，いつなんどきやってもいいように準備をしているんですよね。

村瀬　そう，たとえばイチロー選手は自分の置かれている場所とか球団の中の位置とか，すごく切り替えて見事にやっていますよね。あの人とても時所位が上手。それから松井秀喜も，また別な意味で時所位をわきまえていますよね。あの人は潔く時所位をわきまえるから，変に拘泥しない。しばらく外されていた

ときも，表情を変えないで，自分なりに自分の時所位を考えて，今どんどん練習するよりは，多分このスタンスでやっていけば，もう一度ヤンキースの中でバッターボックスに立てるというふうに考えて動いていたと思うんです。一時期すごい干されていたでしょう。

小俣 叩かれてましたね。

村瀬 あの人は，あまり人に反論しないけれど，話を聞いていると，つまらないことにはとらわれずに聞き流しているなって。災害支援は時所位だと思う。そうすると私はNYに行って，さっき言った運転もできなくて，英語もできなくて，だれか人を頼むってのは，ありえないって思うんです。行かれた人はすごく一生懸命だったと思うんですけれどね。でもNYからはイライラした電話が私にかかってくる。そういうことを考えれば，行かないで東京でできることは何かなって考えた方がよかったのかなと。この時所位のポイントがあれば，大きくズレない。そのかわり大きいヒットも打てない。もちろん，ヒットを目的にしていると時所位は考えられなくなりますね。家庭の中でもそうだから(笑)。

小澤 時所位を考えるには，自分の生き方とか，支援するときもそうですが，その人の人生をどう少しでも今，エンパワーできるか。行動療法ではないけれど，症状をどうこうすることではなく，その人の中に生き方とか，生活とかちゃんとわきまえた時所位ですよね。

村瀬 というか，現実に生きるということは現実の中を生きているわけで，努力で少しでも向上させるのは大事ですけれど，無理な努力って結局実らなかったり，時に相手に対して押しつけがましくなる。だからそれが適正な所におさめるために時所位を考えれば，自分にも納得がいくし，人にも意味のある努力になる。この時所位を考えないで行くぞと思うと，せっかくいい方向のことをしているけれど，それは少し無理があって。

小澤 無理があって迷惑をかけたり。

小俣 大事な話ですよね。私は，少年野球の指導者みたいなこともやっているので，子どもにやる気をどう出してもらうのかと同時に，状況とか場面とかいろんなことをもっと見て判断してほしいと思っています。臨床心理学もまったく同じで，技術を教えるとかだけじゃなく，心理臨床を含め援助する上での本当に重要な，生きていく上でのポイント，家庭内，家庭外，社会を含めてのポイントをつかむようなものの見方を教える必要があるな，と思いました。というか，自分も学びたいですね。

村瀬　よく反省しろとかって言いますよね。反省という言葉を頻繁に使うのはなんだかちょっと咎めるような感じがあります。だから，それはもう一人の自分が，自分はどうしてあれをしちゃったんだろうかって，失敗を考える，自分に距離を置いて考えることだというふうに言うと，反省しろと言われるよりはやりやすいかなと思うんです。その自分に距離を置いて考えるときの手がかりも，時と所と位置づけってすると，必要なことはだいたいカバーできるんじゃないかなということなのです。

小俣　俯瞰するということですね。自分を見る目を我々も子どもたちも養っておくと，先ほどの予防未然も含めて，重要だということがわかりました。

村瀬　ホントに常識です。

小俣　そうなんですけれどね。

村瀬　本当に常識なんです，平凡な。

小澤　できないですから。

小俣　それを実践していくのは大変なことですよね。

村瀬　心理学じゃないですね，常識ですね。

覚　　悟

中垣　もう一つだけよろしいですか。先ほどから私が気になっているのが，時所位の中でマックスの頑張りをする，無理をしないというお話だったんですが，先生は覚悟をもって現場に立つことも必要だと，何かのときもお聞きしたことがあるんですが，マックスを出そうとすることと，覚悟って似たような意味なんでしょうか。

村瀬　私のいう覚悟というのは，人の失敗とか，心ない人がしたことも，それが自分がやることに関係があるのであれば，自分が引き受ける，振り分けるという意味の方が大きい覚悟です。

中垣　なるほど。

村瀬　人の足を引っ張るようなことを実際はしている人でも，よく見ると全部それだけではない。だからそれぞれの人にやはり謝意を述べるという覚悟です。あとで損しているな〜なんてことは思わない（笑）。いずれ終わりがあるんだから。

中垣　そうか，俺ばっかり割食ってしわ寄せ食ってと思うのとは違うんですね。

村瀬　そうそう。

小俣　引き受けるということですよね。頑張るのとは違うところですね。

村瀬　そうは思っていても，実行ができているとは限りません。たとえば，仲間内で，同じ職種の人たちが，それぞれの政治的な意図をもって話し合いをするような場がありますよね。内輪だけの意見ばかりが出ていて，外に開かれていないというような。

中垣　はい。

村瀬　ああいうのをまともに聞いていたら，本当に恥ずかしいと思うんです。でもそれをただ批判しても，この世界は全体に歴史も浅く，なおかつかなり長い期間社会的に無重力状態でしたから，そういう本当の責任とか自分を相対化するということを，あまり課さないで来れた。長いこと社会的に無重力で，少々傍らに外れた存在だったわけです。そんな次第で仲間内のことばかりが話題になっていた。これから次第に成熟するんじゃないかと期待していますし，皆で一緒に前を向いて努力していきたいと思います。

（座談会は 2015 年 12 月に開催した）

座談会の後で（右から小澤，村瀬，小俣，中垣）

Essey
家族への危機介入──ナラティブの観点から

平木典子

　私が「緊急支援のアウトリーチ」というテーマからとっさに連想したのは，神戸と東日本の大震災や世界各地のテロであり，大がかりで特別な対応が必要な「危機」と「非日常」事態だった。心理臨床を50年以上実践してきたものの，想起されたような緊急事態の渦中にいたことも，アウトリーチの経験もない私には，与えられたテーマのキーワード「家族」と「ナラティブ」がなければ，このテーマは語れなかっただろう。しかし，そのキーワードがあったことで，北関東の大震災の支援にアウトリーチをしなかったという体験からアウトリーチの意味を学ぶことができた。それを伝えてみたい。

　東日本の大震災は，東京でもミニ体験できた。当日のあの時間，私はある小学生の娘の母親との初回面接を始めたばかりであった。大きな揺れに，すぐさま部屋を飛び出した私たちは，隣の面接室から出てきた二人とともに，揺れが止まらない建物の中にいることに危険を感じてビルの他の事務所の人々と近くの公園へ逃げることになった。ビルと地面の揺れを感じながら足早に向かった公園には，すでに多くの人々が携帯をいじりながら呆然とたむろしていた。母親は歩きながら娘がどうなっているかを気にしていたが，できる限りのことを試みても誰とも連絡が取れないことがわかると，心配な娘のことを語ったり，公園の外で鳴り響く救急車の音を気にしたりしながら1時間ほど過ごした。そこで体験したことは，たまたま携帯で見られる東北地方の大津波の様子と，それとは逆に全く分からない東京の事態だった。揺れが治まり始めたことを機に，頼る情報もないまま，私たちは研究所に帰り，東北の要所々々の想像を超える事態の映像だけが流れてくるTVを見，東京都内の電車が動かなくなったこと知って，母親は徒歩で1時間ほどかかる自宅に帰ることを決心し，人の波であふれる歩道に出て行った。

　これだけの体験の中で発見したことは，事件が起こった現場では渦中にいる人が事態を鳥瞰することはできず，自分の見聞きできる範囲のことしかわからないことである。それは事態の厳しさは違っても被災地の現場の人々も同じであろう。

人々は身の回りのことしかわからないことに途方に暮れながら，しかしできることを自分なりに決心し，実行するしかないのだ。翌日，母親は自分も娘も無事に帰り着いたことを知らせてくれ，その後，再度来談した時は，非常事態への対応から学んだ経験を基にしてしばらく娘の様子を見ることになった。心を大きく揺さぶる非日常的な出来事の中で，人は日常を取り戻すこともあるのである。

私は毎年，被災地のある病院の看護師の研修を引き受けてきた。その病院の海辺に建つ病棟は津波の被害を受けて使えなくなったが，入院患者を含めてすべての人々が無事に救出されていた。メールでのやり取り以外，震災直後の支援は求められず，6カ月後に「いつもの研修をしてほしい」という依頼で，被災後初めて訪ねた。スタッフと直接話すのは初めてであり，いつもより3時間ほど早く出かけて，話を聞いてからの研修になった。非常に印象に残っていることは，数人のスタッフが，震災当日の経験は異なっていたが，自分の体験の大変さや難しさを語らず，むしろいかにして工夫と協力で危機を乗り越えたか，その成功が心を大きく成長させたかいうことを淡々と語ってくれたことである。その時期のその病院の，そのスタッフの心境だったと言えばその通りであり，それ以上のことをうかがい知ることはできなかったが，さらに心に残ったのは，帰宅後のやり取りである。すぐ礼状と感想を伝えた私に責任者から来たメールは，「先生が無事に帰り着かれてよかった。何か起こらないことを祈っていた」というものだった。あの経験をした人々にとって，日常は非日常と常に表裏にあるのであり，身をもってそれを体験した人が発する何気ない日常の言葉の重み。関係性の中でふと出てくる語り（ナラティブ）から，アウトリーチは必要なとき，自らの意思で出かけない限り支援される人の負担になるかもしれないということを学んだ。だから，アウトにリーチすることが不可欠なのだ。

「家族」と「ナラティブ」というテーマは「安定」と「日常」を象徴しながらその裏に「危機」と「非日常」へのアプローチを要求している。その意味で，3.11の体験の片鱗と6カ月後に被災地で行った研修をめぐるやり取りは，危機と非日常におけるアウトリーチの真意をクローズアップしてくれたように思う。

Essey
心理支援センターのマネージメント

奥村茉莉子

　想定される大災害への備えが説かれる現在，東日本大震災で立ち上げた心理支援センター（以下センター）の経験は2011年当時のたくさんのメールを見直すにつけ，まだ客観的にはなれないのが実感です。

　東京も大きく揺れ，"大変なことが起きた"というので関連団体で早速に支援組織を立ち上げる運びになりましたが，設立はその福祉的な意味が皆の共通の感覚であったと思います。しかしセンターの不可欠な役割は現地に実際に赴く人々の立場性の明確化と経費の補給が第一でした。現地活動のための事務仕事，お金の確保，活動が求める物心両面に資する補給，いわば戦争における兵站の運営という役割です。戦争でのMilitary Logisticsは物資の補給とそれを可能にするさまざまな要素を含む概念ですが，そこにその戦争の方法や目的を考える要素は含まれていないでしょう。しかし初めて設立した支援センターの場合，兵站の確保を超える役割も求められました。

　センターに要望されたひとつのことに識別グッズの作成というのがありました。腕章や肩章，識別衣類についていろいろな意見があった中，結局ミリタリーチックなベストが出来上がりました。ロゴマークも必要というのでボランティアの申し出を受け，商標登録に重なりがないかどうかの検証も経て，かわいいハートちゃんマークになりました。避難所に「こころのケア」に入るということを想定したこうした作業でしたが，被災地は外から来る支援者を迎えるのは困難だったことが次の課題でした。人を迎えるということは大きなエネルギーを要する作業です。災害当初の自治体や現地支援者の状況へのアセスメントなしにはかえって迷惑のそしりを免れず，事実そうした展開も経験しました。「あの時は本当は迷惑だった」との述懐を，活動を通してお互いに気心が知れてから後に聞くこともありました。

　センターにはさまざまな助成の申し入れが届きました。大企業からの申し入れを受けると，ソレとばかりに喜びましたが，聞いてみるとその企業のヒットしな

かった商品の起死回生の戦略と思われることもありました。避難所にテレビ電話を設置するから相談活動をしませんかというオファーがありました。でも避難所の被災者が化粧もなく，整わない髪で見ず知らずの相談員に見られたいだろうかと想像してしまいました。他方で，支援は物資に限るという建前を崩して，最も必要な現金の支援を本社に掛け合ってくださった重鎮社員の方もありました。支援金はこころある人づてにいただく時にその貴重さを思い，活動する人や現地への配慮に使うとき，支援センターのつなぐ役割の甲斐を感じたものでした。センターの財政を心配して，助成団体について何人もの方々の情報提供がありました。センターの活動は2年後からは地元臨床心理士会の活動を後方で支援する形をとりましたが，それはこうした財政支援によって可能になりました。しかし出納管理と報告は多大な事務量であり，支援センターは組織の整った一般社団法人日本臨床心理士会が引き受ける形になりました。

この4年の間，大災害の心理的支援に関するさまざまな言説が展開しています。センターが結果的に支援派遣を独自に続けた南三陸町平成の森仮設住宅のカフェ活動は，外部から行く支援の形のひとつとして，地元関係者から「臨床さん」と優しく呼んでいただける関係を何とか維持してきましたが，後にこの活動に「アウトリーチ」という名前が付けられたらしいことには成程と言う思いと同時にいささかの違和感がありました。センター活動が終始微妙に心がけてきた支援される方々のプライドへの配慮，これがおそらく最も肝心なことだと思うのですが，アウトリーチといわれるとこのニュアンスが少し薄れてしまうような気がしたのは私の思い入れのせいだったかもしれません。

想定される大災害の足音が火山活動や各地で頻発する小中の地震に感じられるこのごろです。各地で，自分が生き残れるかの懸念をもちながら，心理職として次はどのように動くことが可能であろうかと考える各都道府県臨床心理士会の災害対策担当者の方々がおられます。支援体制はあらかじめ準備し，それを広報しておくことが必要です。しかし，被災した立場の人に対して畢竟徒手空拳でありながら心理職にできることはどんなことでしょう。おそらくさまざまな程度の「曖昧な喪失」を含むトラウマへの，息の長い，レジリエンスを賦活するような心理支援が望まれるのだと思います。家族を中心とする身近なコミュニティーや地域文化の中で個人の存在が大事にされるような支援，そしてそれらが専門職集団のチームワークを基に行われる支援となるようにと考えると，取り組みはなかなか容易ではないと思われます。

Essey
中長期的な被災地での支援

菊池陽子

　東日本大震災から5年が過ぎた。宮城県臨床心理士会（以下，県士会）では，震災後，危機管理センターを立ち上げ，中長期的な支援を視野に入れ，2カ所の地域で重点的に継続的支援活動を行って来た。これらの地域，すなわち多賀城市と南三陸町においては，震災発災の当初から，多くの団体が支援に入っていたが，県士会は東日本大震災心理支援センターや日赤などの活動に同行する形で仮設住宅を中心としたコミュニティへのアウトリーチを継続してきた。現在，多賀城市の仮設住宅では，日赤とのコラボによるイベントやお茶会を開催したり，心理教育的な「お便り」を配布する各戸訪問を行ったりしている。また，南三陸町においては，地元の福祉団体や行政のニーズを伺いながら，「カフェ支援」「母子支援」「学童支援」「支援者支援」を実施したり，企業とのコラボによるイベントを行ったりしている。筆者は，主にこの「カフェ支援」チームの一員として活動に参加している。現在，地域の再建も，人々の喪失の作業も，また，県士会の支援も「現在進行形」であるが，今回は筆者らの経験から，中長期に及ぶ支援を支えるチーム作りとアウトリーチの場で起こる相互交流について述べたい。

支援チーム作り
　「カフェ支援」は現在16名のチームメンバーを中心に，土日を利用し，平均月4～5回，数名ずつの派遣を行っている。活動内容は，大規模仮設住宅で地元の社会福祉団体が実施しているカフェ活動の支援や，いくつかの小さい仮設住宅をめぐる「巡回お茶っこ会」の実施などである。いずれも，利用者に寄り添い，傾聴し，希望があれば仮設住宅内の草取りや散歩などをしながら個別に話を聴いたりしている。「巡回お茶っこ会」は，抹茶などを提供しながら茶話会を実施するものである。2015年12月末現在で，246回の派遣を実施し，延べ573人の会員が参加している。
　チームメンバーは日常業務の場所，経験年数，年齢，今回の被災体験などさま

ざまであるが，その臨床スタイルは，担当したクライエントとの相談室内での個別面接がほとんどであった。筆者も，通常は精神科病院内の臨床心理士として業務に当たっている。したがって，慣れないアウトリーチ活動を開始するにあたり，支援チームの構造を整える作業が必要であった。すなわち，毎回派遣されるメンバーが変わることによって，支援活動が分断されないように，また，情報を共有するために，毎回の報告書を提出し，月1回ミーティングを開催した。報告書にはさまざまな申し送りだけでなく，道路状況や利用できる仮設店舗なども記され，次の派遣者の活動に生かされ，また，ミーティングは，メンバーにとっては支援者支援の機能を持っている。

また，活動を継続するには，メンバー自身が無理せず，融通がきく動き方ができることが望まれる。しかし，このように一人ひとりが臨機応変に動くためには，チームの構造がしっかりしていることが前提であろう。すなわち，確固とした，かつ柔軟な枠の中で，メンバーは退行したり，弱音を吐いたりしながら安心して自由にゆるやかに動くことができる。チームの継続のためには，組織がしっかりしていて，その中に各メンバーのいろいろな事情を受け止める関係性のあるサポート体制が望まれる（菊池，2014）。

相互に持ち込むもの

「巡回お茶っこ会」では，季節感のあるひとときを提供するために，毎回その時期の茶花やその季節らしい菓子を選んで持参している。特に，メンバーが持参する草花を住民は楽しみにして下さり，会の終了時には，「挿し木にしたい」と持って帰られる。そして，数カ月後に「根付いた」と笑顔で報告して下さる方もいる。「新築の家に植えたい」とも言われる。

生活の中に「お邪魔する」ことは，住民の習慣や地域の風習，土地の伝統や風土を「お邪魔せず」尊重することでもある。なかには，自宅で漬けた漬物を持って来られる方もいて，この場はこの地域の，東北の昔からの「お茶っこ」の場面になる。東北には伝統的に「お茶っこする」という習慣があり，それはお隣同士で，漬物を持ち寄ってのティータイムである。チームが持ち込むものと住民が持ち込むものが相乗効果を成し，その場で植物の育て方や震災前の庭木のこと，漬物や味噌の作り方から郷土の料理の話などに発展していく。チームのメンバーは地元のワカメやホヤの食べ方や保存の仕方を教わり，その中で語られる津波のことや亡くなった方たちの話，新しい家の話などが，縦糸と横糸になり，やがてそ

れらがあやなす織物となっていくようである。強く太い糸ばかりでなく，細い柔らかい糸も混じり，その場だけの布が作られていくようである。

　梁田（2011）は，重い精神障害を持つ方を対象にしたACT（Assertive Community Treatment；包括型地域生活支援プログラム）チームの活動を通して，Outreachを「手を差し伸べる」意味とした上で，「アウトリーチ支援とは，その健全な自我へと手を差し伸べ，しっかりとした交わりを結びつつ，その人の自然回復力をひたすらに信じ，基本的な安心感と安全な環境を，病棟ではなく地域で保障するところから始まる（下線は筆者）」と述べている。そして，東北弁の「いずい」つまり，「心地よくない，すっきりしない」という表現を用いて，その人にとって「いずくない」支援の大切さを述べている。筆者らの支援活動においても，場面は違っても，互いに健全さを持ち込みつつ，その「お邪魔しないお邪魔」の基本的関わり方は学ぶものが大きいと考える。

まとめにかえて

　復興とか再建ということで言えば，まだ道半ばであろう。今後，住民は一度作られた仮設住宅のコミュニティという繋がりから離れ，新しいコミュニティでの生活に入る。そして，また，「あの時期」が巡ってくる。中長期に及ぶ支援では，被災者にとっても支援者にとっても何度も何度も「あの時期」が巡ってきて，「あの感覚」が思い出されることだろう。求められる限り，相互に手を差し伸べて道を進んで行くことが望まれる。

文　　献

菊池陽子（2014）仮設住宅コミュニティ支援における場の継続—宮城県臨床心理士会の活動から．集団精神療法, 30 (1); 64-70.
梁田英麿（2011）アウトリーチでやっていいこと，やってはいけないこと．精神科臨床サービス, 11 (1); 102-110.

第 2 部　実践編

第6章
子育て支援

青戸泰子

I　はじめに

　子育てを取りまく環境や社会状況が大きく変化している。親子のライフサイクルも変わり，昔ながらに構築されてきた地域社会における子育ての仕組みも，うまく機能しているとは言い難い時代である。

　小さな子どもを育てる生活を楽しいと感じる親も多くいる一方で，「子どもと毎日一緒にいるとつらくなる」「イライラすることがある」「孤独を感じることがある」「手をあげてしまうことがある」「うちの子は発達に問題があるのではないかと心配になることがある」など，さまざまな悩みを抱える親たちが多く存在している現状がある。

　ある日，母親からこんな相談が寄せられた。

　「子育てがつらい……，だんだん，うちの子は悪魔の子どもではないかと思うようになってきて……」。相談員が「なぜそんなふうに感じられるのでしょうね」と尋ねると，「だってずっと寝ないんです！　いつ見ても寝ていないんです！」「そんな顔をみていると，マンションのバルコニーから突き落としてしまいたくなるんです！」という。また，別の母親からは「赤ちゃんがずっと泣いて離れず，一日中抱っこしています。つらくて叩いてしまいそうになるんです」と打ち明けられる相談も後を絶たない。

　親達はこうした本音の悩みを抱えながらも，人に話さないことも多いという。しかし，その中には深刻なケースも少なくない。このような親たちをどのように私たちは支えていけばよいのであろうか。

II　子育て支援とは

1．子育て支援とは何か

子育て支援とは何かについて、柏女（2003）は「児童が生まれ、育ち、生活する基盤である親及び家庭における児童養育の機能に対し、家庭以外の私的、公的、社会的機能が支援的にかかわること」と述べている。また、太田（2002）は、「①親を子育ての主体者として位置づけ、②社会のすべての人が協力することによって、③親が安心して子育てすることを支え、同時に④子どもの健やかな成長を促す、もの」としている。さらに、大豆生田（2006）は「子育てという営みあるいは養育機能に対して、私的、社会的、公的機能が支援的にかかわることにより、安心して子どもを産み育てる環境をつくるとともに、子どもの健やかな育ちを促すことを目的とする営みである」としている。

このように、子育て支援は「子どものすこやかな発達・成長を支えること」「子育てしやすい社会をつくること」がその本質や目的といえる。

2．今なぜ子育て支援なのか

「子育て支援」という言葉が一般的に用いられるようになったのは、制度的にはエンゼルプランが打ち出された平成になってからと考えられる。しかし、子育てはずっと以前から地域社会の人とひととが支え合う暮らしの中で行われてきたはずである。この営みを「子育て支援」と捉えるならば、なぜ今「子育て支援」という言葉があらためて問われることになったのか。その理由のひとつとして、親、家族、地域のつながりが薄れている状況があるのではないか。つながりの希薄化、それにともなう孤立化といった視点を踏まえながら、「子育て支援」の現在（いま）と未来（これから）について考えていく必要があるだろう。

また、出生率が低下して、子どもや若者が少ない少子化社会と言われる現代、子育てを社会全体の課題と捉えて、生命を尊び、子を愛しみ、子を育み、やさしい眼差しを向けることが、すべての世代に課せられた責務ともいえる。そのためには、子育てを単に家庭の問題、親の問題、個人の問題として焦点をあてるのではなく、人と人との絆やつながり、あるいは、信頼、規範、人的ネットワークといったコミュニティの再構築として捉え直すことが求められているのである。

3．子育て支援の多様性と課題

子育て支援といっても、その拠点は多様である。たとえば、保育所、幼稚園、学校、児童館、学童保育、子育て支援センター、療育機関、保健所、児童相談所、医療機関、企業など数多くあげられる。また、子育て支援にかかわる職種として、

保育士・幼稚園教諭，保健師・助産師，臨床心理士，臨床発達心理士，カウンセラー，医師，社会福祉士などがあり，専門職以外に民生委員・主任児童委員，行政職員，地域住民など，さまざまな人たちが存在している。

具体的な取り組みとして，保育所や幼稚園，こども園では，延長保育，病児保育，一時保育，園庭開放，保護者の相談などがあり，子育て支援センターなどでは，子育てひろばやサロンの提供，子育て相談，親子あそび，子育て情報発信，ネットワーク支援，一時保育などが行われている。また，保健師や臨床心理士などの専門職や，児童相談所，医療機関など専門機関が行う支援では，子どもの発達の遅れや障がいなどへの相談，虐待やDV，うつ等などの精神疾患など家庭や親自身の深刻な悩みに対応する相談や支援があげられる。

さらに，2015年4月から子ども・子育て支援新制度がスタートし，すべての子どもを対象として，子育て支援，保育所・児童館，児童養護施設，幼稚園等での保育・教育のあり方などが国や自治体の政策的課題となっている。

このように「子育て支援」は多くの人々や機関において実施されているにもかかわらず，児童虐待をはじめ子育てに関する問題は増加の一途である。今後は，孤立した親子や支援のはざまに落ち込んで助けを求められないマイノリティな親子への支援，そして支援者間の連携，協働をいかに進めていくか，そして，予防・開発的支援等が課題と考えられる。

III 子育て支援の機能

1．親や家族への支援

現代の子育て環境は，親や家庭の孤立傾向など子育てが困難な状況に陥りやすいという問題が指摘されている。親子の孤立化により，子育てのストレスが高まり，過干渉，虐待などの問題が生じやすくなり，中には深刻なケースに発展することもある。

さらに，現代は環境の問題のみならず，親になるまでの多様な経験が不足していることによる子育て力の低下も指摘されている。親が子育ての自信や力をつけていくために，親子が気軽に参加できる交流や学びの「場」の提供も重要である。他の親子の姿を見たり，話を聞いたり話をしたり，支え合える関係を構築したり，子育ての情報を収集することなどの「環境」や「学習の機会」も必要といえる。

2．子ども自身の成長・発達の支援

子育ての支援は親への支援であるとイメージされやすいが，子どものための支援であるという認識は欠かせない。現代の子育て環境が大きく変化して，それに伴い子どもの成長・発達過程においても，さまざまな支障や問題が生じているという指摘がある（門脇，1999）。しかも，それは単なる乳幼児期の問題だけではなく，思春期やその後の成長・発達へとつながる問題として捉えなければならない。つまり，子育て支援は，子ども自身の成長・発達を支える「子育ち支援」として長期的な見通しのもと，開発的・予防的かかわりを行う必要がある。

3．支え合いを構築する社会的支援

子育ての第一義的な責任は親や家族と言えるが，これまでの子育ては親だけでなく，祖父母，兄弟，親族，地域など社会全体で行われてきた。しかし，現代は地域社会のつながりが薄れ，その責任は家族とりわけ母親一人に過剰な負担がかかる状況がある。それが，現代の大きな子育て問題といえる。地域や社会全体の支えがあってはじめて，親や家族が子育ての責任を果せるのである。そのためには，子育ての社会化を進め，地域の子どもを通して，あらたなつながりを形成する仕掛けが必要である。保育の場や子育てひろばにシニア世代，学生世代などがボランティアとして入って，親子にかかわることも一つの方法といえるだろう。

原田（2002）は，「子育て支援」が本当に機能するための，14のチェック項目をあげている（表1）。また，橋本（2015）は，子育て支援者の働きを示す6つの構成要素をあげている。このように，支援のはざまに親子が落とされないためにも，多職種の協働（コラボレーション）が必要な時代といえる（図1）。

Ⅳ　コミュニティ・カウンセリングによる子育て支援

冒頭で述べた母親からの相談を思い起こしてみたい。その母親は寝てくれない我が子をまるで悪魔の子のように感じてしまい，時には殺意さえ思い浮かべてしまうという深刻な状況も懸念された。また別の母親からの訴えは，虐待のリスクが示唆されている。

このような相談が後を絶たない中で，個別に母親の話を傾聴し，受容・共感的カウンセリングを行えば子育て支援の問題は解決されていくのであろうか。答えはNOである。理由は3つ考えられる。第1に，当事者の親はそれだけで重いストレスから解放されることはない。話を聞いてもらうことで楽になることもあるが，自ら解決していく道筋を見出すことは難しいという。第2に，相談に対応す

表1 「子育て支援」が本当に機能するための，14のチェック項目

①「子育て支援は，子育てしやすい地域づくり・社会づくりである」ということを職員全体で，はっきりと確認し合って，仕事をされていますか。
②参加した親同士をつなぎ，親同士で助け合い、支え合えるような人のつながりを意識してつくろうとかかわっていますか。
③子育ては日常の営みです。子育て支援が単なる非日常のイベントになっていませんか。
④自分の施設の事業にしか目が行っていないことはありませんか。地域全体の親子の数のうち，何パーセントの子育て家庭に支援ができているかという視点を持ち，事業の評価・検討ができていますか。
⑤すべてを専門職が準備をし，市民をお客さんとして招くというスタイルになっていませんか。
⑥専門職が前で何かをして，親子を楽しませるというスタイルではなく，親が地域や家庭に帰ってから役に立つような子どもへのかかわり方を伝えていますか。
⑦園庭開放や子育てサロンに参加した母親たちの子育ての「生の声」を聞いていますか。また，それを一般社会に向かって発信していますか。
⑧参加者のニーズに含わせて、積極的に新しい企画を取り入れていますか。職員のキャパシティがないという理由で，参加者のニーズは聞かない，ということになっていませんか。
⑨自分の施設の周囲の市民活動を把握していますか。また，それらを活性化することを目的に事業を組み立てていますか。
⑩⑨と関係しますが，自分の施設あるいは地域全体での市民活動を把握し，そこに欠けているものを補おうという姿勢で事業を組み立てていますか。
⑪乳幼児期（あるいは就園前）の子どもとその親だけしか考えていない子育て支援になってはいませんか。言い換えますと，思春期を見通した子育て支援が考えられていますか。
⑫次世代の親育という位置づけで，小・中・高校生などを積極的にボランティアとして受け入れていますか。
⑬「専門職が直接」というスタイルでは，仕事量が大きすぎるという認識のもと，ボランティアの育成や導入，あるいは，事業自体を市民にまかせて運営するということができていますか。
⑭子育て支援をする中で気がついた必要な手立て，例えば「小学生が遊べる時間と仲間, 空間」がないので，社会が意識的に小学生が遊べる条件づくりをしていかなければいけない，というような提案や実践ができていますか。

る人的資源には限界があるという点である。多くの行政機関は「いくら相談員を増やしても，相談件数にはとても追いつかない」と現状を訴えている。そして第3は，「相談に来る親はまだいい」「相談に来ない，来られない」という親にこそ深刻なケースが存在していると関係者はいう。

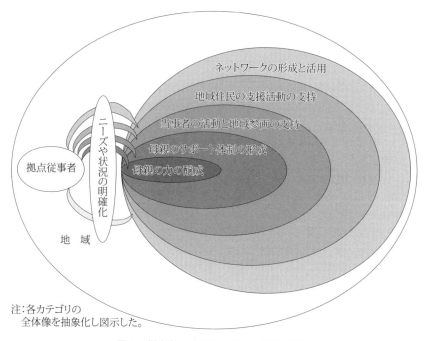

図1　従事者の働きを示す6つの構成要素

　つまり，これらは個別相談の限界と，相談に来ないマイノリティの親たちへの支援，そして深刻なケースに陥らないようにするための予防的・開発的な支援のあり方が問われているのである。

1．コミュニティ・カウンセリングとは

　コミュニティ・カウンセリングの今日的定義として，Lewisら（2003）は，「個人の発達とすべての個人およびコミュニティの幸福 well-being を促進する介入方略とサービスを総合的に援助する枠組み」と述べている（井上ら，2006）。また，コミュニティ・カウンセリングは，単に地域とかかわるというだけではなく，包括的な意味として，「人と環境の適合（折り合い）」といった視点から，人（あるいは人々）の抱える問題を，個人的原因のみに帰属させることなく，地域・学校・職場・家庭のつながりの中での課題として捉え直し，広い視点で支援を行うための心理学的な枠組みとそのアプローチといえる（植村ら，2007）。

　コミュニティ・カウンセリングのキーワードには，コミュニティ感覚（人と人

が支え合っているという感覚），エンパワメント（自らの生活にコントロール感と意味を見出す），コラボレーション（異なる立場の人たちが協働する），「セルフヘルプ」（当事者同士で支え合う）などをはじめ，予防，ストレスマネジメント，危機支援，コンサルテーション，ソーシャル・サポートなどがあげられる。つまり，「人と人をつなげるカウンセリング」と言った方が，わかりやすいかもしれない。

そういった視点に立てば，地域のつながりだけでなく，学校，医療・看護，福祉，産業などすべての職種や，それを取り巻く社会への必要なアプローチであることが理解されるだろう。

子育て支援を単に家庭の問題，親の問題，個人の問題と捉えて解決を目指すのではなく，人と人との絆やつながり，あるいは，信頼，規範，人的ネットワークといったコミュニティの再構築として捉え直してみると，有効な方法やそのプロセスがさらに見てくるのではないだろうか。

2．当事者も支援者である

「相談員をいくら増やしても数が足りない」という現状の中で，忘れてならないことは「当事者も支援者である」という視点である。まるでカプセルに閉じ込められているような親子，しかし，その悩みや相談の多くは共通しているものが多い。その根底には「孤立」があげられる。これらの支援は，支え合える人間関係を形成しやすい「場」や「環境」「学びの場」を提供し，多様な親子をつないでいくことが必要である。

図2に支援形態を示した。当事者同士がつながる支援がCにあたる。Cはセルフヘルプ・グループへの支援形態であり，「当事者も支援者である」ことを支える形となる。子育て広場やサロンでは，日常的にこのようなかかわりが繰り広げられている。一方，Bはチーム支援の形態である。特に危機支援では有効とされ，他職種のコラボレーション（協働）が重要となる。そして，Aは一般的な個別相談の形態である。

実際，冒頭の事例（寝ない子どもをバルコニーから突き落としてしまいそうになる母親）は，このグループ・カウンセリングに参加した日に，自分のつらさを訴える側でその赤ちゃんはグ～グ～と寝息を立てていた。その様子を見て先輩の母親から「お母さんがピリピリしていると，赤ちゃんも安心して寝られないのかな」「子育って大変よね」と声をかけられ，ほっとして涙ぐんでいた。その後，子育て仲間の支え合いにより，大きな問題は報告されていないという。

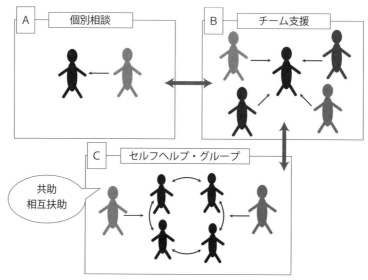

図2　さまざまな支援形態

　このように，支援者側が「自分達が支援をしなければならない」「救わなければならない」「個別支援が必要」という思い込みから一歩脱却して，相談室から地域社会や当事者の生活空間に出向き，当事者同士をつなげる支援を行うことが，心理社会的サービスを積極的に提供する活動のひとつとなるであろう。そしてそれは，コミュニティ・カウンセリングの枠組みの提供，すなわち，人や人々の幸福well-beingを促進する介入方略となり，予防・開発的支援につながるといえるのではないか。

3．動き出した当事者たち

　ここでもうひとつ考えなければならない課題がある。問題を抱えていても来談しない，または子育て支援の場に足を運ばないマイノリティな親達へのアプローチをどうするか，ということである。その答えのヒントは，上述した「セルフヘルプ・グループ・カウンセリング（当事者同士も支援者である）」という支援プロセスの中に見出すことができる。

　以下に，ある母親達のグループ・カウンセリングの事例を紹介する。

　「そのグループの活動は，当初『同じ悩みを持つ母親同士で語り合いたい，気持ちを共有したい，学び合いたい』という当事者の要望から始まった。そのプロセ

スの中で，お互いの共通性から共感が深まり，学習や学び合いの機会を経て，支え合う意識すなわち相互扶助が形成されていったのである。その後，子どもの成長とともにグループを卒業していく者がいる一方で，自分の経験を生かして，同じような悩みを持つ母親を支える者達が現れた。ある母親は『人の役に立つ，必要とされることを感じることで，今まで悩んできたこと，自信を持てなかったことすらも大切な経験だったと肯定できるようになった。そして自分の生き方も変わっていったように思う』と語ってくれた。その後，仲間とともに，『ひとりで悩んでいる母親達を支援したい』『同じ仲間として支え合いたい』という動機が高まり，母親主催の子育てひろばを企画し，チラシやポスターを手作りして健診時や街中で声をかけていったのである。支援者や行政機関もそれを後押しして，当日は400人を超える親子がその場に集まることができたという。この企画は年に1度開かれ，以後子育て仲間に引き継がれ20年間続いている」。また，他の事例では，「子育てに必要な情報は自分たちの目線でなければわからないと考え，それに賛同した仲間とともに子育て情報誌の作成や，FMラジオ局の協力を得て，'子育て情報'を発信するまでになった」という報告もある。

このように，当事者でなければ見えないこと，必要としていること，つまり当事者ニーズと支援方法の答えは，まさに当事者の中にあった。

このように，支援者側が先頭に立つというより，当事者のニーズをつなぎバックアップするという役割を忘れてはならない。そしてそれこそが，当事者も支援者もエンパワメントされるプロセスになるのだろう。

4．事例から見る「エンパワメント（力の獲得）プロセス」

エンパワメントとは，「個人や家族やコミュニティが，自ら生活状況を改善することができるように，個人的に，あるいは政治的に力を増していく過程である」(Gutierrez, L. M.) と定義されるように，何らかの理由でパワーの欠如状態にある個人や集団やコミュニティが，自らの生活にコントロール感と意味を見出すことで力を獲得するプロセス，および結果として獲得した力をいう（川田，2000）。

紹介した事例にあてはめると，ある共通したプロセスが見えてくる。そのプロセスを図3に示した。1）まず，当事者同士にコミュニティ感覚が高まると，「つながり」ができる。2）そして，それが組織化されると，「活動」が始まる。3）活動の中で「学び合い（学習）」が生まれ,社会的活動として発展する。4）社会的活動は具体的利益を生み，それが活動に必要な資源の獲得につながる。

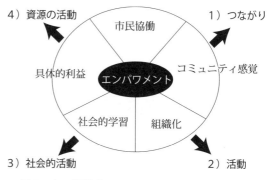

図3 力の獲得プロセス

　事例でいえば，自らの活動に対して，行政から場や人的資源の提供，広報の支援，支援者の協働，仲間の獲得，活動に意味や価値を感じる，などがエンパワメント・プロセスであり，力の獲得にあたるだろう。

　それは，これまで「行政は住民（当事者）にサービスを提供すべきもの，住民（当事者）はサービスを受けるべきもの」という意識だったものから，「行政と住民（当事者）は，協働主体者なのだとの位置づけや意識に広がり，情報の共有と双方向コミュニケーションが進む」という形となる。そしてこれが，市民協働（地域の活性化）に発展するという考え方である。

　子育てに悩み孤立傾向にあった親子が，つながりや学びによりエンパワメントされ，それがコミュニティのエンパワメントに発展していく。このプロセスこそが予防・開発的支援となるのではないだろうか。

5．コミュニティ・カウンセリングに求められるスキル

　コミュニティ・カウンセリングに求められるスキルにはどのようなものが考えられるのか（図4）。1）傾聴は，カウンセリングの基本である。2）情報収集は，個のニーズと地域資源のアセスメントである。3）分析は，Plan（目標）-Do（実践）-Check（評価）-Action（修正・実行）であり，プログラム評価となる。4）ファシリテーションは，当事者の合意形成や相互理解をサポートする役割である。そして5）交渉は，当事者のニーズを把握し，必要に応じて行政機関や企業，地域等と人的資源，場の提供，広報支援や資金の提供を交渉するスキルである。

　これらのスキルは，個のアセスメント力だけでなく，地域資源のアセスメント力も必要となる。どこにどのような資源があるのか，どこに誰がどのような支援

図4　コミュニティ・カウンセリングに求められるスキル

を可能としているかを知ることから始まる。連携とは，まさに'顔と顔の見える関係づくり'といえるだろう。

　つまり，コミュニティに関わる支援者は，カウンセリング・スキルに加え，他職種とのコラボレーション（協働）力とコーディネーション力も必要といえるだろう。

V　おわりに

　子育て支援の本質や目的は，「子どものすこやかな発達・成長を支えること」「子育てしやすい環境や社会をつくること」である。その原点に立ち，私たちは，声なき人々を含めた当事者を，支援者を，さまざまな職種を，さまざまな世代を，家族や親や子どもをつなぎながら，それぞれがエンパワメントできるような支援を心がける必要がある。それが事件や事故等を防ぐ予防・未然活動，そして開発的かかわりにつながると信じたい。

　心理職の持ち味を生かしながら，「人につながり，人と人をつなげ，人を活かす」支援ができるよう専門性を高めること，そしてそれが，アウトリーチモデルとしての形になっていくのではないだろうか。

文　献

橋本真紀（2015）地域を基盤とした子育て支援の専門的機能．ミネルヴァ書房．
原田正文（2002）子育て支援とNPO．朱鷺書房．
柏女霊峰（2003）子育て支援と保育者の役割．フレーベル館，pp.22-29．
門脇厚司（1999）子どもの社会力．岩波書店．
川田誉音（2000）無力化の意味とエンパワーメント．In：伊藤克彦・川田誉音・水野信義編：心の障害と精神保健福祉．ミネルヴァ書房，pp.53-66．
Lewis, j. A., Lewis, M, D., Daniels, j. A. & D'Andrea, J.（2003）Community Counseling: Empowerment Stratgies for a Diverse Society. (3rd ed.). Pacific Grove, CA: Brooks/Cole.（井

上孝代監訳（2006）コミュニティ・カウンセリング - 福祉・教育・医療のための新しいパラダイム．ブレーン出版．）
太田光洋（2002）"子育て支援"とは何か．保育の実践と研究，6 (4); 13.
大豆生田啓友（2006）支え合い，育ち合いの子育て支援．関東学院大学出版会．
植村勝彦（編）（2007）コミュニティ心理学入門．ナカニシヤ出版．

第7章
児童虐待への支援

中垣真通

I 児童虐待の現状

1. 対応件数の著しい増加

　児童相談所（以下「児相」と言う）による児童虐待の対応件数が毎年報道発表されるので，衆知のことではあるが，この十数年の間，児童虐待の対応件数は猛烈な勢いで増加し続けている(図1)。児童虐待の統計を取り始めた平成2年度は，全国で1,101件だった対応件数が，平成26（2014）年度には88,931件になっており，約80倍の増加である。児童虐待の防止等に関する法律（以下「児童虐待防止法」と言う）が制定された平成12（2000）年度の17,725件と比べても約5倍の増加である。

　このような急激な対応件数の増加を生んだ背景には，児童虐待に対する社会の関心の高まりと児童虐待とみなす範囲の広がりが強く影響していると考えられる。児童虐待の発生率も高まっているのかもしれないが，虐待種別の内訳の推移を見てみると，社会の関心の高まりと児童虐待とみなす範囲の広がりを確認することができる。

2. 児童虐待とみなす範囲の広がり

　図2をご覧いただきたい。児童虐待防止法が施行される前年の平成11（1999）年度から平成24（2012）年度の間は，身体的虐待が最も多い虐待種別だった。身体的虐待は，子どもを虐げる行為として最もイメージしやすいのであろう。まず児童虐待に当たる行為として社会的に広く認識されていたのは，子どもに暴力を振るうことだった。以前は親から子どもへの体罰に寛容だった我が国の社会も，徐々に変化し，親子であっても子どもに暴力を振るうことは不適切だという考えが優勢になってきた。

第2部　実践編

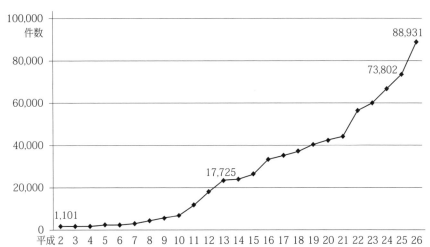

図1　児童相談所による児童虐待相談の対応件数（全国）（出典：平成27（2015）年度福祉行政報告例）

　児童虐待防止法では，身体的虐待の他に性的虐待，ネグレクト，心理的虐待も児童の健全な発達を阻害する児童虐待であると定義している。その周知が進む中，食事や衛生面での世話が不十分であることも児童虐待として広く認識されるようになり，ネグレクトの対応件数が徐々に増えていった。そして，平成18（2006）年度には身体的虐待と肩を並べるほどの件数になった。

　次いで，平成22（2010）年の大阪のマンションで幼児が餓死していた事件を契機に子どもの泣き声が頻繁に聞こえるという通報が近隣から寄せられる，いわゆる"泣き声通報"が増加し，心理的虐待の対応件数が急増している。さらに，子どもが両親のDVを目撃する，いわゆる"面前DV"を警察が積極的に児童相談所に通告するようになったことで，心理的虐待の対応件数が大幅に押し上げられ，平成25（2013）年度には心理的虐待が対応件数の中で最も大きな割合を占めるようになった。

　このように，児童虐待に対する社会的関心が徐々に高まり，理解が広がり，危機感も高まってきたことで，気がかりな親子をみかければ，誰もが児童虐待を心配して通報するようになり，児童相談所が対応する案件の件数が急増し続けているのである。

　統計よりも，昔のテレビ番組で考えた方が，虐待とみなされる範囲が拡大していることを，より直截的に理解できるかもしれない。1970年代に人気のあった

児童虐待への支援　第7章

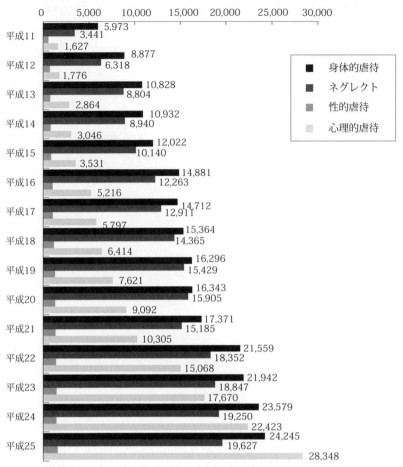

図2　児童相談所が対応した児童虐待相談の種別内訳（出典：平成 27（2015）年度福祉行政報告例）

あるホームドラマでは，体格のいい石屋の職人を主人公にして，彼が家族や地域の仲間との間に引き起こす人情劇を描いていた。この主人公は情に厚く，親分肌なのだが，頑固で気が短いところもある。そのため，自分が気に入らないことがあると，ちゃぶ台をひっくり返し，家族に乱暴を働くことも少なくなかった。ある時は，成人した息子と大喧嘩をして腕を骨折させてしまったこともある。現在の感覚では随分と暴力的と感じる場面があるのだが，当時は温かみのある人情劇としてお茶の間で親しまれ，高い視聴率を獲得していたのである。また，子ども

に圧倒的な人気を誇ったスポーツアニメ番組でも，父親の強い愛情を象徴する場面が，現在の感覚では虐待にあたるのではないかという疑念が湧く。その番組では，元プロ野球選手の父親が，息子に野球漬けの生活を強制し，帰宅後は毎日野球の練習に明け暮れて，疲れて立ち上がれないところにノックの打球を浴びせるような特訓を続けていた。さらに，父親はばね製の筋力増強器具を自作し，それを日常的に息子に装着させ，学校にいる時間までも訓練を強いていた。私も小学生の頃にこのアニメ番組をとても楽しみにしていて，家族そろってこの番組を見ながら団らんのひと時を過ごしたものであった。これらの1970年代に国民的な人気を博した人情劇や愛情劇の名物シーンは，現在の感覚からするとDVや児童虐待の現場になってしまい，家族の団らんのひと時を彩るテレビ番組とはなり得ないのではないだろうか。この変遷は，社会の価値観が大きく変化をしていることの証左であると私は考えている。

　40年ほど前の我が国は，子どもへの体罰や父親の家族に対する暴力に寛容な社会だったように思うが，現在はどこで誰が行ったものであっても，暴力や威圧を看過しないという価値観が強い社会になってきたと言えるだろう。そして，このような時代の変化に乗り遅れてしまった人たちが，自分が体験してきた価値観のままに子どもの躾を行うと，自動的に児童虐待という問題の俎上に乗ることになってしまうので，周囲から問題を指摘された時に，「自分が受けてきたとおりに躾をしているだけで，これは虐待じゃない」というすれ違った議論になっていると考えられる。児童虐待の概念は，ここ十数年の間に随分と拡大をしているので，暴力や威圧が虐待にあたることをよりいっそう社会全体に向けて啓発することが必要なのではないかと思う。このようなコミュニティに向けた啓発活動も，ひとつのアウトリーチ支援と言えるのではないだろうか。

II　通告対応におけるアウトリーチ

　児童虐待の通告に対応する場合，支援の必要性を訴え出るのが，支援対象となる当事者ではなく，その周囲の人たちであることが大きな特徴である。ほとんどの場合，当事者は支援が開始されたことを知らないので，当然，自発的に来談することはなく，支援者のアウトリーチによって支援が開始されることになる。では，模擬的な事例で，学校から市役所に虐待通告がされたら，どのように支援が進んでいくのか見てみよう。

1. 模擬事例A君

　X年7月，Q小学校の教頭から市役所の児童福祉課に電話が入った。「当校に在籍する5年生男子のA君が左目の下に500円玉大の痣を作って登校した。担任が痣の原因を尋ねると，『お父さんに殴られた』と答えた。A君の両親は言葉遣いが荒く，子どもへの接し方が厳しいお宅だ」との虐待通告だった。電話を受けたケースワーカーから，直ちに課長に報告が上がり，課内で緊急受理会議が開かれた。そして，速やかに学校に出向いて調査を行うこと，一時保護の可能性があるので児相にも同行してもらうこと等の対応が決定された。児相に連絡をすると，児相内でも直ちに緊急受理会議が開かれ，児童福祉司と児童心理司が学校訪問に同行することになった。児相と市役所が学校に到着し，学校側から概要を聞き取った後，児童心理司はA君と面接を行った。児童心理司は自己紹介をし，受傷した経緯を改めて聞き取り，躾であっても暴力は許されるものではなく，両親にも関わり方を考え直してもらう必要がある旨を伝えた。しばらく家庭から離れて，一時保護所で生活することを提案するとA君は「うちに帰るのが怖い」と保護を希望した。A君を児相に移送し，児童福祉司が母親に電話をかけ，来所を依頼すると，憤慨した様子で両親が駆けつけてきた。児童福祉司と児童心理司と係長が対応し，顔面への暴力は重大な怪我につながる危険性が高く，躾であっても児童虐待に当たることを伝えた。両親は，A君の虚言と落ち着きのなさを直すことが目的で，本人とも約束の上で躾のために罰を与えたのであり，虐待ではないと主張した。それに対して児相から，A君の虚言と落ち着きのなさを直したいことは理解できるが，暴力を振るうことで事態が一層悪化しているように見えることを伝えると，両親共に暴力が良くないことはわかっているが他に方法がないと訴えた。そこで，一時保護中に心理検査や行動観察を行い，暴力によらない関わり方を提案することができる旨を伝えたところ，両親はA君の躾に困っていたので，他の方法を聞いてみたいと言い，一時保護に同意をした。

　一時保護所でのA君は，じっとしていることが苦手で，ちょっかいをかけて他児を怒らせることが多かった。学習時間も離席が多く，すぐに課題に飽きてしまい，職員から注意を受けると，反抗的な暴言を言い返してきた。心理検査では，知的能力が平均の下の水準であり，言語能力がやや低く，処理は速いが不注意なミスが目立った。動的家族画では，家族が揃って食卓についているのに，自分だけ離れた椅子に座ってテレビを見ている絵だった。A君は父親のことを「勝手に怒って怖い」と言い，母親のことは「遊んでくれない」と説明した。

保護から1週間経過したところで,両親と面接を持った。児童福祉司からA君は元気に過ごしているが,落ち着きのなさ,ちょっかい,職員への反発が目立つことを説明した。それに対して母親から,家庭でも学校でも同様で,いくら注意しても直らないという話があった。続いて児童心理司から,A君に関する見立てを伝えた。A君の特徴として,理解力に問題はないものの,注意がそれやすく,情報を十分に受け取らないうちに反射的に行動する傾向が顕著であり,こちらが伝えている情報を十分に受け取れていないと考えられること,不適切な行動で叱責を受けることが多くなり過ぎて,A君は家族から孤立していると感じてしまい,自分に関心を向けてもらいたい気持ちが非常に強いと考えられること,A君は"自分は嫌われたり怒られたりするに決まっている"という思い込みが強く,周囲の人に攻撃的な言動を取る癖がついているため周りを苛立たせてしまい,いっそう孤立を深める悪循環に陥っていることを説明した。両親からは,「当たっている。どうしたらいいのか」という反応があった。児童心理司から,両親としてはどうなりたいのか尋ねると,「食事中くらいは楽しく過ごしたい」というのが両親共通の願いだった。

　翌日,一時保護所にいる本児と児童心理司が面接を行い,A君の見立てと両親の願いを伝えた。A君は,両親の叱責は何を怒っているのかわからず,自分のことが嫌いなんだと思っていたと語り,少し涙ぐんだ。注意がそれやすいことについては,「そうかもしれない」と消極的に肯定し,攻撃的な言動については「怒らせる方が悪い」と受入れなかった。両親が希望する食事を楽しく過ごす提案については乗り気で,「お母さんのカレーが食べたい」と笑顔を見せた。一時保護所での食事場面でもA君は離席が多かったが,カレーの時は離席がなく,野菜も残さなかった。

　数日後に両親に来所してもらい,児童福祉司と児童心理司が面接をした。児童心理司からA君との面接内容を報告すると,父親は「がっかりした」と,母親は「やっぱりわかっていなかったのか」と感想を述べた。児童福祉司が,両親はA君が嫌いだから怒っているのではないことが通じるように,まずは食事場面から巻き返しを図るという方針を確認し,両親はそれに同意した。児童心理司から,食事場面を楽しくするためにA君はカレーを食べたい意向であることを説明し,他にどのような具体的な手立てがあるか尋ねた。父親からはA君も好きなマンガの話をしてみると申し出があり,母親からはカレーのレパートリーを増やして毎回同じものにならないようにするという決意表明があった。これを受けて児童心理

司から，以前の轍を踏まないように，注意の仕方にもＡ君の特性に合わせた工夫が必要であり，指導事項はひとつに絞って説教は５分以内に収めることと，ダメな行動の代わりに何をすればいいのか具体的な行動を教えることを助言した。両親は「そういうやり方があったのか。反対のことをやっていた」と感想を漏らし，児相の提案に取り組んでみると述べた。そこで児相から今後の予定として，数日後に本児と両親の面会を実施し，その後児相から学校と市役所に援助方針を説明して，関係機関の支援体制を作ったところで，市役所も同席して家庭引取りとなり，引取り後も定期的に児相での面接を実施することを説明し，両親ともにこの方針を了承した。最後に児童福祉司から，今後もＡ君に苛立つことがあるだろうが暴力は逆効果であることを念押しし，児童心理司から，イライラしたら児相や市役所に相談しながら，親子でもう少し楽しく過ごせるようにしましょうと目標を確認して両親との面接を終了した。

２．模擬事例に見られるアウトリーチの特徴

　模擬事例で紹介した支援経過は，児童虐待対応の経過全体から見れば，ほんの入口部分でしかないが，最もアウトリーチらしい特徴が現われている部分でもある。この支援経過に現れているアウトリーチらしい特徴として，以下の４点が挙げられる。

　　１）緊急事態である。
　　２）援助者が現場に出向いている。
　　３）当事者に問題の自覚と改善動機が乏しい。
　　４）状況に応じて援助構造を構築しなければならない。

これらの特徴が，模擬事例の中でどのように現れているのか確認をしてみよう。

１）緊急事態である

　まず，緊急事態とは，迅速に対応することが求められる危機状況を意味すると考えて差し支えないだろう。Ａ君は目の近くに痣があり，父親に叩かれたと説明している。顔面に強い打撃を加えられた場合，当たり所が悪ければ失明や骨折等の深刻な受傷につながりかねないため，Ａ君にとって危機が生じていると言える。そして，児相がＡ君と接触したことは，Ａ君の口から保護者の知るところとなる可能性が高く，結果的にＡ君がよりひどい暴力を受ける危険性が高い状況が生まれている。この場合，Ａ君の安全を確保するために，一時保護をするか否かにつ

いて直ちに判断しなければならず，迅速な意思決定と速やかな対応が求められる状況にある。

　以上のように，児童虐待の通告への対応は，迅速な行動が求められる危機状況への介入と言うことができる。通告時の情報だけでは明らかになっていない，子どもの生命の危機が発生しているおそれもあり，深刻な状況も想定して動かなければならない緊急事態なのである。

2) 援助者が現場に出向いている

　緊急支援を行うために援助者が現場に出向くことは，当然のことと感じられる方もおられようが，交通事故で重傷者が出た時のことを考えてみると，必ずしも治療者が現場に駆けつけるわけではないことがご理解いただけると思う。事故現場に駆けつける救急車には医師は乗っておらず，医師は患者が搬送されてくるのを病院で待ち，緊急手術の準備をしていることが一般的ではないだろうか。救急医療におけるアウトリーチは，患者搬送に医師が同行するドクターヘリやドクターカーが該当するだろう。

　A君の模擬事例では，児相職員と市役所職員が学校に駆けつけているので，援助者が直接現場に出向くアウトリーチ型の支援を行っている。現実では考えにくい仮定だが，もしも児相が，A君を児相に連れて来てほしいと学校に依頼したとすれば，これはアウトリーチではなくなるだろう。児童虐待ケースの支援において，アウトリーチ型の介入と来談型の継続支援を併用することが一般的なので，どちらかが優れているということではないのだが，児童虐待通告への初期対応においては，援助者が出向くアウトリーチ型のスタイルが有効であることを強調しておきたい。児童虐待の通告が入った時点では，子どもの側には援助を求める気持ちが弱いことが多いのである。そのため，学校や近隣などの周囲の人たちがどれほど心配をしていても，当の本人が援助機関の助けを借りようとしないおそれが非常に強い。通告があったこの貴重な介入のきっかけを活かすためには，子ども本人の来談意欲の高まりを待つのではなく，援助者が出向いて，援助者の側から援助関係を開始することが必要なのである。この援助者から援助関係を開始するという点が，児童虐待の初期対応における大きな特徴と言うことができる。

3) 当事者に問題の自覚と改善動機が乏しい

　児童虐待への初期対応において特徴的であり，かつ，難しい課題は，この問題を訴え出た人が援助を受ける当事者ではないということである。全てのケースで当てはまるわけではないが，援助を受ける子どもや保護者が知らないうちに問題が

申し立てられて，当事者が頼みもしないのに援助者が駆けつけてくることが少なくない。そして，場合によっては子どもを預かってから，その旨を保護者に連絡することになり，対立関係から援助を始めざるを得ないことが多いのである。来談型の支援では，援助を受ける本人が困りごとを訴え，解決を求めて，援助機関に自主的に足を運ぶことと比べると，対極的な援助の始め方である。

　A君の事例においても，痣があったと訴え出たのは，学校であった。そして，A君や両親が知らないうちに市役所と児相が動き出し，援助が開始されている。ここで，介入する必要があると判断したのが誰なのか，ということに注目していただきたい。最初にA君の痣を問題だと認識したのは学校で，その後市役所と児相が介入の必要ありと判断している。この時点では，A君から「困っている」等の問題の訴えはなく，当然のことながら，何らかの目標に向かって行動を改善したいという動機も表明されていない。援助開始時点では当事者から問題認識や改善動機が表明されておらず，主訴も治療目標も明らかではない状態が援助機関のスタート地点なのである。その後児相が介入してA君と面接をして，事実確認をし，心理教育を行い，エンパワーをして，一定の援助をした後に始めてA君は，帰宅することが怖いという困り事を表明している。児童虐待のケースにおいては，まず援助者から当事者に歩み寄って，当事者が問題を表明できるようになる手助け，言うなれば"援助の下地作り"から始めなければならないことが多いのである。

　しかしながら，当事者が知らないうちに援助が始まるのは"押し売り"みたいではないかと，違和感を覚える人もいるのではないだろうか。利用者の訴えがないのに，なぜ援助を始められるのだろう？　この問いへの回答は，「法的な使命だから」である。児童福祉法や児童虐待防止法において，行政機関は児童を心身ともに健やかに育成する責任を負っていて，積極的に児童や保護者に援助を行わなければならないと定められている。そして，児相には職権保護や立入調査権等の保護者の意向に反して介入を進める強力な権限も与えられている。子どもの健やかな成長という目的のために援助が必要と判断をしたら，当事者からの申し出がなくても積極的に援助に踏み出す，言わば"おせっかい"を働かなければならない義務を行政機関は負っているのである。

　4）状況に応じて援助構造を構築しなければならない

　児童虐待通告の初期対応では，援助者が現場に出向いて支援を行うので，面接場所はその現場にある部屋から選ばざるを得なくなる。専用の面接室を使えることは少なく，会議室や校長室をお借りして面接を行うことが多い。援助者側に加

わる職種や機関もその時々で多様である。児相と市役所と学校であったり，児相のみであったり，市役所のみで初期対応をしたりすることもある。対応にあたる職種も多様で，児童福祉司と福祉司スーパーバイザーだったり，児童福祉司と児童心理司だったり，児童心理司と家庭児童相談員だったりすることもある。対立的な面接になる可能性が高いので，援助者側は原則的に複数で対応をして，感情的なやりとりにならないように努めている。当事者側も面接の場に登場する人は多様である。母親のみだったり，両親だったり，親族も同伴したりするほか，交渉慣れした知人が同席したりすることもある。面接の場に訪れた人を見て，どの援助者がどの当事者と話をするのか，あるいは話し合いへの参加をご遠慮願うのか，その場で判断して面接構造を構成しなければならない。

　A君の事例では，本人との面接は学校をお借りして，児童心理司が対応している。その間に児童福祉司と市役所のケースワーカーは学校側と話し合いをして，情報収集と機関同士の関係作りを行っている。その後の両親との面接では，場所を児相に移し，児童福祉司，児童心理司そして係長が対応している。面接場所や面接者がその都度変化しているのだが，これは援助機関の役割やその場の状況に応じて，最も効果的に介入できる構造を選択した結果である。問題意識も改善動機もない対象と援助関係を結ぶための下地作りの段階では，相手に合わせて構造を構築することが求められるのである。

　援助構造を考える上でもうひとつの重要な視点は，目標設定である。A君の事例では，両親との関係が対立的な状況から始まったものの，結局のところA君の虚言や落ち着きのなさを直したいという目標で協働関係を築くことできている。児童虐待ケースでは，家庭からの分離に関係者の注意が向けられることが多いが，分離することは援助目標ではない。重要なことは，安全を回復して，子どもが成長できる環境をどうやって再構築するかである。このように，子どもが成長できる環境を考える上で，心理職の見立ては大きな意味を持っている。A君の事例では，A君には「どうせ怒られる」という思い込みがあり，家庭内で気持ちのすれ違いが生じているため，大切に思われていることが通じる親子関係の回復に取り組むという児童心理司の見立てが援助方針の核となっている。この方針と目標は，A君にとっても両親にとっても願いに叶ったものであり，家族全体の改善動機を高めるとともに，援助関係の基盤になっているのである。

III　まとめ

　児童虐待ケースへの援助において，①子どもの安全が守られること，②健やかに成長できる生活環境が整えられることが重要な基本方針である。心理職は後者において果たすべき役割が大きく，対応の初期からアウトリーチをして，問題の整理を支援し，解決の道筋を提案し，子どもや家族の動機付けを高めることができる職種ではないかと考えている。

文　　献

相場幸子・瀧島秀広編，解決のための面接研究会（2006）みんな元気になる対人面接のための面接法―解決志向アプローチへの招待．金剛出版．
厚生労働省（2015）平成27年度福祉行政報告例．
野口啓示（2009）むずかしい子を育てるペアレント・トレーニング―親子が笑顔にもどる10の方法．明石書店．

第8章
犯罪被害者支援

鶴田信子

I　はじめに

　筆者はある殺人事件のご遺族に,「被害者は自分が何に困っているのかわからない。自分に支援やカウンセリングが必要かどうかもわからない。だから,支援者から手を差し伸べて引っ張りあげて欲しい。被害者に断られてもすぐにあきらめないで欲しい。私がもっと早くここ（公益社団法人 被害者支援都民センター）に出会えていたら,今これほどまで苦しまずに済んだかもしれない」と言われたことがある。通常の臨床では,主訴をもったクライエントが自ら相談室を訪れるところから相談活動が開始される。しかしながら,上記のご遺族の発言にあるように,犯罪被害という圧倒的な脅威や衝撃を体験し,混乱した状態にある被害者にとって,自分に必要な支援は何かを考え,適切な支援機関にたどり着くことは容易なことではない。心理職は日常の臨床で,ドメスティック・バイオレンス（DV）や性暴力,虐待等の被害者に出会うことは少なくないものの,出会った頃にはすでに心理的問題が山積し,社会的に孤立した状態にある被害者であることが少なくないのではないだろうか。早期に支援やケアにつながることは,その後の精神的回復に大きく関わるものであり,被害者支援において,心理職が相談室を出て被害者を訪問するアウトリーチ型支援の重要性は,強調しても強調しすぎることはない。そこで,本章では公益社団法人 被害者支援都民センター（以下,都民センター）における実践を報告し,被害者支援におけるアウトリーチ活動を概観するとともに,他機関・多職種連携における心理職の役割について概説する。

II　犯罪とは

　法律に定められた犯罪の要件（構成要件該当性）と違法性と有責性を兼ね備えたものが「犯罪」として取り扱われる。DVや虐待のような近親者による暴力,ま

たは性暴力などは，被害者が「犯罪被害」と認識しにくく，関係性の崩壊や報復を怖れて被害を申告しないことも多い。もしくは被害を申告しても，犯罪の要件を満たさず犯罪として警察に認知されない場合もある。そこで，本書では犯罪被害者等のための施策の基本理念を明らかにする目的で2006年に制定された「犯罪被害者等基本法」（以下，基本法）に準じて，犯罪等を「犯罪及びこれに準ずる心身に有害な影響を及ぼす行為」と定義する。犯罪被害者等（以下，被害者等）とは，犯罪等により害を被った者およびその家族または遺族をいう。

III 犯罪被害とは

　私たちは無意識のうちに，世界は安全であり，他者は信頼に値する，社会は公平であり，明日も今日と変わらない一日が訪れる，と考えている。これらの前提をもとに，明日や数年後の計画をたてることができ，見知らぬ人が多数いる場所に行くことができ，新たな出会いを楽しむことができるのである。犯罪被害の多くは，ある日突然遭うものであり，被害に遭ったその日から平穏であった生活は一変する。世界は危険に満ち，誰も信じられない，自分は無力で弱い存在であり，社会は不公平で理不尽なものである，といった具合に，それまで有していた暗黙の概念や価値観，信念は根底から覆される。自然災害と異なり，犯罪は第三者の悪意が介在し，他者に危害が及ぶ可能性を認識しながらその行為が行われるものであり，被害者等は人としての尊厳が傷つけられる。

　犯罪被害には，生命を奪われ，身体を傷つけられ，財産を奪われる，といった直接的被害だけでなく，被害によって引き起こされる精神的ショック，働けなくなることによって生活が困窮するといった経済的問題，刑事手続にまつわる精神的・身体的負担など，副次的な被害の存在は大きい。さらに，民事訴訟を行うことになれば司法との関わりが長期に及ぶことになり，その負担はさらに大きなものになる。交通事件においては，死亡や後遺症といった重大な結果がもたらされたとしても，殺人などと比較すると量刑に大きな差があり，かけがえのない人や健康な体を失った悲しみに違いはないはずであるにもかかわらず，生命や身体が軽んじられているように感じる。また，被害者に対する周囲の者の対応によって生じる被害者等の精神的苦痛のことを二次被害と言い，被害そのものより二次被害による心の傷のほうがダメージが大きいと感じられることも多い。

IV 犯罪被害者支援のあゆみ

　被害者は生命や身体に重大な侵害を受けた事件の当事者でありながら，長い間刑事司法制度はもちろん社会からも「忘れられた存在」であり，加害者の権利が保護されているのに対して，被害者等に対する権利保護や支援はないも同然であった。

　被害者支援の歴史としては，1979年の三菱重工ビル爆破事件などを契機として，被害者等に対する経済的支援として1980年「犯罪被害者等給付金支給法」が公布された。1991年「犯罪被害給付制度発足10周年記念シンポジウム」で，フロアにいた被害者遺族より被害者の精神的援助の必要性を訴える発言があり，1992年都民センターの前身である「犯罪被害者相談室」が東京医科歯科大学内に設置された。1996年警察庁において，被害者の視点に立った基本的指針を示した「被害者対策要綱」を策定するとともに，「犯罪被害者対策室」が設置された。2004年には被害者等の利益保護を目的として，基本法が公布され，「犯罪被害者等のための施策は，犯罪被害者等が，被害を受けたときから再び平穏な生活を営むことができるようになるまでの間，必要な支援等を途切れることなく受けることができるよう，講ぜられるものとする」と基本理念を規定した。2005年には基本法に基づき，「犯罪被害者等基本計画（以下，基本計画）」が閣議決定された。基本計画では，内閣府を中心にすべての省庁，政府機関，地方公共団体でなすべきことが具体的に決められ，基本計画は5年ごとに見直されている。2007年には「犯罪被害者等の権利利益の保護を図るための刑事訴訟法等の一部を改正する法律」の成立に伴い，被害者参加制度によって被害者が裁判に参加できるようになるなど，法律や制度は急速に変化をしている。

V 被害者支援の実際

1．刑事手続の支援

　被害届が出されると捜査が開始される。現在協議中だが，強制わいせつや強姦のような親告罪では，被害者等は被害届を出すかの選択を迫られる。刑事手続は，捜査，公判，公判後の3つの段階に分かれ，手続きの進行とともに担当する専門家が次々と入れ替わる。日ごろ接する機会の少ない警察官，検察官，弁護士等に対して，疑問や意見を口にすることにためらいを感じる被害者等は多い。したがって，被害者等の気持ちに寄り添うだけでなく，関係機関の専門家との関係構築

を手助けすることも支援者の大切な役割である。

　捜査に被害者等の協力は不可欠であり，公判の段階では犯罪の証明のために公判で証言をしなければならないこともある。事件を思い出したくないので一切関わりたくないという被害者等もいれば，なぜ被害にあったのか，加害者は反省をしているのか，被害者の最期はどのようなものだったのかを知りたい，傍聴して直接見聞きしたい，意見を述べたい，裁判に参加をしたい，と考える被害者等もいる。関与の程度や知りたい内容は被害者一人ひとりで異なる。捜査や公判に関わる警察官，検察官，弁護士等は，加害者の逮捕，被害者等の安全の確保，犯罪の証明，加害者に対する社会的制裁，被害弁償にかかわる。被害者等が適切なサポートを受けながら刑事手続をやりとげることが達成感につながり，被害回復の大きな力になることも少なくない。しかしながら，刑事手続のプロセスにおいて，被害者等には法律や制度の中でできること，できないこと，しなければならないことがあり，意見陳述や裁判への参加など，時機を逃せばできなくなってしまうものもある。心身の回復が十分ではない時期に被害者等は重大な決断をしなければならず，その精神的負担は計り知れない。だからこそ，支援者は被害者等が一つひとつの決断を丁寧にできるように，被害者の状態や状況を鑑みながら，情報を提供するタイミングを図り，決断に伴うメリット・デメリットを説明し，被害者等の決断を尊重することが何よりも大切である。また，あくまでも被害者等は訴訟の当事者ではない。その中で理不尽さや葛藤，納得できないことを数多く経験する。そこで，支援そのものを目的とした支援者の存在は被害者等にとって何よりも心強い伴走者になる。

2．精神的ケア

　犯罪被害に遭うということは，安全や安心が損ねられ，人としての権利が踏みにじられる体験である。安全や安心の確保，傾聴や共感，ノーマライゼーションを基本とした心理教育，自尊感情に十分配慮し被害者の意志を尊重するといった点は他のトラウマ体験のケアと変わらない。しかしながら，犯罪被害特有の問題として二次被害の問題が挙げられる。したがって，二次被害を与えないように留意する必要がある。また，事故や自然災害によるPTSDに比べ，対人暴力においてPTSDの有病率が高い（Kessler, et al., 1995）。PTSD症状が持続している場合，必要に応じてトラウマフォーカスト認知行動療法，眼球運動脱感作再処理法（EMDR）等の心理療法および薬物療法を検討する。

1）安全や安心の確保

安全の確保は安心感を得る上で欠かせないものであり，再被害の危険性がないか，ケガの治療や必要な検査は終えているか，といった物理的安全や身体的安全が確保されているかにも注意を払う。強姦被害の場合は，妊娠回避のために緊急避妊薬の服用や性感染症の検査等も案内する。

2）傾聴や共感

来談を労い，穏やかで温かみのある態度で接し，被害者等の尊厳を尊重するためにも丁寧な言葉づかいを心がける。臨床の基本ではあるが，無批判な態度で，なるべく話を遮ることなく共感を持って傾聴することで，被害者等が「ここは何を話してもよい場」として体験でき，安心感につながる。体験内容を聴く際は，被害時の本人の判断や行動に対して評価判断するような言動は慎む。単回の面接で終えるときは本人が制御できないほど過度な感情表出とならないよう十分注意する。体験内容をどこまで詳細に聴くかは慎重に判断する。

3）心理教育

被害によって生じるトラウマや悲嘆反応について説明し，知的な理解を促し，反応に対する対処能力を高める。「異常な状態に対する正常な反応」としてノーマライズし，反応に対する不安を鎮める。トラウマ体験には罪責感，恥辱感，自信喪失といった否定的な感情を伴う。これらの感情の有無を確認し，それもまたトラウマ反応のひとつであることを説明する。そして，これらは時間の経過とともに和らいでいくことを伝え，本来自分に備わっている健康な機能の回復に努めるように促す。無理解による二次被害を防ぎ，家族のサポート力を高めるために家族への心理教育は早い段階で行うことが望ましい（飛鳥井・鶴田，2010）。

4）二次被害

被害者に対する周囲の対応によって生じる被害者の精神的苦痛であり，具体的には職場，近隣，病院，警察，マスコミ取材などの場で，誹謗や中傷，噂，好奇の目，嫌疑，誤解によって生じるものである。思いやりから発せられたものであっても，励ましや安易な助言は被害者等をかえって傷つける結果になる。特に，被害者にも責任があるとみなす発言は被害者等の罪悪感を助長し，回復を遅らせる原因になる。また，過剰に共感するあまりにできない約束をすることも避ける。

5）レイプ神話

レイプ神話は，被害の程度を軽視する，被害者や状況を非難し責任を加害者から転嫁する，性関係は男性から強制されることが本分であると考える，などの特性

を持ち，被害者への二次被害を生む要因である（齋藤，2011）。具体的には，「レイプはたいしたことではない。単なる sex に過ぎない」「レイプは若い女性にだけ起こることだ」「レイプは自分が招いたことだ。なれなれしい態度や挑発的な人だけが被害に遭う」などがよく知られている。

VI　被害者支援の関係機関・団体による取り組み

1．警察

　被害者等への情報提供，被害者連絡制度，各種相談窓口の設置，カウンセリングに関する専門的知識や技術を有する職員の配置，精神科医や民間のカウンセラーとの連携によるカウンセリング体制の整備を進めている。また，経済的支援として犯罪被害者の遺族や重傷病を負い，障害が残った被害者に対して，社会連帯共助の精神に基づき，国が犯罪被害等給付金を支給する制度を設けている。犯罪行為によって被害を受けた場合でも，都道府県公安委員会の裁定により，給付金の全部または一部が支給されないことがある。

2．検察庁

　全国の地方検察庁には被害者支援員が配置され，被害者等からのさまざまな相談の対応，法廷への案内・付き添い，事件記録の閲覧，証拠品の返還などの各種手続きの支援を行う。受けられる支援や制度に関しては，法務省のホームページからダウンロード可能な「犯罪被害者の方々へ」（http://www.moj.go.jp/content/000121888.pdf）というリーフレットを参考にするとよい。

3．日本司法支援センター（以下，法テラス）

　国によって設立された法的トラブル解決のための「総合案内所」であり，犯罪被害者専用のダイヤルが設置されている。支援情報の提供だけでなく，一定の要件に該当すれば法テラスを通じて弁護士費用等の援助制度や国による各種制度を利用することができる。

4．被害者支援センター

　平成 27（2015）年 4 月 1 日現在では，46 都道府県 46 団体がそれぞれ犯罪被害者等早期援助団体として指定されている。犯罪被害者等早期援助団体とは，犯罪被害等を早期に軽減するとともに，犯罪被害者等が再び平穏な生活を営むこと

ができるよう支援するための事業を適切かつ確実に行うことができると認められる非営利法人であり，都道府県公安委員会が指定する。具体的には，警察より同意が得られた被害者等の被害概要や被害者に関する情報提供を受けることができるため，早期の支援を開始することができる。支援の主な担い手である犯罪被害相談員（以下，相談員）は，被害者支援に必要な法律や制度・医療・心理・福祉等の研修を受け，一定期間の支援経験を積んで公安委員会の認定を受けた被害者支援のプロである。全国にある被害者支援団体の一般的な相談業務としては，電話相談，面接相談，直接的支援が挙げられる。具体的には，自宅訪問，警察や検察庁，裁判所，病院，弁護士事務所，行政機関などへの付添のほか，支援団体によっては日常生活のサポート，精神科医や心理職，弁護士など専門家による相談，宿泊場所の提供などが挙げられる。いずれの支援も無償で提供され，支援メニューはセンターによって異なる。

5．性犯罪・性暴力被害者のためのワンストップセンター

内閣府作成の「性犯罪・性暴力被害者のためのワンストップセンターの開設・運営の手引き」の中では，被害直後からの総合的な支援（産婦人科医療，相談・カウンセリング等の心理的支援，捜査関連の支援，法律的支援等）を1カ所で提供（当該支援を行う関係機関・団体に確実につなぐことを含む。）することにより，被害者の心身の負担軽減とその健康の回復を図るとともに，警察への届出の促進・被害の潜在化防止を目的とする支援施設のこととしている。現在全国各地で設置が進みつつある。

Ⅶ　公益社団法人被害者支援都民センターにおける被害者支援活動

当センターは，1992年，東京医科歯科大学に開設された犯罪被害者相談室を前身として，2000年に被害者支援都民センターとして改組された民間の被害者支援団体である。2002年には東京都公安委員会により犯罪被害者等早期援助団体の指定を受け，2008年の東京都総務局人権部の協働事業の開始に伴い，東京都総合相談窓口を開設している。すべての支援は被害者等に無料で提供される。電話・メール・ファックスを相談の端緒として，被害者等の心情に寄り添いながらニーズをアセスメントし，情報提供（法律や制度・医療・心理・福祉など）を行っている。また，必要に応じて，面接や直接的支援，心理職等のカウンセリングを案内する。当センターは早期援助団体の指定を受けており，警察から被害者の

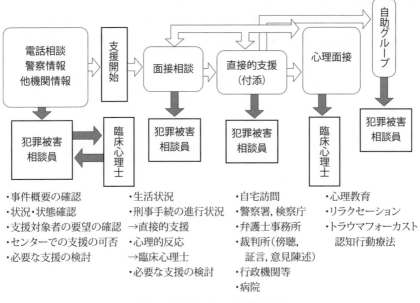

図1 都民センターの支援の流れ

同意を得て提供された情報をもとに，被害者等に架電をして支援を開始することも多い。東京都の協働事業の開始に伴い精神科医および臨床心理士が非常勤職員として採用され，常時少なくとも1名の臨床心理士が勤務し，電話・面接相談コンサルテーション，研修事業に携わっている。臨床心理士の活動として特筆すべきは，PTSDや外傷性悲嘆を呈する被害者等に対して，国内外で有効性が実証されているトラウマフォーカスト認知行動療法を提供していることにある（Asukai, et al., 2010; Bisson, 2013）。深刻な犯罪の被害者等はPTSDのハイリスク集団であり，PTSD治療のニーズは極めて大きい。相談員と臨床心理士は常時情報交換しながら協働することで，被害者の必要とする多岐に渡る支援と精神的ケアを同一の機関で提供している。図1は当センターの支援の流れを示している。

1．都民センターの業務内容

①電話・面接相談。

②臨床心理士によるカウンセリング：支持的心理療法，心理教育，リラクセーション，トラウマフォーカスト認知行動療法（PE療法，外傷性悲嘆治療プロ

グラムなど)。
③直接的支援：付添支援（警察・検察庁・弁護士事務所・行政機関・病院），自宅・病院訪問，裁判傍聴・証言付添支援，代理傍聴，被害者等による講演活動付添等。
④犯罪被害者等給付金申請補助。
⑤被害者支援広報・啓発：キャンペーンの開催，犯罪被害者週間のイベント参加，ニュースレターの発行，各種リーフレットの発行，手記集「もう一度会いたい」の発行，絵本「こころとからだがえがおになる本」「さくとさようなら」の発行，ホームページの開設。
⑥自助グループ支援：殺人・交通死亡遺族自助グループ支援。
⑦研修教育活動：一般向け，ボランティア養成，研修講座，行政職員を対象にした被害者支援研修会，専門家（検事・事務官・警察官・産婦人科医など）を対象にした被害者支援研修会の講師派遣。

2．直接的支援の例

事例1（殺人遺族・自宅訪問）：被害後自宅にマスコミが殺到。周囲の目が気になり，外出が困難であったため，相談員が自宅を訪問し，心情を傾聴。複数回の自宅訪問の後，センターでの面接に移行した。

事例2（強姦・代理傍聴）：被告は反省をしていると言うが，自分はそう思えない。自分の目で加害者の様子を見て確かめたいが，見るのが怖いし，法廷で同じ空気を吸うのも嫌，と話す被害者に対して，相談員が被害者の思いを携えて，公判を見届けてくることを約束し，公判終了後，被告の発言や仕草，雰囲気を報告した。

事例3（交通事件・症状の説明と対応の助言，公判の付添支援）：脳挫傷による高次脳機能障害を負った。見た目からは障害が理解されにくく，自身の状態を説明することが困難であったため，臨床心理士が検察官に高次脳機能障害の説明・対応の助言を行った。相談員が被害者の証人出廷に付添い，疲労を自覚しにくい被害者に代わり，適宜休憩の要請を行った。

事例4（強制わいせつ・学校訪問による関係者会議）：小学生の女児の被害。被害から数カ月経過しても保健室利用が頻繁で，そのことを担任に注意され，以後不登校になった。相談員と臨床心理士が学校を訪問し，管理職，担任，養護教諭，スクールカウンセラーを交えた支援会議に参加した。刑事手続にまつわる負担や

トラウマ反応について説明し，校内での支援体制について話し合った．

VIII アウトリーチ型支援の意義や留意点

被害直後から被害者と関わることの多い被害者支援現場では，直接的支援と呼ばれる自宅訪問，付添支援などのアウトリーチ活動が支援の中心である．早期の段階であれば，専門的なカウンセリングというより，被害者の気持ちに寄り添い，さしあたって困っている問題への対処を助けることが重要である．継続的な自宅訪問が難しい場合は，可能な範囲で電話やメール，手紙などで接触を続け，来所相談に移行するタイミングを図る．

相談内容に適した機関を紹介する際は，単に連絡先を伝えるだけでなく，本人の同意を得た上で，相手先に被害内容や相談の趣旨を電話や書面で伝えることは，被害者等の負担を減らし，受診や相談がスムーズになる．付添支援や他機関の仲介を行うときは，本人の力や資源を奪わないよう，何をどこまで被害者自身がやるか，手助けを必要とするか，丁寧なやりとりを重ねながら被害者等の自己決定を尊重する．

被害者等は，警察や検察官による事情聴取では，被害を詳細にかつ正確に陳述することが求められ，証拠品を提出し，事件に遭った状況を明らかにするために実況見分の立ち会い，時には法廷での証言まで求められることがある．被害者等の負担は大きなものの，警察や検察官の前では遠慮や緊張もあって，平然とやり終える被害者も少なくない．そのため，警察や検察官に，「この被害者は大丈夫」と思われてしまうことがある．しかしながら，実際は過度の緊張や麻痺によるものであり，聴取を終えた直後から精神的苦痛が押し寄せ，捜査や公判終了後に心身が不調になることもある．事情聴取や実況見分の立ち会い，公判での証言を終えて，支援者からの労いの言葉を受け，不安や疑問，不満を表出するなどして，その日の体験を消化することが可能になる．また，心理的なことではなくあえて日常会話を盛り込み，非日常から日常に戻っていく手助けをする．ここで被害者支援のアウトリーチに特異なこととして，心情の傾聴にとどまらず，問題解決の側面，つまり不安や疑問は警察官や検察官に伝えるよう促し，制度の利用や配慮によって解消できそうな問題に関しては，必要に応じて支援者が必要な配慮を担当者に申し出て，対策を講じてもらえるよう依頼することも大事なことである．支援者は被害者支援に関する法律や制度の知識を持ち，関係者と情報を共有しながら見通しをたてながら支援をすることが求められる．

IX 被害者支援における多職種連携と心理職の役割

　被害者等の直面する問題は精神的・身体的・経済的なものも含めて多岐に渡り，ひとつの機関や一人の専門家で対応できるものではない。日頃から被害者支援に関わる法律や制度に関する知識を得て，支援機関に関する情報を収集しておくことが大切である。さまざまな役割を持つ専門家の中でも，心理職は被害者等の福利に資することを使命とするのはもちろんだが，司法機関との連携に際しては，司法制度の中で被害者等に課せられる役割についても理解しておかなければならない。

　全国の検察庁には被害者支援員が配置されているが，東京地方検察庁では全国にさきがけて，「犯罪被害者支援室」が開設され，警察や臨床心理士，弁護士との連携の強化をうたっている。2014年より東京臨床心理士会との連携が開始され，検察庁における公判前後のカウンセリングや公判付添といった，継続的なカウンセリング先の紹介に対する要請があり，検察庁や裁判所へのアウトリーチ型の支援に協力をしている。また臨床心理士には被害者等に対するカウンセリングだけではなく，検察官に被害者の心情や状態に関して専門的な知見に基づいた助言を行うことが求められている。

X 予防活動としての被害者支援

　問題の発生を防ぐ第一予防として，日頃から被害者支援に携わる関係機関がそれぞれの活動や役割に関して理解をし合い，被害者支援に関する共通理解を深めることが挙げられる。多くの都道府県では，犯罪被害者支援に関係する多様な機関・団体，都道府県主管課，警察，検察庁，犯罪被害者支援団体，法テラス，婦人相談所・男女共同参画センター・女性相談センター，児童相談所，精神保健福祉センター，保護観察所，弁護士会，医師会，臨床心理士会等が参画し，被害者支援連絡協議会が開催され，日頃から事例検討や意見交換，活動報告を通じてネットワークの強化に務めている。

XI おわりに

　アウトリーチは被害者等の負担を軽減し，被害者等との早期の接触を可能にさせ，心理的問題が複雑化することを未然に防ぐことができる。心理職には，被害者支援の法律や制度，司法の考え方に対する理解を深め，従来の医療や福祉，教

育にとどまらず,司法機関を含めた幅広い連携が期待されている。

文　献

飛鳥井望・鶴田信子(2010) PE 療法に学ぶトラウマ心理教育.臨床精神医学, 39 (12); 1601-1605.

Asukai, N., Saito, A., Tsuruta, N., et al. (2010) Efficacy of exposure therapy for Japanese patients with posttraumatic stress disorder due to mixed traumatic events: A randomized controlled study. Journal of Traumatic Stress, 23(6); 744-50.

Bisson, J. I., Roberts, N. P., Andrew, M., Cooper, R., & Lewis, C. (2013). Psychological therapies for chronic post-traumatic stress disorder (PTSD) in adults. Cochrane Database Systematic Reviews, 12, CD003388. doi: 10.1002/14651858.CD003388.pub4.

齋藤梓(2011)性暴力. In:飛鳥井望編:最新医学 別冊 新しい診断と治療の ABC, 70; 142-149.

第9章
自殺予防とアウトリーチ

窪田由紀

I はじめに

わが国では 1998 年以降 3 万人を超え続けていた年間自殺者数が 2009 年以降減少傾向に転じ，2012 年にようやく 2 万人台となった。しかしながら，世界的に見るとわが国の自殺死亡率は G7（先進 7 カ国）で第 1 位，現在でも一日平均 70 名近い人が自殺に追い込まれるなど，未だ深刻な状況にある。また，中高年層自殺死亡率の減少は著しい一方で，20 代，30 代の減少は十分でなく，20 歳未満では横ばいで経過していることからも，特に若年層を対象とした自殺予防は喫緊の課題である。

本章では，自殺予防のさまざまな局面において心理専門職が果たすべき役割や機能について，主としてアウトリーチの視点から述べることとする。

II 自殺予防の全体像

1．自殺予防の三段階

自殺予防は，未然防止（Prevention），危機対応（Intervention），事後対応（Postvention）と三段階に分けることができる（高橋，1999）。

未然防止（Prevention）は狭義の予防そのものであり，すべての人を対象に一般的な心の健康の維持・増進のための啓発教育，身近な人の危機にいち早く気づいて適切な機関に繋ぐ役割を担う「ゲートキーパー」の養成や，自殺に繋がり兼ねないリスク要因を発見して早めに対処したりするなどの活動が挙げられる。

危機対応（Intervention）は文字通り危機状態への対応・介入であり，自殺未遂や自殺の危険が高まった状態・状況を早期に発見して対応することである。本人への対応に加え，関係者と連絡を取り合い，専門機関での治療に繋ぐなどの行動が求められることも多い。

事後対応（Postvention）は，自殺予防の第一人者Shneidman（1972）の造語であり，残念ながら自殺が起きてしまった後に遺された人々への影響の緩和と将来の自殺予防を目的で行われる全てのことを指している。次なる自殺を防ぐという意味で，事後対応も予防として位置づけられている。

2．対象別の自殺予防

　一方，自殺予防は対象別に全体的（Universal）予防，選択的（Selective）予防，個別的（Indicated）予防と分類されている（US Department of Health and Human Services, 2001）。

　全体的予防は，自殺のリスクの有無にかかわらずその集団の構成員すべてを対象にして行われる活動であり，メンタルヘルスについての啓発教育，小学校段階からの葛藤解決スキルの教育などの外，自殺の手段へのアクセス制限（有害な農薬の制限や薬物の包装容量の制限など）が挙げられている。

　選択的予防は，潜在的なリスクを抱える集団に対して行われるものである。前掲書では，かかりつけ医の段階で高齢者の鬱のスクリーニング精度を高める試み，刑務所での自傷手段へのアクセス制限，自殺のリスクが高いネイティブアメリカンへのスキルトレーニングなどが挙げられていた。

　個別的予防は，すでに自殺に繋がり兼ねない何らかのリスクが明らかになっている特定の個人を対象とした介入であり，自殺未遂後の丁寧な対応や自傷を繰り返す対象への治療的な関わりなどがある。

3．段階と対象から見た自殺予防

　自殺予防のためのさまざまな対応・活動を前述の自殺予防の段階（時間の進行）と対象（リスクの程度）を組み合わせた中に位置づけたものを表1に示す。

III　心理臨床と自殺予防

1．自殺予防における心理職の役割

　自殺予防は，心理臨床のあらゆる領域で取り組むべき最重要課題の一つである。このことは日本臨床心理士会において領域横断プロジェクトの一つとして「自死予防専門班」が設置されていることからも明らかである。

　これまで心理職は，領域を問わず心の問題を抱えた個人への心理支援に多く携わってきた。対象者は，広い意味では何らかの潜在的な自殺リスクを抱える方々

表1　対象別・段階別に見た自殺予防のさまざまな取組み

段階別 ＼ 対象別	全体的予防 リスクの有無にかかわらず，集団のすべての構成員を対象とした支援	選択的予防 潜在的にリスクを抱える集団への支援	個別的予防 リスクが高い／高まっている個人を対象とした支援
未然防止 Prevention 危機が発生する前の予防の取組み	ストレス対処や心の健康作り教育（メンタルヘルスリテラシー，援助希求を高める） 自殺手段へのアクセス制限，メディアでの啓発など	潜在的なリスクを抱えた集団への支援 情報提供，居場所提供，交流イベント開催，スキルトレーニング　など	未遂者／自傷行為を行っている者等ハイリスク者への心理支援／関係者連携
危機介入 Intervention 進行中の危機への対応		身近な対象の自殺未遂等に影響を受ける同僚，友人などへの支援	自殺未遂や自殺の危険が高まった対象への支援／関係者連携
事後対応 Postvention 自殺が起こった際の遺された周囲の人々へのケア	構成員全体への情報提供，心理教育	不適応に陥る可能性の高い同僚，同級生，近隣の人々などへの支援	自殺の発生に伴って，何らかの不適応の兆候が顕れている対象への心理支援

ということができ，日々の心理臨床活動は選択的予防活動そのものであったとも言えよう。その中で，自殺の危機をいち早く発見し，適切な個別的支援を行うことが求められてきた。臨床心理士を対象とした「自死関連」心理臨床アンケート（日本臨床心理士会自死予防専門班，2015）によれば，1,249名の回答者は医療保健機関（39.3％），学校・教育相談機関（22.5％），産業領域（11.0％）などの領域で，10代（26.8％），20代（26.4％），30代（17.5％），40代（16.4％），50代以上（12.9％）の自死関連事例の面接を担当しており，実際に多くの機関・領域で若年の自殺ハイリスク者を中心に個別的支援に関わっていたことがわかる。

　このようにこれまでは，心理職は主としてハイリスクの人々への未然予防や危機介入を主に担ってきたと言えよう。一方，平成24年に見直された自殺総合対策大綱においては，9つの重点施策に関連して，学校・職場・地域における心の健康作りやメンタルヘルス研修，教職員，地域保健，産業保健スタッフ等の資質向上や民間団体の人材育成（によって自殺のリスクの早期発見と対応を促進する

表2　当面の重点施策

・自殺の実態解明	・国民一人ひとりの気づきと見守りの促進
・早期対応の中心的役割を果たす人材養成	・心の健康づくりの推進
・適切な精神科医療の体制づくり	・社会的な取組による自殺予防
・自殺未遂者の再企図の防止	・遺された人への支援の充実
・民間団体との連携強化	

自殺総合対策大綱（内閣府，2012）見直し後の全体像から

取り組み＝選択的予防）や自殺未遂後の支援の充実（個別的予防），学校・職場での事後対応の促進や自死遺児ケアの充実（事後対応 Postvention）などが掲げられている。

　これらが効果的に推進され，国としての自殺予防対策が成果を挙げるためには，心理職も従来主として担ってきた面接室におけるリスクの高い人々への個別的支援に加えて，予防段階における学校・職場・地域での全体的予防や，学校・職場・地域で選択的予防を担う人々の人材育成と資質向上，そして学校・職場での事後対応において，より幅広い役割を果たすことが求められる。

IV　心理臨床の諸領域と自殺予防の重点

　もっとも，当然のことながら心理臨床の領域によって支援対象者が異なるため，自殺予防の重点も異なってくる。表3には，現在／近い将来の領域による重点の違いを◎○△で示した。基本的に構成員の多くが健康な対象からなる教育，大学・研究所，産業・労働領域では，全体的予防（◎）を中心にしながら潜在的リスクを抱える対象者へ丁寧に対応し（選択的予防○），自殺のリスクが高まった状況では適切に医療と連携して対応するという意味で個別的予防は△とした。それに対して福祉領域，司法・法務・警察領域においては基本的に何らかの潜在的リスクを抱えた人々が対象者であるため，選択的予防に重点がおかれるが，自殺リスクが高まる状況も少なくないと考えられるため個別的予防は○とした。私設心理相談も，何らかのリスクを抱えた人が訪れる点で選択的予防が中心であり，必要に応じて医療との連携も取りながら個別的予防に当たる。

　医療・保健領域は，対象者すべてがリスクを抱えているため日常業務が選択的予防であり（◎），また他領域からのリファーも含め個別的支援はその重要な役割（◎）である。

表3　心理臨床の領域と自死予防の重点（試案）

構成比（2011年）		全体的予防	選択的予防	個別的予防
医療・保健	26.6%	△	◎	◎
教育	21.5%	◎	○	△
大学・研究所	15.4%	◎	○	△
福祉	11.9%		◎	○
産業・労働	3.0%	◎	○	△
司法・法務・警察	2.8%	△	○	○
私設心理相談	3.1%		◎	◎

V　未然防止活動の実際と心理職の役割

1．全体的予防としての啓発活動──学校における自殺予防教育を中心に

　先述したように，学校・職場・地域における心の健康作りやメンタルヘルス研修の促進は，見直し後の自殺総合対策大綱にも重点施策として記載されている全体的予防であり，心理職はリスクの高い対象への個別支援で蓄積してきた専門性を基礎に，講師としての役割を果たすことが期待される。中でも，若年者の自殺の深刻な実態から児童生徒対象の自殺予防教育の実施は大綱にも明記され，文部科学省も「教師が知っておきたい子どもの自殺予防」（文部科学省，2009），「子どもの自殺が起きた時の緊急対応の手引き」（文部科学省，2010）に続いて「子供に知らせたい自殺予防～学校における自殺予防教育導入の手引～」（文部科学省，2014）を発行するなど，学校における自殺予防教育導入の方向性を示している。しかしながら，学校現場では自殺の問題を取り扱うことへの不安・戸惑いが大きい。学校において自殺予防教育が安全に導入・実施され効果を挙げるには，スクールカウンセラー（以下SC）を初めとする心理職の関与が欠かせない。

1）全体的予防としての児童生徒対象自殺予防教育

　学校において全体的予防として全ての子どもを対象に自殺予防教育を行うことには，①生涯を通じたメンタルヘルスの基礎作り，②友人の危機に適切に対処できる「ゲートキーパー」養成，③自殺に関する誤った情報・不適切な情報や思い込みから子どもを守るという意味がある。①としては，誰もが人生において心の危機に遭遇する可能性があること，その際他者に援助を求めることは有効・重要な対処法であることを伝えて援助希求行動を高める，②としては教師や保護者よ

りも身近に友人の危機に気づく可能性の高い子どもを「友人の危機に気づいて声をかけ，悩みを受け止めて信頼できる大人に繋ぐ」というゲートキーパーとして養成する，③として自殺の実態や背景についての正しい知識を提供するといったことを行う（文部科学省，2014）。

2）学校における自殺予防教育に関する心理職の役割

第一に，SC等は教職員研修の講師として，児童生徒の援助希求能力を高めることは自殺に限らず，いじめ，薬物乱用，暴力など他のリスク行動の予防にも繋がること，リスクの高い児童生徒の早期発見と対応には大人だけでは限界があり，周囲の子どもの力を借りる必要があることなどを伝え，児童生徒対象の自殺予防教育実施についての合意形成を行うことが期待される。

準備段階では，関係教員と共にプログラム内容の検討，指導案・教材の準備，身近な対象の死を経験している子どもや日頃から不安定な子どもなどの授業への参加方法についての検討などを行い，安全な実施を目指す。授業実施に際しては担任とティームティーチングで役割を分担すると共に，複数で気になる児童生徒の様子に気を配ることが重要である。

授業中の様子や事後アンケートから，悩みの存在や不適応の兆候が見られる児童生徒については，担任と連携して対応し，必要に応じて保護者との面談や地域の専門機関への紹介等を行う。地域の医療機関等に勤務する心理職は，フォローアップ段階で役割を求められる可能性もある。

このように，学校への自殺予防教育の導入に際しては心理職の関与が欠かせない。なお，筆者らは，合意形成からフォローアップに至る全過程における心理職の関与を具体的に提示した（窪田ら，2016）。

2．選択的予防
1）潜在的なリスクを抱える対象者への直接的支援

学校や職場の相談室に来談するクライエントは，潜在的な自殺リスクを抱える層であり，ここでの通常の心理臨床活動は，選択的予防の役割を果たしていると言える。

一方で，現時点で不適応が顕在化していないことや援助を求めることへの抵抗感などから，不適応に陥る潜在的なリスクを抱えながらも相談サービスに繋がらない対象は多く存在する。必ずしも直ちに自殺のリスクに結びつかないまでも，新入生，転校生，被災児童生徒，外国籍児童生徒などは，不適応の潜在的リスクを

抱えており，何らかの不測の出来事をきっかけに不登校やうつ状態などを呈する可能性がある。独居高齢者，一人親家庭，失業者，犯罪被害者といった人々も同様である。これらの人々が早期に必要な支援に繋がるためには，心理職は「座して待つ」（杉村，2000）のではなく，さまざまな専門職等と協働してプログレッシブに「活動する」支援を模索することが求められる。例えば，東日本大震災心理支援センターから宮城県臨床心理士会が引き継いだカフェ支援（宮城県臨床心理士会，2013）は選択的予防そのものであり，このような実践から学ぶところも大きい。

2）ゲートキーパー養成による間接的支援

心理職は直接的に潜在的リスクを抱える対象への支援に当たる形で選択的予防を担うほかに，学校・職場・地域の第一線で人々に接し，自殺に繋がり兼ねないリスクを早期に発見して適切な支援に繋ぐゲートキーパーを養成することで，間接的に選択的予防に寄与することが期待される。

見直し後の自殺総合対策大綱においては，「ゲートキーパー」の役割を担う人材等を養成するとして，具体的には教職員に対する普及啓発，地域保健スタッフ・産業保健スタッフの資質向上，介護支援専門員等に対する研修実施，民生委員・児童委員等への研修実施，公的機関の相談員や窓口職員の資質向上などが掲げられている。心理職は，勤務先の職員に対して，また勤務先が所在する地域の求めに応じて，これらの役割を担うことも必要になってくる。そのためには，心理職であれば誰もが適切に活用可能な研修資料を開発し共有する体制を学会や職能団体等が中心となって整えることも重要となってくる。

VI 危機対応（Intervention）段階での支援の実際と心理職の役割

ここでは，アウトリーチという本書の趣旨および紙数の制限から専門機関で取り組まれている心理職による直接的支援（個別的支援）については触れないこととする。専門機関における自殺のリスクアセスメントや専門的な心理療法等については，Shawn, C.H.（2002；松本監訳，2012），Miller, A.L. ら（2007；高橋訳，2008），Brent, A.B. ら（2011；高橋訳，2012）などを参照いただきたい。

危機対応についての間接的支援

1）TALK の原則

自傷行為を含むリスクの高い児童生徒への対応に不安を抱く教職員は非常に多

い。高橋（2010）が紹介する TALK の原則は，Tell：言葉に出して心配していることを伝える，Ask：死にたい気持ちについて率直に尋ねる，Listen：絶望的な気持ちを傾聴する，Keep Safe：安全を確保する，の頭文字をとったものである。これらについて，具体的な声かけの仕方を含めて提示し，可能な限りでロールプレイを行うといった研修は，比較的容易に実施できる。それだけでも，研修受講者の不安は相当程度軽減していた（窪田ら，2015）。

2）自殺未遂後の対応

自殺未遂は最大の自殺リスク要因であり，将来既遂で命を落とすリスクは一般の人の数百倍であり，また一見命を落とす危険が少ないような手段による企図であっても長期的な追跡調査では既遂に至る危険が高いと言われている（高橋，1999）。

したがって，自殺未遂後は必ず専門的な支援〈個別的支援〉を受ける必要がある。救急搬送された医療機関によって適切な機関やサービスに繋がる場合は良いが，身体的な回復によってそのまま退院し，職場や学校に復帰してくるような場合もあり得る。受け入れに際してのケース会議の開催やその後の支援体制の構築について心理職は職場や学校の管理者に強く働きかけることが重要である。また，自殺未遂の事実を知る同僚や友人などへの支援も欠かせない。当事者の対応に追われて，選択的予防となるこのような支援が抜け落ちることのないよう，留意する必要がある。

VII 事後対応（Postvention）の実際と心理職の役割

身近に自殺を体験すると，遺された人は心身にさまざまな反応を起こす。中でも多くの人が自責，不信感，猜疑心，無力感などの否定的認知を体験する。適切なケアがなされないと，うつ病，PTSD，不安障害などの精神疾患に繋がり，最悪の場合次なる自殺を招きかねない。そのような事態を防ぐために行われるのが Postvention である。職場におけるポストベンションは高橋ら（2004）に詳しい。職場であれ学校であれ，基本的にその内容に変わりはない。本節では，学校における Postvention を取り上げる。

1．学校における Postvention

学校における児童生徒の自殺は，学校コミュニティを混乱に陥れる突発的な事件・事故の最たるものである。学校における自殺後の Postvention は，そのよう

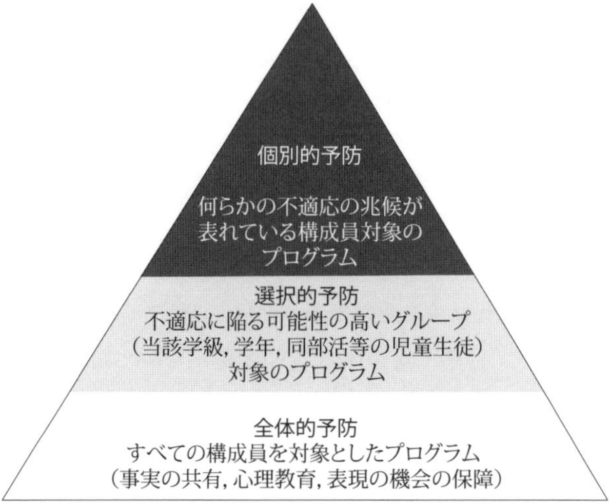

```
                    個別的予防
              何らかの不適応の兆候が
              表れている構成員対象の
                  プログラム
            選択的予防
         不適応に陥る可能性の高いグループ
         (当該学級,学年,同部活等の児童生徒)
              対象のプログラム
             全体的予防
      すべての構成員を対象としたプログラム
      (事実の共有,心理教育,表現の機会の保障)
```

図1　予防プログラムとしての Postvention

な事件・事故への遭遇によって機能不全に陥った学校コミュニティの回復を支援する緊急支援の一環として，SC 活用調査研究委託事業開始後比較的早い段階から取り組みが始まった（福岡県臨床心理士会,2001）。福岡県臨床心理士会が 2000 年～ 2012 年 3 月までの間に学校・教育委員会の要請で支援に入った 182 件のうち，最も多かったのが児童生徒の自殺もしくは自殺未遂で 46 件であり（窪田ら,2012），全国都道府県臨床心理士会への調査でも児童生徒の自殺事案発生後，約 70％で学校・教育行政からの支援要請があると回答しており（窪田,2010），何からの形で Postvention が行われていることがわかる。

2．学校における Postvention の概要

Postvention は，全体的予防，選択的予防，個別的予防からなる包括的な取り組みである。

1）全体的予防

すべての構成員を対象として，a）事実の共有，b）身近に自殺を体験した人が経験する心身の反応と対処方法についての心理教育，c）各自の体験をありのままに表現する機会の保障を行う。a）についてはご遺族の了解を得て事実を中立的に伝えることが重要である。b）によって，多くの健康度の高い構成員は自分自身に生じている反応を予測できるようになることで自己コントロール感を回

復する。c）は状況に応じてアンケート，個別面談，小グループなどの形態をとる。

2）選択的予防

選択的予防の対象となるのは当該学級，学年や同じ部活動の児童生徒など，物理的に近い関係にあった人たち，親しい友人など情緒的に近い関係にあった人たち，最近身近な人を亡くすなど外傷的なできごとを時間的に近い時期に体験した人たちのほか，日ごろから不安定で学校適応がよくなかった人たちである。これらの児童生徒については個別に話を聴き，リスクに応じた対応を行う。

3）個別的予防

個別的予防は，身近な人の自殺を体験してすでに心身の不調を来している人を対象とした個別的専門的支援である。早急に心理職が会い，必要に応じて地域の専門機関に繋ぐ等を行う。

3．Postvention における心理職の役割

このように学校において自殺が発生した後の Postvention は，全ての構成員を対象とした，全体的予防，選択的予防，個別的予防を網羅した包括的な活動である。そのため，当該校 SC 単独で担うには物理的にも心理的にも負担が大きく，当該校 SC を含む複数の心理職がチームで関わる必要がある。あらかじめ，教育行政と臨床心理士会等の間で合意形成がなされていることで，事案発生後，早い段階で学校・教育委員会の要請を受けて臨床心理士チームが学校に出向き，校内危機対応チームに加わって，事後対応プログラムの計画立案から実施の全過程で直接的・間接的な役割を果たすことが可能になる（福岡県臨床心理士会，2005）。

しかしながら，現時点で事後の心のケアという場合，不安定になっている児童生徒へのカウンセリング（個別的予防）が中心で，当該学級や同じ部活の児童生徒など選択的予防の対象者に対しては，「カウンセリングを受けたい場合には申し出るよう」アナウンスされるに留まっているなど，心理職の役割が個別的予防からせいぜい選択的予防に限定されている場合が少なくない。

児童生徒の自殺は，亡くなった子どもとの直接的な関わりの有無を問わず，全ての構成員に強い衝撃と自責感・無力感などの否定的認知を生じさせる。このような中で，全体的予防としての事実の共有がなされないと，正確な情報がないために生じる疑心暗鬼，噂の蔓延，そして特定の対象のスケープゴート化が構成員間の不信感を高めてコミュニティの回復を阻害する。また，自他に生じる種々の

反応への対処を促す心理教育，否定的認知を含む種々の体験の表現機会の保障を含む全体的予防はコミュニティの回復に欠かせない。計画立案段階から関わってこれらの確実な実施を促すことも心理職の重要な役割である。

Ⅷ　むすびに代えて──自殺予防とアウトリーチ

　自殺予防は国挙げての重要施策である。心理職はこれまで果たしてきた個別的予防，選択的予防の一部としての面接室や施設内で主として個人を対象とした臨床活動に加えて，職場，学校，地域での全体的予防，現場に出向いて他職種と協働しながらのアウトリーチを積極的に行うことが求められる。

　この原稿を書いている最中に筆者が居住する地域で，背景にいじめの存在が疑われる中学生の自死が発生した。これまでも懸命に伝えてきたはずの「苦しいときには助けを求めて！」「友達の危機に気づいたら信頼できる大人に繋いで！」というメッセージが子どもたちには届いていないことを突き付けられた。アウトリーチによって，社会全体に「だれにでも心が苦しいときがある」「苦しいときにはひとりで抱えず一緒に考えよう」という文化を醸成していくことの必要性を強く認識しているところである。

文　　献

Brent, D.A., Poling, K.D., & Goldstein, T.R. (2011) Treationg Depressed and Suicidal Adokescents: A Clinician's Guide. The Guilford Press.（高橋祥友訳（2012）思春期・青年期のうつ病治療と自殺予防．医学書院．）

福岡県臨床心理士会（2002）学校における緊急支援の手引き．福岡県臨床心理士会．

福岡県臨床心理士会編，窪田由紀・向笠章子・林幹男ほか著（2005）学校コミュニティへの緊急支援の手引き．金剛出版．

窪田由紀（2010）「都道府県臨床心理士会における児童・生徒の自殺後の事後対応の実施状況」調査から．日本臨床心理士会雑誌，65; 59-62.

窪田由紀・樋渡孝徳・山田幸代ほか（2012）学校コミュニティの危機への緊急支援プログラムに関する実証的研究２．日本心理臨床学会第 31 回大会論文集，309.

窪田由紀・長崎明子・シャルマ直美（2015）学校への自殺予防教育の導入に向けての教職員研修─教職員の意識と研修効果の検討．第 39 回日本自殺予防学会総会プログラム・抄録集，101.

窪田由紀編著，窪田由紀・シャルマ直美・長﨑明子・田口寛子著（2016）学校における自殺予防教育のすすめ方─だれにでもこころが苦しいときがあるから．遠見書房．

宮城県臨床心理士会(2013)支援活動報告. http://www.jsccp.jp/jpsc/pdf/miyagikatudou20131205.pdf

Miller, A.L., Rathus, J.H., & Linehan, M.M. (2007) Dialectical Behavior Therapy with Suicidal

Adolescents. The Guilford Press.（高橋祥友訳（2008）弁証法的行動療法―思春期患者のための自殺予防マニュアル．金剛出版.）

文部科学省（2009）教師が知っておきたい子どもの自殺予防．http://www.mext.go.jp/b_menu/shingi/chousa/shotou/046/gaiyou/1259186.html

文部科学省（2010）子どもの自殺が起こった時の緊急対応の手引き．http://www.mext.go.jp/b_menu/houdou/22/04/__icsFiles/afieldfile/2010/11/16/1292763_02.pdf

文部科学省(2014)子供に伝えたい自殺予防―学校における自殺予防教育導入の手引．http://www.mext.go.jp/b_menu/shingi/chousa/shotou/063_5/gaiyou/1351873.htm

内閣府（2012）自殺総合対策大綱．

日本臨床心理士会自死予防専門班（2015）第2回「自死関連」心理臨床アンケート集計結果．

日本精神神経学会精神保健に関する委員会（2013）日常臨床における自殺予防の手引き．平成25年3月版．https://www.jspn.or.jp/uploads/uploads/files/journal/suicide_prevention_guide_booklet.pdf

Shawn, C. S. (2002) The Practical Art of Suicide Assessment. John Willy & Sons, New Jersey.（松本俊彦監訳，鈴木剛子・近藤正臣・富田拓郎訳（2012）自殺リスクの理解と対応．金剛出版.）

Shneidman, E. S. (1972) Foreward. In: Cain, A. (Ed.): Survivors of Suicide. Charles C. Thomas.

杉村省吾（2000）災害時ケア：阪神大震災をめぐって．In：氏原寛・成田善弘編：コミュニティ心理学とコンサルテーション・リエゾン．培風館，pp.216-232.

高橋祥友（1999）青少年のための自殺予防マニュアル．金剛出版．

高橋祥友（2010）自殺予防の基礎知識．大学と学生，9; 22-29.

高橋祥友・福間詳編（2004）自殺のポストベンション．医学書院．

US Department of Health and Human Services (2001) National Strategy for Suicide Prevention.

第10章
アウトリーチにおける動作法・ストレスマネジメント・心理教育

冨永良喜・後藤幸市

　1995年1月の阪神淡路大震災の後，マスメディアは「被災された方に今必要なのは，『心のケア』，傍で話を聴いてくれる人」と報じ，多くの心のケアボランティアが，避難所を訪れた。しかし，被災された方が，「心のケアチーム」や心のケアボランティアに支援を積極的に求めることはほとんどなかった。それは，新潟中越地震，東日本大震災でも同じであった。だからといって，被災された方に「心理支援は必要ない」ということではなかった（冨永ら，1995）。

　「心」が前面にでた支援は受けいれられないが，生活支援，からだの活力がわいてくる支援は，被災された方の多くがアクセスしていた。熊本地震後の2016年5月の連休，大きな避難所で，多くの被災された方が利用していたのが，マッサージやアロマセラピィであった。また，「一人一杯まで」という案内で喫茶のサービスも提供されていた。

　ここで，マッサージは「からだの支援」，コーヒーサービスは「生活の支援」，お話をお聴きしますよという心のケアチームは「心の支援」と3つの支援に分類できる。「心の支援」が前面にでた支援は，なかなか受けいれられない。一方，「からだの支援」のみで終われば，からだの痛みや違和感が軽減しても，今抱えているストレスや生活の困難さを相談するには至らない。

　この「からだの支援」を取り入れた「心の支援」活動を，独自で開発してきた組織的活動が2つある。それは，ハンドマッサージなどを取り入れてきた日本赤十字社心のケアチーム（日赤心のケアチーム）と動作法を活用したチームである（冨永ら，1995；吉澤ら，2006；青山，2015）。なお，東日本大震災後，岩手では，特別支援学校教諭，臨床心理士による「いわて動作法チーム」を組織し，避難所，仮設住宅での支援を行っていった。

　本論では，「からだの支援」を取り入れた「心の支援」活動に従事する人が，事

前に，知っておきたい理論と方法を，動作法，ストレスマネジメント，心理教育の3つの視点から述べる。なお，東日本大震災後の実践については，後藤と「いわて動作法チーム」メンバーが執筆した。

I　リラックス動作法

1．どのように呼びかける？

　阪神淡路大震災後，避難所の責任者に事前にアクセスして，保健室や空き部屋の一室をお借りした。そして，「肩こり，眠れない，イライラするという方は，リラックス動作法のチームが来ています。○○までどうぞ」と避難所でアナウンスしてもらった（冨永ら，1995）。

　一方，東日本大震災では，避難所には空きスペースはなく，避難所の責任者と市役所の地域保健課の方の許可をとり，避難所の中を「いわて動作法チーム」の名前の入ったTシャツを着て，「肩こりの方や腰痛の方，身体をほぐしてみませんか」などと声がけを行い，希望者を募った。すなわち，希望者の寝泊まりしている生活のスペースに赴き，そこでリラックス動作法を行った。背中の緊張がほぐれて「あ～気持ちがいい」とか，「背中が真っ直ぐになった」との希望者の声を近くで聞いていた人が，「私もお願い」と希望者が増えていった。

　仮設住宅に活動を移してからは，仮設住宅に設置された「ふれあいセンター」の管理者に事前に許可をとり，活動の案内のちらしを，掲示や配布することで，希望者を募った。

2．ボランティアメンバーの研修会

　特別支援学校では肢体不自由の児童生徒へ動作法による支援をしてきた教員も，被災された方への支援ははじめてであった。そのため，研修会を企画し，チームメンバーの力量を高めた。2011年4月23日に，第一回の研修会を開いた。当日は，支援学校の教員，スクールカウンセラー，臨床心理士，精神科医などを含め45名が参加した。研修内容としては，役に立つ技法として①うつぶせによる頚，背弛め，②身体を暖める（クライエントの両肩に手をあてる）③軸づくりなどであった。参加者はペアを組んで，手で相手の動きを感じ取ることや，力のいれ具合を何度も確かめるように実技に取り組んだ。そして，次の日に避難所を訪問して実際の活動を行い，活動終了後に，活動の分かち合いを行った。

　「研修⇒活動⇒ふり返りの分かち合い」の支援サイクルは，メンバーが安心して

活動に取り組むことに寄与した。また，お互いの活動を分かち合うことで，さらに支援の質を高めることができた。

3．リラックス動作法希望者の体験

1回の活動に，5人から15人の方が，リラックス動作法を希望され，「こういう行為（動作法のこと）が復興の力になるんだ！」（80歳代男性），「揉んでもらうのはすぐに元に戻るけど，こういうやり方（動作法）はいい」（60歳代男性）など肯定的な感想が多く聞かれた。その中でも，つぎの2名の方のリラックス動作法の過程を報告したい。

Aさん（40歳代，男性）：

避難所の個室の布団に寝転んでTVをみておられた。私たち（特別支援学校教員と臨床心理士がペアになって避難所巡回）が声をかけると，「最近，津波の映像を見ても涙がでないんだよね。夜も眠れないし，歩くのもむつかしくなったし，やる気もおきないんだよな……」と言われたので，〈からだが楽になることをしてみますか？〉と言うと，寝床にうつぶせになられた（おそらくマッサージをする人と思われたのかもしれない）。それで，〈横（側臥位）になっていただけますか？〉といい，動作法による躯幹のひねりの課題をゆっくりはじめた。首や上体がとても硬く，頭が布団に着かずに浮き上がっていたので，〈手枕をされますか？〉となるべく楽な姿位をとってもらった。腰から躯幹にかけてゆっくり弛めることをお手伝いしていき，弛むたびに，〈そうそう〉と声をかけると，「なんでわかるの？」と言われた。〈手の感じとかからだの動きでわかるんですよ〉と伝えると，なるほどとうなずかれた。そして，からだを弛められるようになると「これは，マッサージと違うね。ペースもゆっくりでやりやすい。身体が楽になって軽い感じがする」と言って座られ，肩を上げ下げしたり，身体を揺らしたりして感じを確かめておられた。

少しすると津波で子どもさんを亡くしたことを話しはじめた。子どもの将来に期待していたが，残念でたまらないとも話された。私と臨床心理士はただひたすら，うなずくだけであった。そうすると，立ち上がり「からだが楽になったので，外にでてみる」と歩かれていかれた。（2011年4月，担当：上川達也）

Bさん（60代男性）：

まわりで動作法をやってもらっている方をみていて，お布団のスペースに座っておられ「お願いします」と声をかけてくれた。背中丸く，かなり疲れているよ

うに思えた。〈いかがですか？〉と声をかけると「足がだるく」と言われたので，長座で座っていただき，まず足首弛めを左右行った。曲げる・伸ばす方向にゆっくり動かすことを求めると足首が硬くスムースに動かせないようだった。そこで，援助者が動かすのに対して足首の力をぬいたままにするように求め，足首の弛めを行った。そして，ゆっくりと動かす課題を再びすると，スムース動かせるようになり，笑顔を浮かべながら足首の曲げ伸ばしをやりはじめた。その後，足指の反らしと曲げも行った。楽に動かせるようになると，立ち上がって，「足が軽くなった」と足踏みをされた。そして，座り込んで，靴底に鉄の板を敷いた靴を履き，瓦礫処理をしていて，それがつらかったことを話された。普段からだを使う仕事をしてないので，「これ（動作法）は助かる」と言われた。（2011年4月，担当：後藤幸市）

II　集団でのストレスマネジメント

1．仮設住宅での集団でのストレスマネジメントの実践

　リラックス動作法は避難所や仮設住宅での被災された方とボランティアのマンツーマンの取り組みだが，グループでストレスマネジメントとして活動を展開することもできる。

　2011年9月，岩手沿岸部のある学校の仮設住宅に入居されていた方々のお茶会行事に保健師の方からリラックス動作法をやってほしいとの依頼があった。行ってみたら23名の方が集まっていた。これまではマンツーマンの動作法をやってきたが，〈そうだ，集団でのストレスマネジメントをやってみよう〉と，とっさに思いつき，イスに座ったままでできることを考えた。

　課題としては，肩の上げ下げ，上体のひねり，肩甲骨ゆるめ，前屈などで，20分ぐらい行った。そうすると「身体を動かすといいね」「楽になった」と口々に言いはじめた。その後，お茶会，そして希望者（背中や肩がつらいと申し出た方）にリラックス動作法を行った。

　集団でのストレスマネジメントの良さは，初めて来られた方には，抵抗感が少ないこと，そしてみんなで同じことをやることで心強さを感じてもらえることであった。その後の仮設住宅でのリラックス動作法の支援では，まず集団でのストレスマネジメントを行うようにしている。

2．バックアップとコーディネートの大切さ

図1　仮設住宅で生活している人のためのストレスマネジメント（2011年9月）

　いわて動作法チームの発足のきっかけは，吉川吉美・愛知学院大学教授からの電話であった。NPO法人愛知ネット・天野竹行理事長から「岩手で動作法のできる人はいないか」と吉川先生に打診があり，後藤を紹介して下さった。4月2日に天野さんとともに，夕方5時から沿岸部のある市役所で開催される「こころのケアチーム」ミーティングに参加した。これはその市の保健福祉課が窓口となって医療，保健，薬剤関係者が一堂に会し，避難所や地域の情報を共有して，翌日の適切な対処につなげる会議であった。4月3日が「いわて動作法チーム」の初めての活動となった。岩手の動作法関係者，青山正紀，本舘伸太郎，後藤の3名と愛知ネットの心理チーム2名と，避難所で顔合わせをして，市の保健福祉課の担当者に心のケア活動を始めることを伝えた。

　また，「ストレスケア東北ネット」を立ち上げて，福島，宮城での活動を共有し，折々に合同研修会を企画した。コーディネイトする人材がいなければ，活動を展開することはなかった。今後の起こりえる災害に備えて，大災害後にボランティアで心のケア活動ができる人材バンクの確立を急ぐ必要がある。

III　心理教育

　災害の急性期（避難所生活を余儀なくされている時期）には，からだの支援を通して心を支援するアプローチが，被災された方には歓迎された。からだが楽になる，眠れるようになるといった身体反応のコントロールが少しできるようになってはじめて，さまざまな思いを語れるようになる。この語りをどう受け止めて，どう応答するかが，セルフケアを促進するのか，それともストレス障害のリスクを高めてしまうかの分岐になる。そのため，なぜ，PTSDなどのストレス障害に陥る人がいるのか，その知識を持っておく必要がある。ここでは，リラックス動作法体験者のプロセスの考察も含めて，心理教育の実際と支援者の構えについて

論じる。

1. 異常事態での自然な反応という心理教育

被災された方は少しほっとした頃に「悪夢をみる，思いだして心臓がドキドキする，ちょっとした物音や揺れにびくっとする」などのトラウマ反応を語る。そのとき，「大変なことを経験したとき，誰にでも起こる自然な反応といわれていますよ」と伝えることは，多くの人に安心感をもたらす。しかし，このメッセージを伝えるとき，支援者はより詳しいトラウマとストレス障害の仕組みを知っておく必要がある。

2. トラウマとストレス障害の心理教育

1）回復する人とストレス障害になる人の違い

命を脅かされる体験をトラウマ体験という。トラウマとなる出来事によって，PTSDになる有病率が異なる。性犯罪被害では50％，自然災害は4〜10％と報告されている。災害ではほとんど多くの人が回復する。しかし，災害でも家族の喪失を伴うとき，PTSDの有病率は高くなる。また，災害前に，虐待を受けていた，ひどいいじめを受けていたといった先行経験は，PTSDの有病率を高める。トラウマ体験後の自責感などの否定的認知と強い回避がストレス障害のリスク要因であることが知られている（冨永，2014）。

2）「涙がでない」「思いだしてつらい」などへの対応

トラウマ体験の記憶は通常の出来事の記憶と異なる貯蔵のされ方をしており，トラウマ性記憶と呼ばれている。比喩的には，凍りついた記憶の箱をイメージするとわかりやすい。人の心にはたくさんの記憶の箱がある。トラウマの記憶の箱は凍りついていて，記憶の箱の蓋を開けようとしてもなかなか開かない。よく思い出せない。悲しいはずなのに涙がでない。ところが，その体験と関連のある刺激（トリガーという）に出会うと一瞬のうちに溶けて，その記憶の箱の中に吸い込まれてしまい，まるで今経験しているように苦しくなる。これら再体験反応には悪夢，フラッシュバック，子どもは災害ごっこ遊びが含まれる。これらは，少しほっとできたころにあらわれやすい。だから，〈『そのことは考えないようにしよう』とがんばるより，『これまでは心を凍らせてがんばってきたけど，そのことにふれてもいいのでは』ということだと思いますよ〉と伝え，〈でもあまりに苦しすぎるとつらいので，心が落ちつくことをしましょう。背を立てての呼吸法や肩

の弛めなどもいいかもしれませんね〉と伝え，落ちつく対処と信頼できる人に話を聴いてもらう対処をすすめるとよい。マヒと再体験反応はトラウマ性記憶から起こる一対の反応である。

　リラックス動作法体験者のAさんのプロセスを振り返ってみる。はじめに「津波の映像をみても，涙がでない」とつぶやいた。ここで，〈そのことについて，もう少しお聴かせいただけますか？〉という支援者の応答も考えられる。上川さんがそう声をかけなかったのは，〈もしそのように声をかけたとすれば，つらい記憶だけを引き出してしまうのではないか〉と考えたからである。「涙がでない」のはマヒであり，急性期のマヒは，心を守る仕組みでもある。津波の映像は，強いトリガーとなる。その強いトリガーにふれても「涙がでない」というのは，強烈な体験をしてきたのであろう。心を凍らせて，感情があふれ出し心が壊れないように，心を守っていると考えられる。

　ここで最も大切なのが，「主体性」である。自分が凍りついた記憶にアクセスして，自分のペースで，その氷を少しずつ溶かしていく営みである。

　〈からだが楽になることをやってみましょうか〉という提案は，トラウマ性記憶にアクセスするのではなく，からだを硬くして受けいれがたい出来事に対処してきた身体をねぎらい労ってあげてみませんかという提案である。Aさんは「ペースもゆっくりでやりやすい」と言っているように，動作法がマッサージと異なるのは，〈してもらう体験〉ではなく，〈少しずつ自分で弛め，自分で動かす体験〉だからである。

3．かかわりの視点──ストレス対処と段階的エクスポージャー

　被災された方にかかわるとき，ストレスマネジメントモデルを頭の片隅に置きかかわるとよい。ストレス対処には，ストレッサーへの対処とストレス反応への対処がある。まずは，ストレス反応への対処の視点から支援する。エクスポージャー（Exposure）は，曝露と訳されてきた。しかし，辞典に「むき出しにすること。特に，悪事・秘密などをあばいて明るみに出すこと」と記されているように，トラウマの記憶をあばくといった印象を与えてしまうため，現在は，エクスポージャーとカタカナ表記とすることが多い。Exは外へ，Poseは「姿勢をとる」「身を置く」という意味であり，すでに安全になっている環境に身を置くという意味である。また段階的はgradualであり，徐々に少しずつという意味である。

　ストレス反応が今の心身のありようである。まず，今の心身が少しでも楽なほ

っとできる体験をめざす。そのためには,「からだ」に焦点をあてたかかわりをベースにする。

　Bさんは,特に足の疲れを感じていた。足首の弛め・ゆっくりと一緒に動かすという動作を繰り返すうちに,楽に動かせるようになり,その後,瓦礫処理という災害後の日常ストレッサーがBさんに強いストレスを与えていたことがわかった。

　Aさんの「歩くのがむつかしくなった」は,今の行動・動作・からだをあらわしている。そのときに,〈どんなことで,そうなってしまったのですか？〉と尋ねると,それは,「ストレッサー」の体験を聞いてしまうことになる。それでは,つらさだけを募らせてしまう。ストレス対処の視点をもって,〈からだが楽になることをやってみますか？〉と上川さんは提案した。被災された方の状態に応じて,〈こんなことをすれば少し歩きやすいということはありますか？〉と本人のストレス対処を尋ねてもよいかもしれない。しかし,上川さんは,Aさんのようすから,言葉より,まずからだがほっとする体験が必要だと考えたのだと思う。そして,Aさんはからだが楽になるにつれ,自分のからだを確かめ,そして,自らが,ストレッサーの体験内容を語りはじめた。

　まずストレス反応の「からだ」に身を置き,その「からだ」が安全で安心できるように,自分のからだに働きかけることを支援する。家族の喪失を語ることはつらくて悔しいことであろう。しかし,語ること自体は,本来は安全である。家族の喪失を語るとき,自分自身のからだが安心でき,その語りに真剣に耳を傾けてくれる人がここにいる,そういった安心できる場に,身を置きながら,耐えがたい体験を語ることが,生きる力へとつながっていくのであろう。

　1995年当時は,心理的デブリーフィングという手法が推奨されていた。それは,なるべくはやくトラウマ体験を語り,はき出せばPTSDを予防できるという理論と方法であった。しかし,2001年9.11同時多発テロの後,その方法は否定され,代わって,心理的応急法（Psychological First Aid; PFA）が提案され今日に至っている。急性期に被災体験を無理に語らせない方が良い理由は,回避を強める危険性があるからである。急性期は,過覚醒で興奮状態であり,コントロールできない語りが吹き出して,その後,不快な気分になり,「もう二度と語りたくない」といった回避を強めてしまう可能性がある。しかし,ずっと語らないで,つらかった体験を心に閉じ込め続けることはストレス障害のリスクを高める。スト

レス対処と段階的エクスポージャーの視点をもちながら，今ここにいる人に寄り添い応援することが，支援者にとっての必要な構えだと思う。

文　　献

青山正紀（2015）東日本大震災避難所での動作法による災害急性期の心理支援．心理臨床学研究，33 (4); 401-410.

冨永良喜（2012）大災害と子どもの心．岩波書店.

冨永良喜（2014）災害・事件後の子どもの心理支援．創元社.

冨永良喜・三好敏之・中野弘治（1995）からだは語る・からだに語る．リハビリテイション心理学研究，21; 57-90.

吉澤美弥子・織田島純子・大原薫（2006）災害支援における臨床動作法の有効性（2）現地支援ボランティア活動における臨床動作法の活用．臨床動作学研究，12; 11-19.

第11章
学校での被災地支援
おとなへの支援を中心に

下田章子

I　はじめに

　東日本大震災から5年以上の時が過ぎた。震災の影響はいまだに継続しているが、いろいろな面で復興へ向かっているとも感じている。怒涛のような時期を過ぎて、通常の生活とまでは言えないが、日常生活を送れていることを感謝したい。この震災を通して得た体験を振り返り、今後の支援や活動を考える一歩となればと思っている。ここでは被災地における学校での支援について、教職員や保護者等のおとなへの支援を中心に考えてみたい。

II　震災直後の状況と最初期の支援

　大震災は私がスクールカウンセラー（以下SC）をしている福島県にも多大な影響を及ぼした。県内外への避難者は少しずつ減っているが、平成27年10月時点で約10万人（105,286人）、18歳未満の子どもの避難者は22,660人となっている。避難を重ねた児童生徒も多く、さまざまな経験をしてきた。子ども・家族・教職員・学校・地域全体が広範囲に被災し、今でも多様なストレスを抱えて生活をしている。

　私がSCとして活動している地域は福島県の浜通り北部に位置する相双地域（相馬地域と双葉地域）で、津波の被害や原発事故の影響も大きい地域である。震災直後は家には帰り着けたものの、電気や通信が不通となり、震災関連の情報も家ではほとんどわからない状況であった。隣町に行くと沿岸部から避難する車が続き、私がSCとして通う学校の生徒とも出会った。付近の学校は避難所となってごった返していたが、急遽避難となった人が多く、中には子どもと離れ離れのまま避難せざるを得なかった人もいた。ただならぬ事態が起きている中でどうすれば良いかと考えていたが、まず情報がほしかった。しかし、情報網も交通網も

途切れて混乱していた。県庁の建物も地震の影響で一部使えなくなるなど，県内の至る所で建物が被災し，通常業務が行えない状態になっていた。

　学校での緊急事態に対して，福島県教育委員会より委嘱された臨床心理士が，平成16年度より「学校における緊急時派遣カウンセラー」として支援を行っており，要請に応じてできるだけ早く的確な支援に当たれるよう備えている。この大震災でも新たに委嘱された臨床心理士による緊急支援が行われることとなったが，未曾有の事態に際して準備に時間が必要であった。支援開始は多少遅れたが，3月22日から30日の7日間にわたり「緊急時カウンセラー」が派遣され，福島県内の学校等で支援が行われることとなった。

　大震災後の混乱状態の中で，緊急支援活動をどのようにすれば良いか戸惑いや不安は大きかった。安全確保が第一であり，心理的支援はその後にすべきではないかという意見もあった。この時期の支援は被災状況を確認し，初期対応を行いながら，ニーズや今後の支援方法を見極めることが重要であると思われた。支援にあたっては事前に支援の進め方や参考資料をメールなどで情報配信し，地域でサポートし合う体制を作って取り組んだ。日頃から緊急時の支援についての研修を重ね，備えていたことが役に立ったと思う。

　支援にあたっては，リラクセーションやグループワーク，体調や困っていることを聞いてサポートするなど，避難所で少しでも落ち着いて過ごせるような活動を主として行った。自由参加のグループワークによるリラクセーションは，簡単な動作で身体をほぐしながら気持ちもほぐれ，他の人とのつながりを感じあえる体験として喜ばれた。寒い日が続いていたので，身体もこころも温まり，互いにサポートし合うことで，自分でもできることがあるという実感を持てる体験でもあったと思う。リラクセーションを行った後は参加者の表情が和らぎ，派遣カウンセラーに気軽に声をかけてくる人が増えた。

　学校の施設が避難所として使われている場合も多く，教職員は児童生徒にどのように接し，こころのケアをすればよいかという不安を抱えていることがわかった。このため必要に応じて簡単な研修やコンサルテーションを行ったりもした。

　支援方法については，日本心理臨床学会・支援活動委員会のホームページなどの情報や「サイコロジカル・ファーストエイド（以下PFA）実施の手引き」が役に立った。PFAについては震災の数日前に，地域の保健福祉関係者の研修会で紹介したばかりだった。まさかこのような事態が起こるとは思ってもいなかったが，地域の関係者にとっても自分にとっても，危機に際しての基本的な対応や支援者

として気をつけるべき心構えを確認していたことで、落ち着いて取り組めたと思う。支援に当たっては、交通事情や支援者の安全、避難所の状況も考え、まずは無理なく、負担や邪魔にならないことを心がけた。

III 初期の支援──学校再開前後

相双地域では新年度に入っても被災や避難のため、再開が難しい学校もあった。児童生徒や家族の避難は全国におよび、安否確認や避難先の把握も容易でなかった。地域や学校により状況は異なっていたが、学校再開にあたってさまざまな問題や心配が生じていた。

児童生徒が亡くなった学校、避難先から津波の被災地をバスで通学しなければならない学校、離れた場所に避難した学校、複数の学校が同居する学校、転入生を多数迎えた学校など、再開した学校でどのように子どもたちを受け入れ、少しでも落ち着いて学校生活ができるか、学校関係者も不安を抱えながら、対応に追われていた。このため学校や市・町などでも教職員研修を行い、初期対応について話してリラクセーションを行い、メンタルヘルスに気をつけながら支援に当たってもらえるようにした。

3月の支援後、今後の支援方法について考える際に、東日本大震災心理支援センターの冨永良喜先生などにも助言を受けて、健康アンケートを作成し、学級ミーティングの活動と合わせて、4月以降活用できるよう準備した。この取り組みは「学校再開後、児童生徒がこころを落ち着けて学習や活動に取り組めるようにする」ためのもので、「仲間同士で支え合うピア・サポートの力を引き出し、この事態をみんなで乗り越えて、なるべく普段通りの学校生活ができるようにする」ことをねらいとしたものである。教職員とSCが協力して学校でのメンタルヘルス活動に取り組みつつ、児童生徒の状態を把握し、コンサルテーションを行いながら、必要に応じて個別相談を行うという総合的な取り組みとして考えられた。

震災の影響が大きいこの時期の健康アンケートは、基本的な健康状態について聞く5項目版に、思っていることや工夫していること、これからやりたいことなどを書けるような形式が適当と思われた。その後は、もう少し詳しくとらえられる19項目版など、時期に応じたアンケートが使われるようになった。

学級ミーティングは、①健康アンケート、②リラクセーション、③話し合い、④感想記入からなり、担任が中心となってクラス毎に行う活動である。事前の教職員研修で基本的な対処方法を身につけてもらい、落ち着いて児童生徒の様子を見

守るのにも役立つものである。また，健康アンケートと活動の様子を見て，事後フォローにつなげることも重要である。

　学校再開前後に実施し，教職員に体験してもらうと，リラクセーションでは肩が固く，肩あげの動作がスムーズに行かない先生もかなり見られた。震災後，気を張ってがんばり続けてきたことが感じられたが，「こんなにがんばっていたんだね，お疲れ様」などと声を掛け合ってペアリラクセーションを行った後は余分な肩の力が抜けて，表情が緩み，打ち解けて話し合うことができた。まだ不用意に力を抜いて良い状況ではないが，力を入れっぱなしでは疲れが溜まってがんばりきれなくなることを実感してもらった。活動を実施して気になる生徒については，担任やSCなどがフォローするようにした。

　どのような方法を行う場合にも共通することだが，健康アンケートや学級ミーティングを実施する際には，教職員とよく話し合って十分な理解を得た上で，学校状況に合わせて実施することが必要なことはもちろんのことである。支援者が行った方が良いと思う活動でも，理解を得られないままでは，戸惑いが生まれることになりかねない。また震災後，新たな支援方法についてすぐにSC間で十分に共有できる余裕はなく，県内で学級ミーティングを実施した学校は限られていたと思われる。その後支援者研修などでも実施し，意見を聞きながら検討を重ねている。

IV　震災後の子どもたちの状況と学校での対応について

　学校が再開され，学校という場で先生や友達とともに過ごせるようになって，子どもたちは予想以上にがんばって生活していた。避難に伴い，遠距離のバス通学をしなくてはならない学校もあった。SCとの相談の時間や場所もやっと探し出す状態で，教職員もさまざまな対応に追われていた。家族が離れて生活している家庭もあり，家族の苦労も並大抵でないと感じられたが，しばらくは保護者との相談ができる状況ではなかった。目の前の状況に対処するのに精一杯で，落ち着いて考える余裕もない時期が続いていたと思う。

　文部科学省が平成24（2012）年5月に行った『非常災害時の子どもの心のケアに関する調査』において，被災地では震災前と異なる子どもの様子が見られている。この調査は青森・岩手全域・宮城全域・福島全域・茨城・栃木・千葉の7県で実施され，調査対象の5,075校中93.7％の回答があり，報告書が平成25（2013）年7月に出されている。保護者から見た震災後の子どもの様子で「PTSDが疑われ

る症状が1つでも見られる子ども」は福島県 22.9%（全体 14.1%），「PTSD に関連する症状等が1つでも見られる子ども」は福島県 20.3%（全体で 12.9%），「一般的な心身不良の症状」は福島県 16.0%（全体 7.3%）であった。震災後1年以上経った時期でも子どもたちの様子に震災前と異なる変化が見られており，長期にわたるこころのケアが必要と思われる。この調査では子どもたちを見守る保護者や教職員についてもとらえられているが，保護者や教職員の心配も大きいと思われた。

　元の校舎に戻って学校生活を再開できるようになった学校では，これでやっと落ち着くと思われたが，逆に子どもたちの落ち着かなさが見られるようになった時期もあった。震災を思い起こさせるようなことで，急に不安になってしまう子どももまだ見られている。これも，時間が経ってから起きてもおかしくない反応なので，落ち着いて対応することが大切である。普段は平気そうに見えても，少し話すと震災の時の体験がこころに引っかかっている場合もある。ちょっとしたきっかけや思うように行かない時に，忘れていた嫌な思い出がよみがえることもある。そのような時，学校や家庭で身近なおとなが気づいて関わることで，不安な気持ちが自然に治まることは多い。SC が直接子どもと相談しなくとも，教職員や保護者から子どもの状態を聞き，対処法についてアドバイスすることで，落ち着いて対応してもらえることも多い。教職員や保護者に対してのコンサルテーションは SC の役割の中でとても大切なことである。コンサルテーションを行いながら，教職員や保護者の話を聞いて受けとめ，一緒に考えることが必要な場合もある。

　震災後はおとなも子どもも過敏になっていた。ちょっとした言葉で傷つき，すれ違うことも多かったと思う。落ち着いて話し合い，理解し合う気持ちの余裕も時間も少なかった。そのような時に，当事者のみの話し合いでなく，間に立つことで話が通じやすくなることは SC としてよく経験することである。先生と児童生徒，先生と保護者，児童生徒と保護者などの話に第三者として加わることで話がスムーズに進み，お互いの理解が深まり，解決策が見いだされることもあった。

　気になることがあったり，いつもと違う様子が見られたりする時など，SC にも気軽に相談できるよう，案内やたよりを出している。震災後はたよりも思うようには出せなかった時期もあったが，児童生徒や保護者から読んでいたと聞くと嬉しくなる。自分がしていることを見てくれている人がいるというだけでも，気持ちが変わるのだと感じる。

学校では教職員が子どもの様子に気をつけて見守りながら小まめに声をかけ，心配な様子があれば1人で抱えず，他の教職員と協力して対処し，心配な時にはSCと連携し，保護者にも相談をすすめて一緒に考えるという学校全体での取り組みが，震災後いっそう重要になっている。

V　連携とサポート

　校内だけでは十分に対処できない時には，医療機関や相談場所，適応教室など利用できそうな場を紹介することもSCの役割の一つである。子どもたちの問題は学校のみで解決を図るだけでなく，地域の資源を活用してサポートが必要な場合がある。もともと医療機関や相談場所が少ない地域では，専門的な相談へのつなぎが難しいが，SCはつなぎの役割も果たしている。とくに震災後は，地域の環境が大きく変わってしまった。子どもたちをサポートする地域の機能が十分に働かない状況もあった。医療機関も変わっているが，情報を把握するのも容易ではなかった。しかし，「こころのケアセンター」など新たな資源もできた。いろいろなサポートが必要な場合に児童相談所や市町村の保健福祉担当者，医療機関，適応教室，特別支援の巡回相談，支援アドバイザー，SSW，他のSCなど，地域の関係者と連携を取り，協力して取り組むことが増えている。

　震災後，福島県ではSCの追加配置があり，SCが配置される学校が増えた。他県から臨床心理士の派遣も行われ，派遣されたSCと支援先の学校などとの連携を図り，研修や情報交換を行うなど，他県の臨床心理士ともコミュニケーションを取りながらの支援が続いた。派遣されたSCに継続的に研修を行い，バックアップ体制を整えて支援を行ってくれた臨床心理士会もあった。支援をスムーズに行う上で，コーディネートやバックアップ機能が果たす役割はとても大きいと感じている。

　その後もSCは通常のSCとしての働きと，震災後の支援の役割を合わせて行っている。相双地域では地元のSCだけでは対応しきれず，県内外の他地域からのSCに頼らざるを得ない。地域での自主的な研修の機会や，情報交換の場があることは大切なことだと思う。福島県臨床心理士会や東日本大震災心理支援センターによる研修会も行われ，福島県のSCの連携や情報交換の機会となった。

　緊急時には自分で持っている情報だけでは対応しきれないことも多い。このような時に，チームで取り組むシステムやバックアップがあることは心強い。必要に応じて情報を聞くことや，自分では気づかない点に気づくこともできる。緊急

事態では，支援者も現場の雰囲気に影響を受けることもある。落ち着いて適切な対処をするためには，支えてもらうシステムを整えておくことは重要である。学校における緊急支援についてもこの地域だけでは対応できない状況である。福島県臨床心理士会とメンバーによるサポートにはとても助けられている。

個人としても，情報を聞けるネットワークや，自己を再認識できるようなスーパーバイズの機会を持つことは，的確な対処のために大事なことだと感じている。

VI　自分自身や地域の状況と課題

大震災後の自分や地域の状態を振り返ると，被った影響が大きく，その中で揺さぶられながら今に至っていると思う。

直後の混乱状態の中で一番必要だったのは居場所や食料，医薬品，燃料だったが，情報もとても重要だった。信頼できる情報がないとどのように行動すればよいかがわからず，不安に陥って混乱してしまう。緊急時に連絡できるような情報網や連絡方法を考えておくことも大切だと思う。

震災後は対応に追われ，限られたことしかできなかった。せっかくの申し出に応じられずに断ったり，他の人に引き受けてもらったりしたことも多かった。教職員も通常とは異なる事務仕事や雑用に追われていた。事務的な作業をスムーズに進められるような支援があることも大事であると思う。各地の自治体などからの支援も続いているが，日頃からの備えや連携があると心強い。

今回の震災では支援者も被災者であり，身近な人を亡くしたり，避難したりしながら支援する場合もあった。また，多くの人が多かれ少なかれ不安な気持ちを抱いていたと思う。安全が確保された状況での落ち着いた支援ではなかったが，このような事態も十分にあり得ることである。震災後早期に対応できたことは，それまでの基盤を生かして取り組んだことが多かった。日頃からの備えやつながりが緊急時にも生かされることを痛感している。

学校では校内だけでなく，さまざまな関係者との連携を図ることが増えてきたが，関わる人が増えてくるとその間をどのようにつなぐかというコーディネートの役割はますます重要になっている。支援をする側と受ける側の意識の食い違いから，せっかく支援しようとしても，うまくかみ合わないことも生じていたようである。

震災後の生活では，子どもたちは外遊びの機会や屋外での体育や部活動などで身体を動かしたり，集団の中で体験したりする機会が減り，通常は自然に身につ

くようなことが身につかず，集団としての力が十分に育っていないのではという心配がある。そのような面でもさまざまな支援を受けてきた。イベントも多く，おとなも子どもも新たな体験をする機会が増えている。人との出会いに励まされ，今までにない体験から身につくことも多いと思う。学校でも身体を動かす活動や学習面での支援も続いている。学校での心理的な支援として，クラス毎のメンタルヘルス活動など，集団に対しての支援も行われている。

　さまざまな支援を受けているが，同時に，自分たちのペースで普段の生活を取り戻すことにも目が向けられるようになった。家庭や学校や地域で，できるだけ通常の生活ができるようになるための支援も重要である。目の前の対応に追われた時期から，多少考える余裕が出てきたが，新たな課題も出てきている。

　相双地域でも避難指示が解除される地域が増えているが，いまだに多くの避難者がいる。子どもと親世代の避難者が多く，震災後の人材不足は深刻で，地元だけでは対応できない状況が続いている。とくに医療関係や福祉関係などで深刻であり，従事者の疲労蓄積も心配されている。熱心に関わって来た職員が，燃え尽きることもある。家族の多忙や不調が重なることも多い。震災の影響からの回復でも格差の拡大が心配され，子どもたちへの影響も懸念される。このような状況の中，教職員の負担もいろいろな面で続いている。

　放射線は低下してきているが，安全安心についてのとらえ方はそれぞれ異なっている。変化した地域の暮らしにも不安が伴う。不安緊張状態にもだいぶ慣れたと言え，消えてはいない。震災後はさまざまなストレスがあるが，家族や学校，地域の中でも状況や感じ方が異なり，気を使って話せないことも多い。

　教職員などおとなの研修会では，メンタルヘルス活動の一環として学級ミーティングの活動を取り入れて行うことがある。自分の状態をしっかりつかんで，工夫して過ごさないと，長期間にわたるこのような状況は大きなストレス要因となり得る。メンタルヘルスに気をつけて，互いにうまくサポートすることは大きな支えとなると思っている。

　「こころのケア」に対して震災直後から目が向けられたことは重要なことであると思う。けれども「こころのケアが必要」という言葉を聞いた時，「こころのケア」を受けなくてはならない弱い傷ついた存在というイメージが浮かび，つらい気持ちになったことも事実である。「こころのケアはお断り」という避難所もあったと聞いた。一方的な「こころのケア」に対する拒否感もあると思われる。しかし，避難の長期化に伴い，震災関連死が増え続けている。体調を崩す人も多い。

今後も息の長い支援が必要であることは確かである。

　SCも他の心理職も他地域からの支援者に頼る割合が高く，他地域からの支援がなければ，継続することはかなり難しい状況である。けれども他地域との交流があることで活性化されることも多く，全国から集まってくれた人にはとても助けられている。また，避難先の都道府県でもいろいろな支援や相談などのケアを続けてもらっている。避難先でとても良くしてもらい，助かったと言う人も多い。

　震災直後には避難所に出向いてのこころのケア活動を行ったが，その後の学校におけるアウトリーチ活動としては，家庭訪問やカウンセラーだよりなどによる啓発活動，適応教室や医療機関とのつなぎの他，SCや臨床心理士としての地域の会議や研修会への参加等がある。十分とは言えないが，このような機会は保護者や教育，保健，福祉，医療等の関係者と情報を交換し，連携して取り組むことができる大切な機会だと感じている。学校に地域の方々がいろいろな形で関わることも増えている。外部の方の協力で児童生徒と会って話せるようになることもある。医師が学校に出向いてきてくれることや，関係者が学校でチーム会議を行う場合もある。震災後はとくに，家庭も地域も複雑な状況や問題を抱えているため，学校だけでは対応できない課題が増え，アウトリーチ活動や連携の果たす役割は増している。どの機関も忙しく，連携がスムーズに行くとは限らないが，地域に出向いて行くことだけがアウトリーチではなく，学校を一つの拠点として地域が協力して取り組む場としてとらえることもできるのではないだろうかと考えている。

VII　今後に向けて

　震災後の混乱状態の中，先生方は「子どもたちにどう接すれば良いか，聞きたい」と声を上げていた。危機は人に立ち向かう勇気も与える。子どもを守らなくてはという気持ちから行動した親も多かったと思う。家族の中でも意見が分かれる場合もあったようだが，家族がそれぞれの道を選んでいた。友達と同じ学校に通いたいと家族と話して戻った子どももいた。家族の意見が合わずにつらい思いを感じながら，自分の思いや考えを伝えようとしていた。

　私もこの震災の経験を経て，伝えるべきことをしっかり伝えなくてはということを学んだ。時間も話す余裕もなく，伝え合えなかったこともたくさんあった。そこから生まれた行き違いもあったが，勇気を出して伝え合って考えることの重要性を再認識している。

震災後，子どもたちが全国各地に避難した学校があった。学校も避難したが，教職員だけが出勤してさまざまな対応に追われていた。通常，あたりまえのことだが，学校に子どもがいるということはとても大きなことだと気づいた。教職員は子どもがいるからこそがんばれるのだと思う。教職員を力づけているのは何よりも子どもの存在である。親にとってはもちろん，子どもたちがいるということが地域を元気づける。

　地域の変化により，学校の避難や帰還，統廃合が続いている。新たな学校も生まれた。地域の核である学校の変化は当分続くであろう。家族や学校，地域が受けたダメージから回復し，本来の力を発揮して落ち着いて生活できるようになるには，時間が必要であり，時期に応じた関わりも必要だと感じている。外部からのさまざまなサポートを受けながら，しだいに学校や地域が本来の機能を回復し，地元の人材や資源を生かして，再生する道を探すことが大切であると思う。

文　　献

福島復興ステーション（2015）避難者数の推移．
福島県（2015）東日本大震災に係る子どもの避難者数調べ．https://www.pref.fukushima.
　　lg.jp/sec/21055a/kodomohinansya.html
福島県教育委員会（2011）子どもの心のケアとサポートのために，Vol.1.
福島県臨床心理士会（2011）東日本大震災に際しての学級ミーティング．
福島県臨床心理士会 東日本大震災対策プロジェクト（2013）支援活動報告書．
文部科学省（2013）平成24年度非常災害時の子どもの心のケアに関する調査報告書．
日本臨床心理士会 東日本大震災心理支援センター（2013）東日本大震災心理支援報告研修会
　　―現地支援者の証言．
下田章子（2015）学校トラウマ―学級ミーティング．子どもの心と学校臨床，13; 41-50.
東京臨床心理士会（2013）東日本大震災支援活動報告書．
冨永良喜・しむらはるの（2011）かばくんのきもち．遠見書房．
冨永良喜（2012）大災害と子どもの心．岩波書店．

第12章
学校での被災地支援
子どもへの支援を中心に

渡部友晴

I はじめに

 筆者は東日本大震災の発災後，2011年5月から緊急派遣スクールカウンセラー（以下SCと表記）として活動し，同年9月からは現地に居を移して常駐型のSCとして勤務している。
 ここでは筆者の経験を基に，被災地の学校におけるアウトリーチ活動の実際について述べる。なお事例については，守秘の関係上，一部を改変して，あるいは複数の事例を組み合わせて再構成している。

II なぜアウトリーチか

 学校での被災地支援に，なぜアウトリーチ活動が必要なのか。大きく2つの視点から考えてみたい。

1．支援対象について

 東日本大震災では，多くの子どもたちが被災した。学区の半分以上が流された学校もある。家族や友達を亡くした子どももたくさんいる。迫り来る津波を目の前に，ぎりぎりのところで全員が避難した学校もある。校庭に仮設住宅が建っており，子どもたちが思いきり体を動かせない学校もたくさんあるし，仮設校舎を使用したり，他校に間借りして授業を行ったりしている学校もある。そう考えていくと，支援の対象となる子どもは膨大な数になる。震災後の生活を送ってきたという面で見れば，すべての子どもが多かれ少なかれストレスフルな状況にさらされている。ある意味，全員が支援対象とも考えられるのだ。
 そう考えると，SCは相談室に通ってくる一部の子どもだけを対象にするわけにはいかない。何らかの反応や症状が出ているか否かに関わらず，予防的な意味も

含め，すべての子どもに関わっていきたい。したがって，相談室から外に出ていく必要があるのだ。

2．物理的な状況について

　筆者が勤務する地域は，もともとSCに相談するという文化が薄い学校が多かった。特に小学校には，それまでSCという職種が入ったことがなかった。したがって相談室などというものはそもそも設置されていない。また，たとえ設置されていたとしても，大量の支援物資を保管する倉庫として使われていたり，間借りする学校があることによる教室不足のため別の用途で使われていたりすることもあった。

　そういった状況であったため，物理的な意味でも，アウトリーチ活動を行う必然性があった。子どもに関わるためには，とにかく動き回る必要があったのである。

Ⅲ　事例を通して

1．サイクリング・カウンセリング

　筆者がはじめて被災地の学校に入ったのは，発災から2カ月あまりが経った2011年5月のことであった。その地域のことを何も知らない筆者に，その学校の校長先生は，まずは学区をぐるっとまわってくることを勧めた。

　筆者は勧められるままに，支援物資の自転車を借り，A先生とともに学区をまわった。A先生は筆者を案内しながら，学区の被災状況などを説明してくれた。そして遠慮がちに，震災後の生活についてぽつりぽつりと語った。

　あとからわかったことだが，この時筆者に学区めぐりを勧めたのは，先生方の疲労を案じての校長先生のはからいであった。

　被災地での最初のカウンセリング的な関わりが，学校の外で行われたことに，何か不思議な縁のようなものを感じる。相談は相談室のなかだけで行われるものではない。

　A先生にとって話しやすい場所は，学校のなかではなく，そこから少し離れた場所だったのだろう。校内の激務から一瞬離れたことと，屋外という開放的な空間であったことが，A先生の気持ちをほぐしたのかもしれない。

　ちなみに筆者は，当時の記録に，「サイクリング・カウンセリング。略してSC」

と得意気に記載していたが，サイクリングの頭文字がSではないことに気づいたのは，だいぶ後のことであった……。

2．遊びの意味

　ある小学校での休み時間。筆者は4年生の子どもたちに誘われ，校庭で鬼ごっこをすることになった。はじめに鬼になったのは，運動があまり得意でないBさん。なかなかタッチすることができないでいたBさんが，ふと筆者に狙いを定めた。筆者は本気で逃げるそぶりを見せながら，足がもつれたふりをして，Bさんに捕まった。Bさんはとても嬉しそうにニコッと笑った。

　その後，鬼は何度か入れ替わり，俊足自慢のC君が鬼になった。C君は筆者に勝負を挑んでくる。SCは巧みなフェイントを入れながら本気で走り，C君から逃げ切った。C君は悔しがりながらも，「次も鬼ごっこやろう！　絶対に捕まえるから！」と笑顔で宣言した。

　特に小学校で勤務するSCは，子どもとよく遊ぶ。これは何も，子どもたちとの関係づくりのみを目的にしているわけではない。むしろ，遊びのなかにセラピー的な要素を盛り込み，遊び自体がカウンセリングと同じような目的をもつようにしているのである。特に被災地では，校庭に仮設住宅が立っていたりする影響で，子どもたちが思いきり遊べる機会が少なくなっている。そこで，限られた時間や場所のなかで思いきり発散させることはもちろん大切なのだが，さらに子どもたちが達成感や満足感を得られるような体験を持つことができれば，その遊びはなお意味があるものになる。そのために筆者は，たとえば鬼ごっこなどで，どの子どもにいつ捕まるか（あるいは捕まえるか）ということをできるだけコントロールしながら，子どもたちにポジティブな体験を提供することを心がけている。専門的な遊戯療法を勉強したわけではないが，一回の遊びが，一回のカウンセリング以上の意味を持つように，ということを常にめざしている。

3．ドラえもんはネズミがきらい

　ある小学校にて。1，2年生を対象に，「こころの授業」を筆者が行うことになった（表1）。顔じゃんけん（阿部，2013）などのワークをしながら場を和ませたあと，筆者は子どもたちに問いかけた。〈ドラえもんの嫌いなもの，知っているかな？〉するとすかさず「ネズミ！」と返ってくる。〈じゃあ，ドラえもんはなん

表1　ドラえもんで学ぶトラウマ反応とその対処　授業案

	内容	発話の例 ★ワーク，リラクセーションの例	備考
導入	・授業の目的 ・アイスブレーキング ・起こりうる反応と対処法	・みんなが自分のこころとからだについて知り，毎日を元気に(※)過ごすための授業です。 ★全身じゃんけん ・今日の授業の中で，嫌なことを思い出してドキドキしたりすることが起こるかもしれません。それは誰にでも起こるあたりまえのことです。そういう時は，肩の力を抜いてリラックスしたり，近くの先生に声をかけたりしてください。 ★肩の上げ下げ，深呼吸など	※「元気に」の所は，「いきいきと」「健康に」など，状況に応じたしっくりくる言葉で。 ☆緊張を和らげつつ，ちょっとがんばるぞ，という雰囲気を作る。
展開①	<u>トラウマ反応，ストレス反応</u> 【大変なことがあった後の心身の反応について学ぶ】 ドラえもんの場合 ・ねずみを見ると驚いて逃げ出す(過覚醒) ・ねずみの夢を見て飛び起きる(再体験) ・ねずみのいる場所には近づかない(回避) ・自分が悪かったのでは，と思う(マイナス思考) →これらは自分の身を守るために起こるあたりまえの反応。 ・日常ストレス	・今日はゲストを呼んでいます。 ・ドラえもんの好きなもの，嫌なものは何かな？ ・ドラえもんは何でネズミが嫌いなのかな？ ・耳をかじられた後，ドラえもんのこころとからだにはどんな変化があったかな？ ・みんなにも似たようなことはないかな ・普段の生活の中でも，ストレスを感じることがあるかもしれません。 ・どんなときにストレスを感じるかな	・ドラえもんの絵を黒板に描いたり，教師が着ぐるみを着て登場したりするなどの方法も。 ☆楽しみながら学ぶ。

展開②	対処法 【ストレスへの対処法について学ぶ】 ・対処法の基本は3つ。 ①リラクセーション ②話を聞いてもらうこと ③趣味や楽しいこと	 ①リラックスの方法を練習してみよう。 ★顔じゃんけん ②誰に話を聞いてもらいたいかな？ →みんなの周りには、味方になってくれる人がいっぱいいるね。 ★先生じゃんけん ③ドラえもんはどら焼きがあればハッピーになれるよね。みんなにとってのどら焼きは何かな？	
まとめ	・ねぎらい ・リラクセーション ・切り替え ・まとめ	・みんなよくがんばってこころとからだについて勉強しました。がんばったあとは、少しリラックスしましょう。 ★背伸びなど ★マッスルじゃんけん、居眠りじゃんけんなど ・何か気になることがあったら、いつでも話しに来てください。	 ☆楽しいワークなどを入れ、雰囲気を切り替える。

でネズミが嫌いなんだろう？〉「耳をかじられたから！」〈そうだね。じゃあ，耳をかじられたあと，ドラえもんはどんなふうになっただろうか？〉といったやりとりを重ねながら，トラウマ反応について学んでいった。

この授業のテーマは，「ドラえもんで学ぶトラウマ反応とその対処」である。だいたいの授業の流れは表1のとおりである。ドラえもんがネズミに耳をかじられ，ネズミが怖いというストーリーは，小学校1年生でも知っている。また中学生にとっても懐かしさと親しみを感じる話である。そのストーリーを利用しながら，トラウマ反応は誰にでも起こりうることや，それには対処する方法があることなどを学んでいく。

この授業のほか，さまざまなテーマの授業を筆者は行ってきた。対象も小学校1年生から高校生まで，幅広い年代である。こうした授業を，筆者は大きく2つのグループに分けて整理している。ひとつは「セルフコントロール」，もうひとつは「ソーシャルスキル」である。前者には，ここで挙げたトラウマ反応のほか，日常生活ストレス，リラクセーション，メンタルトレーニングなどが含まれる。後者は，コミュニケーション，アサーション，仲間づくりなどといった内容である。このセルフコントロールとソーシャルスキルを合わせたものが，「コーピングスキル」，つまり状況への適応力である。

発災から5年が経ち，復興が進んでいる面ももちろんあるが，真の復興へはまだまだ遠い道のりである。仮設住宅での暮らしをはじめとして，生活上のストレスはただ続くばかりではなく，むしろ蓄積されていくようにも感じられる。そうした状況へのコーピングスキルを高めることは，中長期的な支援を考えるうえで，大変重要である。それはすでに生じているストレスへの対処だけでなく，予防的な観点も含めて考えることが大切である。

4．お坊さんあらわる？

2011年6月，筆者はある中学校を初めて訪れた。挨拶もそこそこに，ある体育の先生から，試合前など緊張したときの対処法を生徒に教えてほしいと頼まれた。いわゆるメンタルトレーニングのような内容である。もちろん快諾すると，さっそく生徒たちに紹介された。「京都から来てくれた渡部さんです」

筆者は動作法を勉強してきたので，緊張対策はそれを応用したものを行うことが多い。生徒たちと一緒に，あぐら坐りで前屈などのリラクセーションを行い，

続いて背中をまっすぐ立て，からだに軸をつくるような姿勢をとった。するとどうしたことか，生徒たちは筆者のほうを見ながら拝むようなポーズをしはじめた。筆者も何だかよくわからないまま，「合掌！」と言ってみたりもして，おごそかさと和やかさを持ち併せながら時間は流れていった。

　筆者は当時，坊主頭であった。当時はいろいろな職種の人たちが学校の支援や慰問に訪れていたこともあり，「京都から来た」「坊主頭」ということで，生徒たちは筆者のことをお坊さんだと思ったのであろう。

　授業や部活動などで，メンタルトレーニングのようなことをやってほしいと頼まれることがある。もちろん受けるのだが，これは単にメンタルトレーニングとしてだけではなく，災害後の心理支援としても意味があるからである。メンタルトレーニングと災害後の心理支援には，共通の要素がある。心理教育とリラクセーションである。心身に起こりうる反応について知り，そのコントロール法を身につけること。したがって，名目上はメンタルトレーニングをしていながら，実は災害後の心理支援も併せて行っているのである。

　なお，学校現場で経験的に感じることとして，「こころのケア」や「リラックス」という名称よりも，「メンタルトレーニング」のほうが，教員にも子どもたちにも，圧倒的に受けがよい。学校の文化にフィットするのであろう。それを利用して，こちらからメンタルトレーニングを売り込んでいくこともまた有効である。

　ところでこの「お坊さん」の例はさすがに極端かもしれないが，子どもたちから見れば，こちらが何の職種であるかは，大して重要なことではないのかもしれない。筆者は実際，ある小学生から「渡部さんって，仕事は何しているの？」と訊かれたことさえある。

　もちろん，心理職としての専門性を否定するつもりはない。それは十二分に発揮しつつ，特にアウトリーチ活動に際しては，あえてそれを表に出さないほうが，かえって自然に動けることもあるかもしれない。

5．音楽を通して

　ある小学校では，震災後，毎年3月11日を前にして，全校集会が行われている。それは，節目を前にした心の整理や，自分自身の成長の確認，そして共に乗り越えていく気持ちの共有，さらには未来へ向けての語り継ぎなどを目的としたものである。

学校からの依頼があり，筆者もその集会に参加することになった。子どもたちの様子を注意深く見て，何かあればすぐに対応することができるように，という意図での依頼であった。さらにもう一点，学校から頼まれたことがあった。それは，暖かく落ち着いた雰囲気を作るために，子どもたちの入場時にピアノを演奏してほしい，というものであった。筆者はその意図を汲んで曲を選び，心をこめて演奏して子どもたちを迎え入れた。

またこの学校では，D先生との共同の企画で，子どもたちと一緒に歌を作るということも行われた。この小学校にこれから入学してくる子どもたちのために，児童らが自分たちの体験を歌にして伝える，という趣旨の企画である。子どもたちが，自分たちの思いや，伝えたいことばを出し合い，それを基に，D先生が歌詞を作った。それに筆者が曲をつける。そうして出来上がった曲を，子どもたちが歌うのである。

アウトリーチ活動を行ううえで，カウンセラーとしての専門性以外の力が何か役に立つことが多いように感じる。相談室を出て，子どもたちの日常生活に近いところで活動するので，ある意味当然のことかもしれない。

筆者はピアノを弾き，個人的に音楽活動もしているので，その方面で子どもたちと関わることが多い。音楽は感情を扱うからか，あるいはひとつの表現活動であるからなのか，心理臨床と何かと相性がよいように感じる。音楽を通して子どもたちとの関わりが深まることがよくあるし，音楽をきっかけに面談が展開することも多い。

もちろんこれは音楽に限ったことではない。他の芸術分野でも，何らかの趣味でも，スポーツでも，何でもよい。心理の専門性にこだわらず，自分の武器を最大限に活かせばよいのだと思う。

6．体育の授業で

ある小学校にて。筆者は3年生の体育の授業を覗きに行った。体育館でなわとびをしているのだが，一人，ステージに座って見学している子どもがいた。Eさんである。聞くと，頭が痛いため見学しているとのこと。筆者はEさんの隣に座り，何気なく世間話などをしていた。筆者が〈いつ頃から頭が痛いの？〉と訊くと，Eさんは「昨日」と答えた。昨日は夕方に比較的大きな地震があったことを筆者は思い出す。Eさんはとてもドキドキして，夜も怖くて眠れなかったそうで

ある。筆者はEさんの話に丁寧に耳を傾けながら，怖いのはおかしいことではないと伝えた。また，そういった時の対処法について，Eさんと一緒に考えていった。

　筆者は面談などが入っていないときは，できるだけ教室をまわり，授業の様子を見させてもらうようにしている。それは子どもたちの様子を観察するという目的もあるが，同時に，子どもたちとの関わりのチャンスでもあるからだ。そういう意味では，体育や図工・美術など，技能教科のほうがその機会は多い。そうした場合，邪魔にならない範囲で授業の手伝いをするなどしたほうが，自然な形で子どもと関われることが多いように感じる。
　時にこのEさんの例のように，その場で面談のような形に発展することもある。体育の授業を見学している時などは，他の子どもたちと一緒の場所にいるとはいえ，話している声はほとんど届かないため，むしろ話しやすいこともある。他の例では，マラソン練習中に並走しながら相談を受けたこともあるし，校庭の隅のベンチに座って，部活動の様子と沈む夕日を眺めながら話したこともある。視野を広げてみると，相談室の外にも相談を受けやすい場所はたくさんある。

7．空気感，呼吸

　ある中学校にて，発災から3年ほどが経ったある日のこと。学級になじめないと普段から訴えているFさんが，腹痛のため授業に出られないとのことで保健室へ。養護教諭からの依頼で，筆者が対応することにした。Fさんは椅子に座ってうつむいており，筆者を一瞥すると再び下を向いてしまった。
　保健室にはひんやりとした空気が漂っていた。Fさんの持つ緊張感が，その空気を作っているようにも思われた。そこで筆者は，無理に話しかけることはせず，その空気感に自分をなじませるようなつもりでその場に居続けた。そして，Dさんの呼吸のタイミングを感じ取り，自分の呼吸をそれに合わせるようにした。
　20分ほどが経過して，Fさんの目から，涙がほろりとこぼれた。そしてFさんは，震災後，変わってしまった自分の家庭について語り始めた。ちょうど休み時間になり，他の生徒が保健室にやってきたこともあり，話の続きは相談室に移動して聴くことにした。

　相談室を出ると，保健室や教室，そのほかさまざまな場で子どもと関わること

になる。それぞれの場には，それぞれの空気感がある。その場がもともと持っている空気感に，そこにいる人が作る空気感が合わさって，その時その場所での空気感がつくられる。筆者は，その空気感に自分自身をなじませることを大切にしている。イメージとしては，自分の細胞一つひとつを，その場の空気の成分にコミットさせていく感じである。その場にそぐわない人のことを，「異分子」と呼んだりするように，人間は細胞レベルで相手の存在を感じているのかもしれない。それゆえに，場の空気になじんでいない人に対して違和感を覚えるのではないか。

また，相手と呼吸を合わせるというのは，ミルトン・エリクソンが催眠誘導の時に行っていたというのをヒントにして始めたことであるが，やってみると，これがなかなか効果的である。Fさんのように，面談に入る前の関係づくりの段階でも使えるし，面談中にもたびたび用いている。文字通り，息を合わせる作業である。

8．表現活動にて（渡部，2012）

ある小学校では，震災から1年後の3月11日を迎えるにあたって，心の整理をつけるための表現活動として，「一年をふりかえって」というテーマの全校文集をつくるとりくみがなされた。8月半ば，作文を書く当日には，筆者も同席し，リラクセーションのサポートに入ったり，学級をまわって子どもたちの様子を見守ったりした。

放課後，ある学級の担任の先生が，目を赤くしながら筆者に話しかけてきた。Gさんの作文を読んでほしいという。その作文を読んで，筆者も思わず涙した。そこには，母を喪った悲しみと，母に見守られながら生きていく決意とが，切々とつづられていた。担任は「表現活動をやるまではとても心配だったけれど，やってみて本当によかった」と語った。

筆者は後日，作文を読んだ旨をGさんに伝え，母を思う気持ちがしっかりと感じられたこと伝えた。Gさんは微笑んでうなずいた。

冨永（2012）が述べているように，表現活動は，災害後の中長期対応において非常に重要な意味をもつ。それは体験をふりかえり，心の整理をつけることのほか，防災意識の高まりや，いわゆるPTG（Post Traumatic Growth；災害後成長）と呼ばれる成長にもつながる活動である。さらに，体験を共有することや，語り継いでいくことなど，さまざまな広がりが期待される活動でもある。もちろん，た

だ表現させればよいわけではなく，子どもや学校の実態に応じた適切な配慮がなされなければならない。

こうした表現活動にSCとして関わることも，被災地の学校におけるアウトリーチ活動の重要な要素である。

9．避難訓練にて

発災から2年が過ぎた頃。ある小学校で，地震とそれに伴う津波を想定した避難訓練が行われた。震災を思い出してドキドキしたり怖くなったりする子どもが出てくることが想定された。そこで担任らと筆者で相談し，事前に子どもたちに丁寧に予告をしておくことにした。その際，そうした心身の反応が出ることはおかしなことではなく，そのような場合は深呼吸をしたり近くの先生に声をかけたりするようにするとよい，ということも併せて伝えた。

訓練では，泣き出したりするような大きな反応は見られず，全員が落ち着いて高台まで避難した。校長先生からの講評が終わった後，筆者は全校児童に向けて話をする時間を作ってもらった。〈ドキドキしたり怖くなったりした人？〉と問いかけると，わりと多くの児童が手を挙げた。そこで改めて，そうなるのはおかしなことではないことを伝えた。そして，全員でリラクセーションを行い，心身の切り替えの時間を持った。

避難訓練は，命を守るために必要なとりくみである。だが一方で，それは震災の記憶をよみがえらせ，恐怖感を起こさせるものでもある。こころの授業でそうした反応や対処法について学んでいるとはいえ，怖いものは怖い。そこで，子どもたちが安心して訓練に取り組めるように，事前の予告やリラクセーションの実施など，さまざまな配慮が必要になる。そうした配慮については，法澤（2013）などに詳しい。

なお，実際に地震が起こったり，津波注意報や警報が発表されたりした時に，こうした対応が必要になることもある。当然，事前の予告がない分，子どもたちは動揺する。学校という安全な場所にいるとはいえ，家族と離れている不安感もあり，時には泣き出す子もいる。常にそうした恐怖や不安と隣り合わせという意味では，被災後というよりは被災中であるといえるかもしれない。したがってSCとしても，学校中を走り回りながら，子どもたちの反応をキャッチし，先生たちと連携して対応する必要がある。まさに今ここでのアウトリーチ活動が求められる

場面である。

10. 24/7カウンセラー

　ある日の夕方。勤務を終えた筆者が，近所のスーパーで買い物をしていると，ふいに「わたべさーん！」と呼ぶ声が聞こえた。振り返ると，鮮魚コーナーの向こうのほうから，小学生のH君が駆け寄ってきた。「何買うの？　納豆？」と買い物かごを覗きこむH君に，筆者は苦笑しながらも，以前は落ち込んでいることの多かったH君がだいぶ元気を取り戻した様子にホッとした。筆者はH君の母親とも挨拶を交わした。そして親子の後ろ姿にこの家庭の守りの強さを感じながら，買い物を続けた。

　大学で習った臨床心理学の授業では，「カウンセラーは，街でクライエントに会っても，こちらから挨拶したりはしない」と教わった。それが一般的な，あるいは都会モデルでのセオリーなのであろう。
　だがここでの活動では，そんなセオリーは通用しないこともある。買い物ができる店も限られているため，上述のようなことが頻繁に生じる。ある学校の先生が，別の学校の生徒の保護者であることもよくある。筆者の住むアパートの場所を知っている子どももいる。地域の中で暮らしながら活動するというのは，そういうことなのだ。
　こうした状況に，当初は戸惑ったものだが，むしろそれをうまく利用しない手はない。生活のすべてで，SCとしての関わりのチャンスがあるのだ。学校の外でも，勤務時間外でも，大げさに言えばすべての瞬間がアウトリーチ活動である。そこで最近では，「24/7（twentyfour-seven）カウンセラー」という心構えで過ごすようにしている。24時間，週7日，いかなる状況においても，SCとしての関わりができるチャンスがある。そう肝に銘じていたいものである。

IV　おわりに

　筆者は被災地に入るまで，SCとしての経験はなかった。それまでは，中学校での教員と，主に医療保健分野での心理士として働いてきた。したがって学校での職員の動きや時間の流れについて大まかなイメージを持ててはいた。また，一般的なSCとしてのセオリーのようなものをあまり知らないまま仕事に入った。さらに，デイケアなどでの経験もあったため，いわゆる面接室以外での仕事のしかた

にもある程度のイメージをつかんでいた。そうした土壌があったうえで現地に入り，その場その場でのニーズを感じ取りながら，臨機応変に動き続けてきた。感じながら動き，動きながら感じる。それが筆者の基本姿勢であった。

筆者は実のところ，自分の動き方がアウトリーチだと考えたことは今までなかった。相談室での面談ももちろん大切にするが，それと同じくらい，相談室の外に出て行う活動に意味があると信じて，あたりまえのようにやってきた。

筆者と同じように被災地で働くある SC は，「相談室にいるだけでは，仕事にならない」と言っていた。筆者も同じ感覚を持っている。これは少し角度を変えてみると，たとえ「相談室にいるだけで，十分に仕事になっている」としても，「相談室を出てみれば，もっと仕事になる」という可能性を示唆しているのではないか。したがって，いわゆる通常の心理臨床活動においても，アウトリーチ活動の展開の可能性が広がっていくのではないだろうか。実際に，今回とりあげた事例のなかでは，被災地での活動でなく通常の SC 活動でも共通するような場面がみられるし，実際に同じような動き方をしている SC も多いであろう。

結びに，被災地の現状について言えば，東日本大震災の発災から 5 年が経ち，震災のことが話題に上がることも少なくなっているかもしれない。しかし現地では，蓄積する日常生活ストレスをはじめとしたさまざまな問題は生じており，心理支援のニーズはむしろ高まっているようにも感じる。中長期的視野に立った，息の長い活動が求められている。

文　献

阿部昇（2013）全身じゃんけん・顔じゃんけん（DVD）．In：一般社団法人社会応援ネットワーク編：こころのサポート映像集．一般社団法人社会応援ネットワーク．
法澤直子（2013）心のケア付き避難訓練―東日本大震災の被災地でのある小学校での取り組みから．日本ストレスマネジメント学会第 12 回学術大会抄録集，p.45.
小俣和義編（2013）こころのケアの基本．北樹出版．
髙橋哲（2009）心のケアの今日的課題．In：杉村省吾・本多修・冨永良喜・髙橋哲編：トラウマと PTSD の心理援助．金剛出版，pp.25-39.
冨永良喜（2012）大災害と子どもの心．岩波書店．
渡部友晴（2012）悲哀（自然災害等の死別）の事例．子どもの心と学校臨床，7; 66-76.
渡部友晴（2014）東日本大震災で被災した地域におけるスクールカウンセラー活動，3 年間のあゆみ―震災後の心理支援を問い直す．外来精神医療，14(2); 14-18.

第13章
DVへの支援

米田弘枝

I　DVの理解

1．定義

「ドメスティック・バイオレンス（Domestic Violence）」は，配偶者や恋人等の親密な関係にある，またはあった者から振るわれる暴力という意味で使われる。

「配偶者からの暴力の防止及び被害者の保護に関する法律」（平成13（2001）年4月制定）は，前文で，

- 配偶者からの暴力は，犯罪となる行為をも含む重大な人権侵害であるにもかかわらず，被害者の救済が必ずしも十分に行われてこなかった。
- 被害者は多くの場合女性であり，経済的自立が困難である女性に対して暴力を加えることは，個人の尊厳を害し男女平等の妨げとなっている。
- この状況を改善し，人権の擁護と男女平等の実現のためにこの法律を制定，配偶者からの暴力に関わる通報，相談，保護，自立支援等の体制を整備する。

と記されている。

「暴力」とは，「配偶者からの身体に対する暴力（身体に対する不法な攻撃であって生命又は身体に危害を及ぼすものをいう）又はこれに準ずる心身に有害な影響を及ぼす言動をいう」

「被害者」とは，配偶者から暴力を受けた者をいう（同法第1条）。

平成16（2004）年6月改正において，保護命令の対象を元配偶者に拡大，被害者の子への接近禁止命令制度の創設や退去命令の期間が延長され，平成19（2007）年7月改正では，生命・身体に対する脅迫を受けた被害者も保護命令の申し立てができ，裁判所は被害者に対する電話・電子メール等も禁止する命令を発することができ，被害者の親族等も接近禁止命令の対象となった。平成25（2013）年6月26日の改正において，「配偶者」には，婚姻の届出をしていないが事実上婚

姻関係と同様の事情にある者を含み,「離婚」には,婚姻の届出をしていないが事実上婚姻関係と同様の事情にあった者が,事実上離婚したと同様の事情に入ることを含むものとなり,名称も「配偶者からの暴力の防止及び被害者の保護等に関する法律」と変更された。

DV被害者支援とは,親密な関係にある男女間の「人権侵害」への支援である。

2．統計的実態

「男女間における暴力に関する調査」(内閣府,2015)によると,これまでに結婚したことのある3,544人(女1,811,男1,733)について,身体的暴行,心理的攻撃,性的強要のいずれかを一つでも受けたことが『何度もあった』人は女性9.7％,男性3.5％,『1,2度あった』人は女性14.0％,男性13.1％であり,一度でも暴力があった人は,女性23.7％(4人に1人),男性16.6％であった。また,命の危険を感じた経験は,女性11.4％(9人に1人),男性5.7％(1.6人に1人)であった。

配偶者から被害を受けたときの行動
- 別れたいと思ったが,別れなかった　　　　女性45.8％,男性28.9％
- 別れたい(別れよう)とは思わなかった　　女性36.4％,男性51.2％
- 相手と別れた　　　　　　　　　　　　　女性10.8％,男性5.2％

別れなかった理由
- 子どもがいるから,子どものことを考えたから　女性65.8％,男性59.0％
- 経済的な不安　　　　　　　　　　　　　　　女性44.7％,男性14.8％
- 相手が変わってくれるかもしれないと思った　　女性19.7％,男性19.7％

その他,世間体を気にした,相手が別れることに同意しなかった,これ以上は繰り返されないと思った,周囲の人に別れることを反対された,相手には自分が必要だと思った,相手の反応が怖かったとなっている。

3．なぜ逃げないか

4人に1人が暴力を受け,9人に1人が命の危険を感じながらも,子どもや経済的不安が,離別への大きな足かせとなっている。結婚生活が長くなるほど,繰り返される暴力により,長期反復型のトラウマ被害が形成され,加害者からは離れられないものとの前提で対処し,現実認知を歪めて生活している。さらに,夫と

の離別は，自らの歴史，夫を伴侶として選んだ自分を否定することにもなり，失うものの大きさを考えて同居を選択する場合もある。「結婚した以上離婚はするべきでない」「妻は夫に従うべき」「離婚歴がある」など，本人自身の結婚観や意思も影響する。

Walker（1979）は，Seligman, M.E.P. による，学習性無力感の概念と，バタードウーマン（暴力被害女性）の行動が酷似しており，「無力を確信すると無力になっていく」ことを示した。また，日常的な恐怖心から身を守る方法として，力のあるものに同一視するストックホルム症候群や，力の格差と間歇的虐待が，トラウマティック・ボンディングと呼ばれる関係性を形成しやすいこともあげられる（Dutton, 1995, 2006）。

4．加害者について

Walker（1979）は，暴力被害女性の面接から，加害者の暴力には3相あることをみいだし，暴力のサイクル理論を提唱した。第1相，緊張の高まりの時期，第2相，激しい虐待の時期，第3相，優しさと悔恨・愛情の時期が繰り返される。その後，この研究では夫による権力と支配の構造が見えてこないとし，1984年，米国ミネソタ州ドゥルース市において，DV介入プロジェクトが組織され，被害女性たちの声をもとに，暴力を理解する理論的枠組みとして「パワーとコントロールの車輪」モデルが提唱された（波田，2004）。

これに対し，Dutton（1995, 2006）は，「大多数の男性は，結婚生活において暴力は振るわず，繰り返し暴力を振るう人は4％に過ぎない。同じ文化にあっても暴力を振るう人と振るわない人がいる。また，女性から男性への暴力を説明できない」としてフェミニストモデルを批判，成育家庭における虐待の影響を示した。アメリカで加害者更生に関わってきた事例の研究から，30％は周期的に感情を爆発させる虐待者，40％は反社会的人格障害，30％は過剰にコントロールされたタイプであるとし，加害者の生育家庭における，父親からの虐待，母親からの不適切な養育および，暴力の体験による学習効果の要素が組み合わされると，虐待的パーソナリティが生み出されることを示した。HarwayとO'Neil（1999）は，女性を抑圧し，差別するすべての制度的構造が，男性によって内面化されると，それらはまた，女性に対する暴力を通じて外面化されるようになる。生物学的リスク要因，心理学リスク要因，社会化のリスク要因などが複雑に相互作用するとの多変量モデルを提示している。暴力は，社会的背景に加え，生活歴や学習，スト

レスなどの多くの要因の組み合わせであるとする。ただし，暴力のリスクのみならず，保護因子，すなわち，個人の資質，個人的資源，知能の高さ，経済的地位，自己効力感，愛情深い両親など，逆境に直面した時に，個人的統合感，有能感を維持する能力を積極的に使えるかどうかがカギとなってくる。

面接時に被害者から聞き取った加害者像においても，成育家庭における虐待または不適切な養育が語られることは多く，親密な関係者を得て，暴力を振るっても離れていかない（離さない）安心感・所有感のある相手に対し，子どものころに得られなかった愛情や承認欲求を満たそうとしているかに見えることは少なくない。

外面がよく，外では立派ないい人を演じられるということは，やっていいこととよくないことをわかっているということであり，パートナーに対しては，犯罪行為であっても許されるとして，使い分け，選択している。親密な相手を支配することによって，自分を維持統合しているのかもしれない。小西（2001）は，「共感性の欠如，情緒の不安定，著しく不安定な対人関係と，見捨てられないための常軌を超えたふるまい，男性中心主義の価値観，被害を過小評価，否認，自己中心的などが共通してみられる」という。

また，広沢正孝（2010）は，「愛情がない・冷たい人。家族を人間としてみていない，言うことがころころ変わる，真剣に話を聞かない，基本的に会話にならない，ともに何かをすることがない」などをアスペルガー障害の行動特徴としてあげている。このような加害者も少なくない。

II 精神的被害

1．被害を受けるプロセス

第1段階

結婚後に，配偶者の病理や行動特徴に気づき，当初は抵抗し，避難もするが，暴力後の謝罪は，変化への期待を抱かせる。相手には別れるつもりはない。まだ努力の可能性があるなら，どこで決断したらいいのか，もう少し様子を見ようという思いと，もうダメだとの思いが繰り返される。

第2段階

別れる決心がつかないままに，時間が経過し，争いにも疲れてくる。はじめは相手がおかしいと思えていたのだが，次第に，実は自分に原因があるのかもしれないと，自信がなくなってくる。この頃には，友人や親族との交流もうまくいかな

くなっており，判断の基準が夫だけになると，何が正しくて，何が正しくないのかわからなくなってくる。加害者は，被害者が怒らせるようなことをするからだと言う。次第に加害者と被害者が入れ替わる。そして，やはり自分が怒らせているのかなと自責の念を抱き，自己評価，自尊感情も低下する。実は，暴力は理不尽で，気分次第，機嫌次第で起きるので，妻が何か言っても，言わなくても，状況は変わらないのだが，次第に孤立し，無力感を抱くようになる。

第3段階
事態の改善のために，夫が変わらないなら自分が変わろう，夫が機嫌を損ねないように気をつけてみよう，少しでも楽しく過ごせる工夫をしてみようと努力をし，我慢すればいつかわかってくれるのではないか，いつか努力を認めてくれるのではないかと期待するのだが，努力すればするほど，状況は悪化する。顔色をうかがいながら，怒らせないようにびくびくするようになり，緊張し，不安で，眠れなくなり，食欲もなくなってくる。

第4段階　異常な事態への適応
圧倒的な力の差の中で，夫は変えられないとの前提で，自分の認知を歪めて，適応しようとするうち，視野が狭くなり，逆らうことは悪いことで，夫が黒と言えば白いものでも黒にせざるを得なくなる。恐怖による条件付けが強まる。不快なこと，おかしいことは，考えないように，忘れながら毎日を過ごす。結婚生活が長くなるほど，現実を客観的にみることが難しくなる。

2．被害の症状

加茂（2006）は，DV被害者の身体的健康被害として，慢性疼痛，消化器症状のほか，免疫の低下や，性病や性器の感染外傷などを挙げている。さらに，妊娠中のDV被害は，早産や胎児仮死，出産時低体重を引き起こすことのほか，精神健康被害としては，うつとPTSDがあげられ，PTSDは33〜84％，うつも37〜63％と高い率で診断されており，対処行動としてのアルコール依存や薬物依存，身体化も見られている。被害の特徴として，認知も混乱しており，診断の際には，広いスペクトラムで捉える必要性を指摘している。

1）PTSD
暴力被害者が苦しいとか悲しい顔をしているわけではなく，感情をどこかに置き忘れたように，淡々として無表情で涙も出ない。重篤な被害者がむしろ快活で，首を絞められたと笑いながら話すこともある。しかし，内面では，小さな物音にも

異常なほど驚き，今までの出来事を思い出そうとすると，頭は真っ白になり，動悸や冷や汗，不眠や悪夢に悩まされる。繰り返される暴力による恐怖のため，身体はいつも緊張状態であり，ふとしたきっかけで，恐怖の場面を再体験する（侵入・再体験症状）。考えないように，忘れてしまう，感じないように蓋をしてしまう（回避麻痺症状），神経が過敏になって戦闘モードになり，眠りにくく，寝てもすぐ目が覚める，イライラしやすい，集中力がなくなる過覚醒症状が繰り返される。

中でも麻痺症状は，DV 被害をとてもわかりにくくする。顔も見たくない，同じ部屋の空気も吸いたくない，殺意すら感じる。死んでもいいと思う気持ちと同じくらい，殺してしまいたいとも思う。しかし，そんな事態でも，逃げられない状況下では，現実を見ないように，聞かないように，感覚を麻痺させて自身を防衛する心の働きが起きる。苦痛を忘れながらの生活で，現実認知は歪み，暴力は過小評価される。

鎖でつながれているわけでもなく，鍵をかけられているわけでもないが，リモートコントロールされているように，夫の許可がないと何もできない恐怖心にとらわれている。

異常な事態に必死で適応してきた人にとって，この状況から抜けだすということは容易ではない。よほど大きな出来事がないと，人は限りなくがまんできるようだ。どこで限界と感じるのか，ここから 20 年も 30 年も結婚生活は続く。暴力の恐怖によるトラウマのケアの視点抜きに支援はない。

2）うつ

人格を否定され，自分が今までに築き上げてきた自信や，自尊心を失い，自己評価も低下，無力感，孤立感を抱く。自分に非があってこのような事態に至ったとの機能不全思考も生じ，自責の念を抱き，次第にうつ状態となる。

DV 被害者で最も多くみられる精神障害は，うつと PTSD であると言われているが，自殺の危険も高い（加茂，2005；吉田ほか，2005）。

この時期の精神健康調査についての先行研究によると（柳田ほか，2004），DV 被害を主訴として一時保護所を利用した女性 66 名（平均年齢 36.4 歳）に対し，入所時と退所時の 2 回，質問紙（IES-R；Impact of Event Scale-revised；22 項目，GHQ；General Health Questionnaire；28 項目版）による調査を実施した結果，GHQ 28 得点では，入所時得点平均 17.1 点，退所時 9.8 点。退所時有意に回復するものの入所時では 85％，退所時にも 65％がカットオフポイント（6 点）を超

えた。

IES-R 得点は，入所時平均 45.7 点，退所時 33.2 点で，退所時有意に改善するものの入所時得点では 79％，退所時にも 65％がカットオフポイント（25 点）を超えた。

M.I.N.I（The Mini International Neuropsychiatric Interview；精神疾患簡易構造化面接）では大うつ病 54.4％，PTSD 32.9％，自殺の危険 68.8％であった。

III　介入の必要性と心理教育，情報提供

1．DV に気づく

結婚という制度と重なると，暴力的支配の形がよく見えなくなる。

夫婦げんかのレベルではなく，暴力による人権侵害であるなら，支援者は介入しなければならない。無力化されていたり，本人の価値観や思い込みによって，支援を拒否する場合でも，根気強く DV の構造を伝え，繰り返される暴力被害の症状を具体的に説明することが必要である。同居する子どもにとっては，目撃自体が児童虐待に相当し，通告の対象でもあることも伝える必要がある。

DV であるなら，被害者は，理不尽に，加害者側の心の問題を押し付けられていた可能性がある。改めて，今までの結婚生活を見直してみると，おかしいのは加害者の方ではないのか。そうであるなら，加害者が，自分の行動の問題を自覚し，自ら改善のための努力をしていかない限り，変化への道は極めて困難である。

DV かもしれないと思うことによって，被害者が，自分の感覚は間違っていなかったと思うことが一つでも二つでも見つかれば，以前の元気だった自分を少しずつでも思いだし，状況を，冷静に，客観的に見直す力を取り戻していくことができる。

損なわれた心身の健康の回復には，時間がかかるし，恐怖心を克服することも容易ではない。しかし，できるだけ多くの情報を得，支えられながらであれば，進んでいくことはできる。今まで加害者の行動は変わらないとの前提で，自分自身の考え方を変えるという対処方法を選択してきたのではないか。背景に DV があるかもしれないとの視点を持つことで，解決の糸口が見つかる可能性がある。

2．心理教育

「心理教育」とは広く心理学の専門的に知識や対人関係のスキルを教授することを通して，個人の抱えている問題や今後起こりうるかもしれない問題に備えて，

よりよく豊かにするための教育である（青木，2008）。特にPTSDなどのトラウマ反応を呈した当事者の治療やケアについて有効であることは広く知られている（前田，2012）。PTSDに関する心理教育は，「PTSDにおける一般的な症状や，考えられる治療手段，予後について，現在識者の間でおおむねコンセンサスを得られている情報の提供をいう（岡野，2006）。治療者当事者間の信頼関係を構築し，治療やケアをより発展的に進めようとするものであり，当事者が知識を得ることにより，正しい知識を持ち，対処法を知ることは，回復のための重要な要素である。

1）PTSDの心理教育

強いストレスにさらされると，侵入・再体験症状，回避・麻痺症状，過覚醒症状が生じること，極限的状況における正常な反応であること，必要に応じて精神科治療を受けることが回復を早めることについて情報提供する。

加害者から，頭がおかしいから精神科に行くように言われていたり，離婚や親権を争う時に不利になる不安から精神科受診を希望しない人も少なくないが，正しい情報の提供が必要である。自分の症状が説明の中で明確になることは，安心感や信頼感につながる。

2）DVの心理教育

DVは配偶者の暴力的支配による人権侵害であり，妻が至らないためではないというDVの構造に関する認知の枠組みの提供および，DVによって発症している可能性のあるPTSD症状やうつの理解に関する情報提供を行う。

支援の課題としては，小西（2001）は「DVから抜け出るためには，もともとの構造自体に問題があることを被害者は知る必要がある，暴力から逃れるために最初に必要なものは『情報』であり，話を理解してくれる人がいる，生きていく方法がある，このような被害者が自分一人ではないと知ることが最も大事なことである」と述べ，心理カウンセリングにおいては，①自責感の軽減：自分に非がある，相手を捨てた，こうなってみんなに迷惑をかけた，②喪失への対処：生きる意味，失ったものの大きさとそのダメージを認めること，悲嘆のプロセスを丁寧にふむことが大切，③認知や思い込みの修正が必要としている。

2．価値観の提示と情報提供

DVの被害者と加害者を前に支援者が中立を保とうとすることは，犯罪行為による被害者を，「被害者」とは判断しないということを意味する。被害者にとって

は，支援者は加害者側に加担しているとしか思われず，二次被害という危害を加えることになる。

　犯罪行為を許してはならないとの立場を明確に出し，積極的に価値観を提示しなければ心に届かない。支援者は，「暴力は犯罪行為であり，暴力は振るってもふるわれてもいけない」との認識をもち，本人の持つ回復力，レジリエンスに焦点を合わせた支援が必要である。

　DV法では，発見者の通報努力義務（第6条）が記されており，医療関係者は本人の意思を尊重しつつ，刑法の秘密漏示罪に妨げられることなく通報でき，情報提供しなければならないと定める。しかし，尊重すべき本人の意思は，疲弊し，混乱している状況を客観的にながめる視点を提供することが大切である。

3．なぜ戻るのか

　必死の介入にもかかわらず，夫の元に戻る時には，支援者は，無力感や陰性感情を抱く。暴力から避難し，助けられた人が，元に戻るとは理解しにくい。支援者は助けてよかった，被害者も助けられてよかったと思うはずだと考える。そうならない事態に，支援者も戸惑う。しかしこれが被害の症状である。異常事態に長期間適応してきているので，よほどの大きな事件がないと，離れるきっかけがない。しかし，大きな事件後に避難したとしても，恐怖による条件づけの後遺症は重く，もとに戻らなければならない思いにとらわれる。

　直後は怒りで一杯でも，時間が経つうちに，次第に自分が怒らせたような気がしてくるし，相手のことが心配になる。被害届を出すように警察から勧められても，相手は，身内である夫で，子どもの父親である。そう簡単に犯罪者にするわけにはいかない。

　被害届を出したら，相手はどのくらい怒るか，そのあとが怖い。自分に非がある方が，事態を事を荒立てずに済む。長期にわたる暴力により，心身ともに，犠牲になることに適応しているので，行動の変容は容易なことではない。

　新しい生活は新たな危険の始まりでもある。離婚後の殺人事件は後を絶たない。

　追及の不安，生活の不安，子育ての不安，母子家庭という烙印，離婚調停や裁判の負担，新たなこの苦労と前の苦労をはかりにかけた時に，前の方が楽だと思うことがあっても非難はできない。

　さまざまに心が揺らぐのは自然なことである。加茂（2006）は，自立のための仕事，教育，子どものケア社会的サポート，援助資源の不足が大きいことを挙げ

る。
　戻ることも被害の症状として捉える必要がある。

Ⅳ　回復への支援

　支援者は，人権の侵害に敏感に気づき，「人には，自分で，考え，感じて，行動を選択する権利があること，夫婦といえども，支配はしてもされてもならないこと，ここまでよく頑張ってきたこと，心の健康があったからこそ今日に至っていること」を何度でも繰り返し伝え，自分の中の肯定的な面を思い出し，自分に対する自信を取り戻していく過程に寄り添う支援が必要である。

　村本（2007）は，DV 被害者支援では，どのフェーズにあっても援助のキーワードは，エンパワメントであるという。

　面接室内にとどまらず，DV に関する法や制度の知識を持ち，専門機関の情報，一時保護の利用方法，生活の支援，保護命令の申し立て，離婚の手続き，親権，婚費や慰謝料の請求，などの現実的な問題の相談先などの情報を提供し，他機関や他職種につないでいくことが必要である。

　伝統的アプローチでは，個人の内面的葛藤の解決に的が絞られるが，コミュニティアプローチは，個人に問題を起こしている環境要因を変える方法が探られ，アウトリーチ活動によって，権利擁護（アドボカシー）し，エンパワー（力づける）する。

　米国カウンセリング学会（ACA）の 2005 年度版の倫理綱領には，権利擁護について，「適切と思われる時には，個人，団体，施設，それに社会レベルにおいてクライアントの権利を唱導（advocate）し，クライエントの成長と発展を妨げる障害が何かを省察する。権利擁護をする前に事前に同意を得ておく」と記され，クライエントの権利が十分に保障されていないと判断される場合には，個人的レベルだけでなく，社会レベルで積極的にクライエントの権利擁護をする必要性があり，クライエントの困難や問題を個人の病理とするだけではなく，社会の問題してとらえる視点も必要であるという（水野，2006）。

　DV 被害者支援において，心理職の専門性とは，DV の構造，被害の症状に関する知識，関係機関・職種についての情報を適切に伝えるとともに，DV による長期反復型のトラウマ被害のケアができることによって，被害者に安全と安心，信頼感を提供することであると考える。

　今後は，DV ＝児童虐待の視点をもち，若年層から，暴力は振るっても振るわれ

てもいけないこと（人権の尊重），自分の身に起きた危機を回避する方法を学ぶ予防教育，加害者の治療教育が大切であるとともに，地域のさまざまな機関で，被害者に出会う可能性があり，支援者は共通の理解と情報を持ち，支援をつないでいくことが必要である。

文　献

青木紀久代（2008）心理臨床学事典．In：日本心理臨床学会編：丸善出版，p.500.
Dutton, D. G. & Golant, S. K. (1995) The Batterer: A Psychological Profile. Basic Books.（中村正訳（2001）なぜ夫は，愛する妻を殴るのか？　作品社.）
Dutton, D. G. (2006) The Abusive Personality: Violence and Control in Intimate Relationships. Guilford Press.（中村正監訳（2011）虐待的パーソナリティ．明石書店.）
Harway, M. & O'Neil, J. M. (1999) What Causes Men's Violence Against Women. Sage.（鶴元春訳（2011）パートナー暴力．北大路書房.）
広沢正孝（2010）成人の高機能広汎性発達障害とアスペルガー症候群．医学書院.
加茂登志子（2005）ドメスティック・バイオレンス被害直後の被害者への介入．トラウマティック・ストレス，3 (1); 19-25.
加茂登志子（2006）ドメスティック・バイオレンス．In：金吉晴編：心的トラウマの理解とケア　第2版．じほう，pp.147-162.
小西聖子（2001）ドメスティック・バイオレンス．白水社．
前田正治（2012）PTSDの伝え方．誠信書房．
水野修二郎（2006）最新カウンセリング倫理ガイド．河出書房．
村本邦子（2007）DVへの危機介入．In：井上孝代編：エンパワーメントのカウンセリング．川島書店，pp.65-84.
内閣府男女共同参画局（2015）男女間における暴力に関する調査報告書．
岡野憲一郎（2006）PTSDの心理療法．In：金吉晴編：心的トラウマの理解とケア　第2版．じほう，pp.33-40.
Pence, E. & Paymar, M. (1993)Education Groups for Men Who Batter: The Duluth Model. Springer.（波田あい子監訳（2004）暴力男性の教育プログラム―ドゥルース・モデル．誠信書房，pp.1-13.）
柳田多美・米田弘枝・浜田友子ほか（2004）ドメスティック・バイオレンス被害者の短期トラウマ反応とその回復．心理臨床学研究，22(2); 152-162.
吉田博美・小西聖子・影山隆之・野坂祐子（2005）ドメスティック・バイオレンス被害者における精神疾患の実態と被害体験の及ぼす影響．トラウマティック・ストレス，3 (1); 83-89.
Walker, L. E. (1979) Battered Woman. Harper Collins.（斎藤学監訳（1997）バタードウーマン．金剛出版.）

第14章
海外での被災地支援

槙島敏治

I 国際的な緊急事態時の支援

　地震や津波，水害，火山噴火などの大規模災害や国家間の戦争，あるいは国内の武力紛争を緊急事態（Emergency settings）と呼び，そうした災害の被災者や紛争の犠牲者，難民・避難民の支援には地理的条件や気候的条件などの自然条件や，政治的，宗教的，文化的な条件などを考慮しなければならず，日本国内の災害の被災者支援とは異なった取り組み方が必要である。

1．国際的な支援の枠組み

　災害や紛争はその国が支援活動を統制するのが基本であるが，大規模災害などでは外部からの支援が必要で，その活動の連携や調整にも外部の援助が必要となる。国際的な人道援助活動の調整機関としては UNOCHA（UN Office for Coordination of Humanitarian Affairs；国際連合人道問題調整事務所）があり，各国政府や他の国連機関，赤十字，国際 NGO 等との連携や活動の調整を行っている。支援活動に参加する組織は，現場で OCHA が活動している場合にはそのネットワークに登録を行い，各セクターのミーティングに参加して情報の共有を図る必要がある。

2．国際赤十字の枠組み

　国際赤十字と呼ばれる組織には ICRC（International Committee of the Red Cross；赤十字国際委員会）と IFRC（International Federation of Red Cross and Red Crescent Societies；国際赤十字・赤新月社連盟）とがある。ICRC は戦争や武力紛争の犠牲者を支援する組織で主に紛争地域で活動する。IFRC は世界の赤十字社や赤新月社の集まった組織で，自然災害や難民の支援を行う組織であり，両者

は協力関係にある。

3．IFRC の枠組み

大規模災害が発生すると IFRC は FACT（Field Assessment Coordination Teams）を派遣する。FACT は現地の被害状況と支援のニーズの調査を行い，報告するとともに，その後の支援活動の連絡・調整を行う。支援活動は世界の赤十字社や赤新月社が義援金を供出したり，ERU（後述）などの救援ツールを派遣して被災国の赤十字社・赤新月社を支援するが，こうした支援活動は FACT の調整下で実施される。

この FACT の調整下で活動する緊急支援ツールの一つに ERU（Emergency Response Unit；緊急対応ユニット）がある。ERU は災害などの緊急時にすぐ動員できる訓練された要員と標準化された機材からなるユニットで，1 カ月間にわたり自己完結型の活動ができ，その後 4 カ月まで運用される。ERU には基礎保健（診療所＋保健衛生），病院，水と衛生，IT と通信，物流などがあり，そのうち BHC-ERU（Basic Health Care ERU；基礎保健型緊急対応ユニット）と病院 ERU を Health ERU と称し，心理職が参加，貢献することができる。ちなみに日本赤十字社は BHC-ERU と IT と通信 ERU を保有している。

II 支援活動の国際基準

国際的な緊急事態時の支援活動にはさまざまな国際的な基準があり，活動に係る組織や団体およびその要員はこれらの基準を遵守しなければならない。

1．IASC ガイドライン

IASC（The Inter-Agency Standing Committee；機関間常設委員会）は国際連合総会の決定に基づき，人道支援を強化する目的で 1992 年に結成された国連組織や赤十字などの非国連組織からなるフォーラムであり，支援活動におけるさまざまなセクターに対するガイドラインを作成している。心理支援の面では，"災害・紛争等緊急時における精神保健・心理社会的支援に関する IASC ガイドライン"がある。

IASC ガイドラインは精神保健と心理社会的支援間の共通理解を築くことによって両者の間の溝を埋めているが，日本でよく使われる"こころのケア"とはこの精神保健と心理社会的支援を合わせたものである。精神保健とは精神科医など

表1　精神保健と心理社会的支援

精神保健		心理社会的支援	
精神科医療	心理療法	社会的支援	心理的支援
精神科医	臨床心理士		こころの救急法
		日赤こころのケア要員	
専門家によるこころのケア		日本赤十字社のこころのケア	

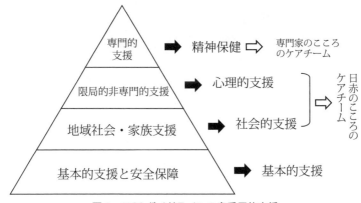

図1　IASCガイドラインの多重層的支援

の専門家が行う精神治療や心理療法をいい，心理社会的支援とは被災者に対する個別の心理的支援とその家族や地域社会との関係を支援する社会的支援からなっている（表1）。

IASCガイドラインの多重層的支援を図1に示す。

第1層の基本的支援と安全保障は食糧やシェルターおよび安全確保といった基本的な支援をいい，全ての支援の基礎となる部分である。

第2層の地域社会・家族支援は個人を取り巻く社会との関係性を支援するもので，社会的支援を意味する。

第3層の限局的非専門的支援は精神保健の専門家ではないものが行う個別の支援で心理的支援をいう。

第4層は専門的支援で精神科医や臨床心理士などの専門家による介入である。

臨床心理士の役割は表1で示すように精神保健と心理社会的支援の双方に広がっており，その活動は図1のピラミッドの第4層の専門的支援と第3,2層の心理的支援，社会的支援の広きにわたっている。ここでいう心理的支援とは臨床心理

士が行う心理療法ではないことに注意を要する。

2．スフィア・プロジェクト；The Sphere Project

スフィア・プロジェクトとは，1997年に人道支援を行うNGO，国際赤十字・赤新月社が集まり，災害支援における活動の質の向上と被災者への責務を果たすことを目的に作成されたプロジェクトで，国際人道支援における人道憲章と最低基準を示しており，支援事業の行動指針として活用されている。

その内，こころのケアにおける最低基準の指標には，①急性期のストレス緩和のための個人へのこころの救急法（PFA；Psychological First Aid），②緊急時の精神科医療システムへの紹介（可能であれば），③既存の精神疾患の治療の継続，④災害が大規模な場合には，復興期にむけて地域社会を基とした心理的支援がある。

3．Code of conduct

Code of conductとは，IFRCが1994年に災害時の救援活動においてIFRCと協働しようとする救援団体，NGOを対象に策定した行動規範であり，これらの要員はこれに署名し，その規定を遵守することが求められる。

行動規範は以下の10項目からなっている。

①人道主義が第一の責務である。
②支援は人種や信条，国籍に関係なく，またいかなる差別もなしに提供されなければならない。支援の優先順位は必要性のみによって決められる。
③支援は特別な政治的あるいは宗教的な立場の強化を目的に行ってはならない。
④政府の外交政策の手段にならないように努力する。
⑤現地の文化と習慣を尊重する。
⑥現地で実行可能な災害支援活動を行う。
⑦救援活動の受益者を活動の運営に巻き込む。
⑧救援活動は基本的な必要性を充足し，将来の災害に対する脆弱性を削減できるように努力する。
⑨支援の受益者と資金提供者の両方に対する説明性を維持する。
⑩情報提供や出版物，宣伝活動においては，災害の被災者を希望を失った存在ではなく，尊厳のある人間として扱う。

III　IFRCの心理社会的支援

国際的な災害時のこころのケアシステムの例としてIFRCの心理社会的支援プログラムを紹介する。

1．IFRC の心理社会的支援とその歴史

1990 年，IFRC は "国際防災の 10 年" を契機に心理的支援の必要性についての調査を行い，1993 年に開催された総会で参加赤十字社・赤新月社により PSP（Psychological Support Program；心理的支援）が必要であることが承認された。その結果を受け，1994 年，IFRC とデンマーク赤十字社が協力してコペンハーゲンに心理的支援センター（Reference Centre for Psychological Support）が設立され，その後心理社会的支援センター（Reference Centre for Psycho-Social Support）と改名された。

心理社会的支援センターの役割は，IFRC と協力して①各国赤十字社・赤新月社の PSP（PSS；Psycho-Social Support：心理社会的支援）の援助，②連盟の PSP（PSS）の推進，③各国赤十字社・赤新月社の情報の収集と伝達，④ PSP（PSS）のガイドラインと経験の普及を行うことである。

IFRC の PSS の基本は個人や家族，地域社会のレジリエンスを強化することであり，その活動は適切で文化的に受け入れられるもので，個人と地域社会の独立や，尊厳，対処法などを尊重したものである。具体的には以下の 4 つの機能がある。

①子どもたちのための遊びやレクリエーション活動
②大人に対する実際的な情報，心理的・社会的支援
③地域社会への支援
④教育活動

これらには個人やグループを対象としたカウンセリングや心理療法などの精神科治療や心理学的治療は含まれていない。したがって，PSS 要員が心理の専門職であっても，こうした基準を守らなければならない。

2．IFRC の災害時の PSS 活動

大規模災害時には心理社会的支援センターは同センターの要員名簿に登録された PSS 要員（心理社会的支援要員）を派遣し，被災国の赤十字社・赤新月社が行う被災者の救援を支援してきた。

2001 年のインド西部地震ではアメリカ赤十字社の臨床心理士が PSS 要員として派遣されたが，被災状況と支援のニーズ調査を行い，ToT（Training of Trainers；指導者養成）をはじめとするインド赤十字社の心理的支援プログラムの立ち上げを支援した。

2008年には大規模災害に対し，より迅速かつ効果的に対応するためにPSSiE（PSS in Emergency：緊急事態時のPSS）を提唱，前述のHealth ERUにPSS活動を導入した。このPSS活動はIASCガイドラインで紹介した図1の多重層的支援のピラミッドの第1層から第3層を占めている。Health ERUを介してPSS活動は2013年のフィリピン台風災害や2015年のネパール地震災害の救援活動で本格的に実施された。

IV 日本赤十字社の国際的なPSS活動

日本赤十字社（日赤）は世界の赤十字・赤新月社の中でも，全国に92の日赤病院（2つの医療センターを含む）を有するという特色があり，国内外の災害に対して独自の医療チームを派遣できるという利点を持っており，国際的な災害に対しては前述のBHC-ERUを派遣してきたのでその経験を紹介する。

1．イラン南東部地震

2003年12月26日，イラン南東部のケルマン州バム市を中心とするM6.5の直下型地震が発生，死者2万6千人，負傷者3万人，建物の全半壊は25,000棟の被害をもたらした。

日赤はBHC-ERUを派遣して被災者の救援をおこなったが，地震の被災者のこころのケアの必要性を感じたため，日赤のERU診療所内に新たにテントを立て，現地の精神科医を招いて精神科治療を委託した。また，「イランはモスリムの国であり，女性は外出も自由にできず，孤立しやすい」というボランティアで通訳とガイドをしてくれていた現地在住の日本人女性の意見を入れて，新たに女性のストレス緩和のために女性専用のお茶会テントを設置した。その日本人女性は60年もイランに住んでおり，人々の信頼も篤い方であったため，彼女のもとに多くの女性が集まってくれた（図2）。

こうした形で，地震災害の被災者に対して医療を提供するだけでなく，救援の現場で必要性を判断し，精神科医による精神保健支援とボランティア女性による心理社会的支援を行った。

2．フィリピン台風災害とネパール地震災害

2013年11月に発生した台風30号（アジア名Haiyan，フィリピン名Yolanda）がフィリピンを襲い，死者6,201人，行方不明者1,785人，避難者約410万人

図2　お茶会テントでの女性の集まり（コーランを学ぶ）

の被害を出した。また，2015年4月25日にネパールの首都カトマンズ北西で発生したM7.8の地震により，周辺国を含めて8,700人が死亡，1万7千人が負傷した。

　日赤はこれらの災害の被災者の救援にBHC-ERIUを派遣したが，ともにPSS要員を帯同させ被災者のPSSも行った。その活動は，ERU仮設診療所に「チャイルド・フレンドリー・スペース」を設置して子どもたちが自由に遊んだり，学んだりして，安心して過ごせる場所を提供した。

V　予防活動

　災害の被災者の支援が重要であることはこれまで述べてきたが，予防活動は災害の発生した時の被害を少なくし，またそれに対する対処力も強化できる点で重要である。ここではIFRCと日赤を例に解説する。

1．IFRCのPSS普及活動

　前に述べたようにIFRCの心理社会的支援センターの役割には各国赤十字社・赤新月社のPSSの援助があるが，アジア太平洋地域では日本をはじめ，韓国，中国，ミャンマー，アフガニスタン，パキスタンなどにおいて，PSSのToTプログラムや，PSS研修マニュアルの翻訳などを通じて各国赤十字社・赤新月社の災害対応能力の強化を図っている。

　また，IFRCのPSSの基本をなすのはPFA（Psychological First Aid；こころの救急法）であり，各国赤十字社・赤新月社にその普及を勧めている。

2．IFRCの日赤への支援

　日赤はIFRCの心理社会的支援を国内の災害救護活動に取り入れるため，2003

年から2004年にかけ4回にわたりIFRCの心理社会的支援センターから講師を招いてこころのケア指導者研修会を開催した。研修会で使用した研修マニュアルはIFRCの"Community based Psycho-Social Support；地域社会に根差した心理社会的支援"を翻訳した。これは心理社会的支援センターのToTプログラムであり，彼らから見れば日本へのアウトリーチの支援であり，日赤の災害対応能力を向上させることで，予防的な効果を持っている。

3．PFA（Psychological First Aid；こころの救急法）の普及

IFRCのPSSの基本をなすのがPFAであることは述べたが，これはWHOが進めているPFAと基本的には同じであるが，プログラムの構成や強調する点に多少の相違がみられる。IFRCのPFAは①支援：そばにいる，②傾聴，③共感，④具体的な支援の4つの要素からなっている。

このPFAを一般市民やボランティアに普及させることで，彼らにストレスの知識を得てもらい，またストレスへの対処法を学ぶことによって彼ら自身の災害に対するレジリエンスを高めることができる。また，災害が起きた時に彼らの家族や友人などにPFAを行うことで彼らのストレス軽減にも貢献できる。

VI　多職種連携の有効性とチームの中における心理職の役割

緊急支援における多職種連携においては，特に他の医療支援組織との被災地情報の共有，連携が重要であり，UNOCHAなどの開催する医療セクターの調整会議に参加することでそうした情報を得る必要がある。

また，医療チームの一員として活動する場合の心理職の役割は被災者の心理支援だけでなく，チームメンバーのストレス管理にまで及ぶこともある。

1．多職種連携

災害の現場では国際的な人道援助活動の調整機関であるUNOCHAが開催する現地での医療セクターの調整会議が重要な役割を果たすが，UNOCHAが派遣されていない場合には，その地域で開催されている医療関連のネットワークの会議などを探して参加することが他組織との連携を進める上で重要である。

国際赤十字の医療救援チームであるHealth-ERUには通常PSS要員が配置されているが，協議をして，Code of Conductに合意すれば連携することもできる。その場合はPSS，すなわち心理社会的支援に限定しての活動となる。

また，地域社会を基礎とした支援活動も重要で，診療所を介した支援活動であっても，その地域の住民を巻き込んだ活動を目指さなければならない。そのためには地域のリーダーや行政担当者，医療保健担当者などとの連携が必要となる。その活動としては個別の心理的支援よりは，学校の教師やコミュニティ・ヘルス・ワーカーなどを対象としたPSS-ToTによる指導者の養成や，住民に対するPFAの普及などが重要である。

2．医療チームの心理職の役割

医療チームの一員として活動する場合の心理職の役割は被災者の心理支援だけでなく，チームメンバーのストレス管理にまで及ぶこともある。しかし，これは日本人で構成されるチームで，専門家である心理職がいる場合の話である。こうした同じチームの同僚に対して専門的な介入を行うに当たっては，本人の同意を得ることや，プライバシーの保護など配慮が必要である。

IFRCのHealth-ERUでは，PSS要員が配置されているが，ERUが多国籍のチームであり，公用語が英語であるため，チームメンバーのストレスケアに関しても専門的な介入は好ましくなく，また，PSS要員は必ずしも専門家ではなくPSSiEのトレーニングを受けた要員であるため，ERUチームの要員のストレスケアはその業務には含まれていない。

VII 国際的な緊急事態時におけるアウトリーチの課題

国際的な緊急事態には災害や紛争などさまざまなものがあるが，ここでは大規模地震災害を例に，日本からアウトリーチで支援を行う場合の問題点や課題について述べる。それには地理的条件や気候的条件など自然的・物理的な困難さと政治，宗教，文化の違いといった文化的な困難さとがある。また，心理の専門家が被災地での支援にその専門的な技量を発揮することにも制限が多い。

1．自然的・物理的困難さ

地震災害の被災地は道路や水道などのライフラインも被害を受けており，被災地が郊外だった場合はその国に到着した空港からのアクセスが問題となる。また，空港を含む首都などが被害を受けた場合は直接入ることができず，他の都市の空港や隣国の空港から陸路で被災地に向かわなければならない。また，この移動には公共交通機関は期待できず，自ら車両と運転手を確保する必要がある。

また，活動中の被災地での宿泊も問題で，テントや寝袋を持参するか，倒壊を免れたホテルなどを探さなければならない。しかし，災害時にはそうした施設を探すのは困難であることが多い。

　こうした車両や宿舎だけでなく，被災地での食糧や飲料水の確保も困難なことが多く，こうしたアウトリーチによる災害の支援は自己完結型の支援でなければならない。したがって，国際的なアウトリーチによる支援活動には，自らの生活を維持し，活動を続けるだけの装備をあらかじめ準備し，それを携行しなければならない。

2．文化的な困難さ

　一番の課題は言語である。"バベルがあんな塔を建てなければよかったのに"とは，いつも国際救援で被災者に接するときに感じることであるが，言葉の壁は被災者や協力者とのコミュニケーションを図る上での最大の障害である。赤十字では英語とフランス語を主な公用語としているが，被災者が英語を話せることはまれで，現地語の通訳を必要とすることが多い。この通訳も日本語を話せる通訳を見つけることは困難で，現地人の中から英語を話せる人を探すことが多い。また，被災者の体験や心境などを尋ねるのでも，現地語⇒英語⇒日本語という翻訳の手間をかけなければならず，被災者の真意やこちらの話を正確に伝えるのは難しい。このことは他国の人間が，専門家であっても通訳を介して現地の被災者に対して高度な介入，すなわち精神科治療やカウンセリングを行ってはならないことの理由の一つである。

3．政治的，宗教的な困難さ

　人々の生活および生活習慣はその国の政治的条件や，経済的条件，宗教などの影響を受け，独自のものとなっている。こうした文化的な違いをCultural differenceとよび，Code of Conductの項で述べたように"現地の文化と習慣を尊重する"ことが重要である。

　しかし，インドのカースト制やモスリムの国々での女性の行動の制限など，時として人道的で公平な支援を行おうとする立場からは受け入れがたい場合もあり，こうしたジレンマを克服しつつ支援活動を選択しなければならないこともある。たとえば，インド西部地震で家を失った人々に住宅の再建をしようという計画がもちあがったが，もともと家を持たず，路上生活をしていた低いカーストの人た

ちはどうするのか？という疑問が投げかけられた。

　こうした政治体制や宗教から派生する生活習慣などの特殊性は，事前に情報を収集して備えておくことが必要であるが，モスリムの人々の"子どもの頭を撫でてはいけない"といった目に見える行動習慣だけではなく，その裏にある"頭は神聖なものである"といった考え方や，もっと深い情緒性にまで気を配る必要がある。しかし，こうした繊細な事柄はあらかじめ知ることは難しく，現地で人々と接する中でようやく得られるものであり，初めは遠慮深く接し，相手の文化や精神性に注意を向けて学び取る姿勢が大切である。

4．心理職の専門性の発揮の困難さ

　言語の面から，通訳を介しての専門的な介入を行うことが好ましくないことは述べたが，さらにお互いの文化的な背景の違いが相手の感情や思考を理解するのに大きな障害となる。したがって，より広い許容性をもって相手を受け入れなければならず，また，断定的な判断を下すのを控えなければならないこともある。こうした状況下では専門家である心理職であっても，あるいは専門家であるがゆえに，慎重に対応することが求められる。

第15章
日赤の被災地支援

池田美樹

I 日本赤十字社と救護活動

1．日本赤十字社と救護活動の位置づけ

　日本赤十字社は，1877年（明治10年）に設立された博愛社がその前身であるが，その後，1886年に日本政府がジュネーブ条約に加入したことに伴って，翌1887年に「日本赤十字社（以下，日赤と略）」と改称された。現在は，1952年に制定された「日本赤十字社法」（昭和27年法律第305号）に基づいて設置された認可法人である。この法律によって，日赤は，国際的，中立的な人道機関として，自立的に活動できることを国から保障されている。組織は，事務局として事業を行なう本社と都道府県支部，事業を実施する施設として医療施設（病院，産院，訪問看護ステーション，介護老人保健施設等），看護師等養成施設（幹部看護養成研修センター含む），血液事業施設（血液センター，事業所，出張所），社会福祉施設（複合型施設，重度心身障害児施設，特別養護老人ホーム，乳児院，肢体不自由児施設等）からなり，多角的に事業を展開している。

　日赤の行う事業の中でも，救護活動は大きな柱の一つとして位置付けられている。救護活動は，国際救援と国内の救護活動に大別できるが，いずれも災害時および緊急事態には，現地に赴き，アウトリーチに相当する支援を行っている。日赤の救護活動は，国際的にはジュネーブ諸条約，赤十字国際会議の議決を根拠とし，国内では前述の条約や決議を拠り所とした日本赤十字社法および同定款に基づいて行われている。さらに，国内では，災害対策基本法や武力攻撃事態における国民の保護のための「国民保護法」による指定公共機関として，国や地方公共団体の行う事業へ協力する義務が定められている。また，その内容については「厚生労働大臣との協定」により，取り決めがなされている。これらを踏まえ，日赤は，救護活動を展開するにあたり，社の救護規則，防災業務計画を定めている。以上

のことから，実際の救護活動では，「災害救助法」の発令に応じて展開される場合もあれば，赤十字の人道的任務として日赤の自主的判断に基づいて行なわれる場合もある。

国内救護活動の範囲は，大きく分けて①〜⑤の5つがあげられる。

①医療救護活動：救護班を派遣し，人命の救助と被災地の医療機関の機能が回復するまでの空白を埋める役割を果たす。具体的には，医療，助産，死体の処理（一時保存を除く），こころのケア活動が含まれる。
②救援物資の備蓄と配分：平時から救援物資（毛布，緊急セット，安眠セット等）を備蓄し，被災者のニーズに即して速やかに配分する。
③血液製剤の供給：血液センターの全国的なネットワークを活かして，血液製剤を円滑に確保し，供給を行う。
④義援金の受付と配分：被災者への見舞金である災害義援金の受付を行ない，第三者機関である被災自治体，日赤，報道機関等で構成される義援金配分委員会に拠出され配分を行なう。
⑤その他災害救護に必要な業務：赤十字防災ボランティアによる活動（情報収集，応急手当，炊き出し，救援物資の輸送・配分など，被災者のニーズに応じた活動）。

2．救護活動における日赤の組織体制

救護活動を行なうにあたり，日赤では，次のような組織体制が整えられている。原則的には，被災地支援の主体者は，被災地の都道府県支部である。したがって，被災支部の援助要請を受けて，日赤本社，各都道府県支部が支援を行う仕組みとなっている。また，日赤の活動は，地域ごとに全国を6つのブロックに分けて行なわれている。災害が大規模・広域に及ぶ場合は，ブロック内支部間，近接支部間での相互支援体制の下，被災地支部へ応援要員の派遣，救援物資の送付等を行うことができる。なお，活動がブロック単位で行なわれる際には，各ブロックに定められたブロック代表支部が統括を務めることになる。

以下，本章では，臨床心理を専門領域とする筆者の立場から，災害時の「こころのケア」，すなわち心理社会的支援の視点から，日赤の被災地支援についてご紹介したい。

II　赤十字のこころのケア

1．赤十字の「こころのケア」について

災害は，人々に対して，災害そのものが心理的に圧倒されるような衝撃的な出来事であることに加え，家族や友人，財産，家屋等，そして生活の場である地域

社会を失うといったさまざまな喪失を伴う。災害後，復興期に向けては，避難所や仮設住宅での生活，さまざまな生活を立て直していく過程をたどることになるが，これらもまた非日常的なストレスフルな出来事である。ストレスフルな出来事に遭遇すると，誰しもが多かれ少なかれ，何らかのストレス反応が生じる。赤十字の「こころのケア」は，災害時や緊急事態において，多くの人々に生じるさまざまなストレス反応の軽減を図ることを目指した支援活動である。

赤十字の「こころのケア」は，自然災害・緊急災害時の救援活動を主たる使命としている国際赤十字・赤新月社連盟（International Federation of Red Cross and Red Crescent Societies；IFRC），WHO（世界保健機構）のIASC（Inter-Agency Standing Committee；機関間常設委員）が作成した「災害・紛争等人道的緊急時における精神保健と心理社会的支援の指針」（IASC, 2007），人道憲章と人道対応に関する最低基準を示したスフィア・プロジェクト（the Sphere, 2007）といった国際的な心理社会的支援の指針を基盤として作成された。これらの指針では，いずれも共通して「こころのケア」は，単独で提供されるものではなく，あらゆる領域の支援と組み合わされて提供されることが推奨されている。赤十字の「こころのケア」の基本的な活動原則は，被災地のコミュニティに対する心理社会的支援と被災地の個人とその家族に対する心理的応急処置（Psychological First Aid）である。日赤の「こころのケア」は，専門的治療を除く領域の全てを対象としており，したがって，ケアの担い手は，精神科医や臨床心理士等のメンタルヘルスの専門家ではなく，医療救護班要員や救護ボランティアである（図1）。

2．日赤こころのケアの歴史
1）阪神・淡路大震災

1995（平成7）年1月17日に発生した阪神・淡路大震災以降，我が国において「こころ」の問題が社会的に注目されるようになってきた。被災地病院の臨床心理技術者が呼び掛けを行い，被災者への「心の相談電話」（大野，1996）が開設された。また，本社は被災者のストレス状態についての調査を実施し（今泉ら，1995），こころのケアの重要性に対する認識を強めた。1996（平成8）年，救護活動の拠点となった神戸赤十字社にこころの問題を扱う「心療内科」が新設され，翌年の1997（平成9）年には，『「こころのケア」の手引き』が作成されるなど，こころの問題に対する取り組みが開始された。

2）新潟県中越地震

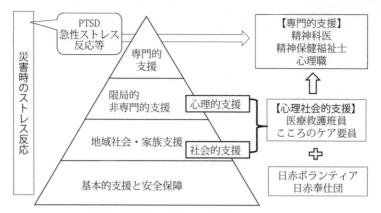

図1　災害時のストレスと日赤こころのケア
(注：ISAC ガイドラン概念図（2007）を元に改変)

2003（平成15）年には，こころのケアを日赤災害救護活動の柱の一つと位置づけ，救護員へのこころのケア指導，並びに「こころのケア指導者養成研修」が開始された。翌年の2004（平成16）年10月23日に発生した新潟県中越地震災害では，こころのケア指導者を中心に「こころのケア班」として初めて実践的な活動に取り組み，165人のケア要員が，延べ4,328人の被災者のケアにあたった。こころのケア指導者は，実際の災害時には，活動の主体的な役割をとること，そして平時には，日赤の支援活動に関わる職員やボランティアを担う方々を対象として，こころのケアの教育普及活動を行うことを期待されている。

3）東日本大震災

新潟県中越地震以降に発生した災害では，医療救護班にこころのケア要員が加わるケースが多くなり，日赤の救護活動には欠かせない存在となった。2011（平成23）年3月11日に発生した東日本大震災は，東北地方太平洋沿岸部を中心に地震と津波を伴い，死者・行方不明者が約2万人に及ぶ未曾有の広域大規模災害となった。また，福島第一原子力発電所の事故により，放射性物質の漏洩を伴う重大な原子力事故が発生し，福島県沿岸部周辺の住民が余儀なく避難生活を送ることとなった。日赤は，医療救護活動を行なうとともに，多数のこころのケア要員を被災地に派遣し，避難所や地域を巡回しながら被災者を支援する活動を行った。こころのケア班は，岩手・宮城・福島3県に対し，126班（1,062人）を派遣し，延べ1万4,039人のケアにあたった。

その後，被災者のニーズが緊急支援から復興支援に移行すると，日赤も活動の

重点を復興支援事業へ移し，仮設住宅入居者に対する生活再建支援がこころのケア活動の大きな部分を占めるようになった。これら復興支援の枠組みは，上記の1）生活再建だけではなく，2）福祉サービス，3）教育，4）医療インフラの整備・復興，5）医療インフラの整備・復興，原子力発電事故への対応，6）災害対応能力強化事業など，多岐の分野に渡っている。

筆者が直接関わった事業としては，教育支援のひとつとして，2012年と2013年の2年にわたって，岩手・宮城・福島県の3県の小・中学生を対象として実施された復興支援キャンプ『サマーキャンプ in クロスヴィレッジ』がある。3泊4日のキャンプ期間を通じ，児童・生徒が，心身のリフレッシュに加え，将来の視野を広げるプログラム，仲間との協調・学び合いを学ぶ機会を提供することを目的として，計画・実施され，5,788人の小・中学生が参加した。筆者を含む臨床心理士は，心理サポートを担う運営スタッフとして，健康管理を担う看護師とともに，運営のサポートにあたった。

Ⅲ　こころのケア活動の実際

被災地支援という場合に想定されているのは，地震，大雨，火山の噴火，放射能などの災害が発生した結果，当該の地域社会が普段の社会システムで医療，福祉など社会的な問題に対応できないくらいの被害を被っていると評価された場合である。したがって，発災後には，まず，支援ニーズの把握，情報収集といったアセスメント（評価）を行い，続いて，支援活動の計画，実施，評価のサイクルにしたがって活動を展開する。本稿では，筆者が被災地での活動を行った2つの局所災害における「こころのケア」の事例を紹介する。

1．東京都伊豆大島土砂災害——被災地に残せる支援態勢の構築

東京都伊豆大島では，2013（平成25）年10月16日未明，台風26号がもたらした豪雨に伴い，島中央の三原山外輪山中腹が崩落し，大規模な土砂災害が発生した。日赤東京都支部（以下，都支部）は，災害対策本部を設置し（16日11時），被災状況をはじめとした情報収集と活動内容の検討を開始した。人的被害は，死亡者13名，行方不明者45名であり，島住民は，被災地域の元町地区を中心に大島庁舎内や周辺に設けられた避難所に避難している状況であった（16日13時30分）。一方，「大雨の降りだした夜半に避難指示を出さなかったことにより，住民の避難が遅れた」との見方から，大島町行政に対する批判を含めた報道取材

の注目が集まっていた．以上の情報を踏まえ，都支部は，支援物資の搬送と（第1次）医療アセスメントチームを派遣した．アセスメントチームからの報告を受け，台風26号と同規模の台風27号が接近中であることから，医療ニーズの再燃可能性，そして「こころのケア」のニーズアセスメントを継続することを目的として，第2次医療アセスメントチームが派遣された．この目的に即し，第2次アセスメントチームのメンバー（医師，看護師，臨床心理士，業務調整員）は，全員「こころのケア指導者」から構成された．しかしながら，第2次チームの活動は，20日の大雨に際して発令された避難勧告に応じて，医療救護活動へと転じた．避難所に医療救護所を設け，巡回診療を行う一方で，現地の保健師と共に要支援者（高齢者，精神障害者等）の避難所アセスメントと避難所運営体制作りの支援を行なった．ベッドや毛布などの支援物資の調整，および福祉サービスを担う人材確保のために本社へ人材派遣要請を行ない，要請に応じた日赤の介護福祉士2名は，約2週間，被災地において支援活動を行った．

　台風通過後は，速やかに医療ニーズが終息したため，医療救護活動は終了したが，大島町長から「住民や役所の職員等の心身の疲労に対する懸念」が語られ，支援の求めに応じる形で，こころのケア活動が開始される運びとなった．第3次アセスメントチームは，大島町役場職員，救援団体（自衛隊員，警察，消防等）スタッフ，および住民を対象として，「こころとからだの健康」の維持・向上を目的とした支援活動を計画した．具体的には，下記「赤十字健康相談室」の設置と運営を行い，①利用しやすい環境作り：室名称に「こころ」を前面に出さずに，「赤十字健康相談室」とし，開室場所を大島町役場内に設け，開室時間を休日や勤務終了後も利用可能な設定にした．②こころと身体の健康へのアプローチ：身体面へのケアとして，血圧の測定，足湯，ハンドマッサージ，リラックス体操等のリラクセーション法の実施と保健師への伝達を行いながら，来室された方の気持ちや体の訴えを傾聴した．③メンタルヘルスの資源（紹介先）の確保：大島町に在駐するメンタルヘルスの専門医師は，島外から週1回訪島する医師1名のみという状況，および島外への診療・相談のニーズが認められた．そこで，都支部管轄内の2病院（日赤医療センター，武蔵野赤十字病院）の精神科医師と臨床心理士を窓口として，電話相談によるホットラインの開設，および受診経路の整備を行った．④その他の活動：開室日（10月29日）には，避難生活を続ける住民の方々を対象に，健康相談講座を開催し，避難所生活で注意すべきことや全身を動かす体操などを伝達した．赤十字が被災地を去っても継続できる支援態勢の構築

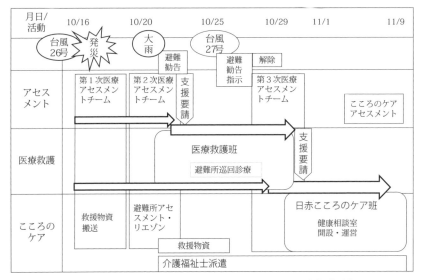

図2　平成24年10月伊豆大島土砂災害における日赤救護活動

を念頭に置きながら行われた。

　本活動に際し，日赤の支援活動のバックアップ体制として，看護師や支部職員といったメンタルヘルスの非専門家である「こころのケア要員」が対応や判断に迷った際に，日赤の精神科医師，臨床心理士といったメンタルヘルスの専門家である者に相談できるように体制を整えたことも特筆すべきことである。なお，10月29日から11月8日までの11日間，計14名（看護師13名，アセスメント要員；臨床心理士1名）の日赤「こころのケア」要員を派遣した。全期間を通じた室の利用状況は，大島町職員だけではなく，自衛隊，警察，消防といった島外からの支援者が含まれていた。以上の「こころのケア活動」は，支援のニーズ，および継続性に関するアセスメントを経て，現地における支援を終了した（図2）。

2．茨城県台風18号等大雨災害――被災地につなぐ連携・協働のための組織体制

　2015（平成27）年9月10日から11日にかけて台風18号がもたらした大雨は，鬼怒川の氾濫を招き，茨木県常総市では，甚大な浸水被害が発生した。日赤は，被災県である茨城県の支援を行うために「第2ブロック広域救護支援本部」を都支部に設置し，広域的な支援体制で臨んだ。

発災後，日赤は，常総市役所，および医療機関の浸水に伴って，行政や医療の機能が停止，あるいは十分に機能できない状況下であると判断し，常総市のきぬ医師会病院前に仮設診療所 dERU（国内型緊急対応ユニット）を設置して，医療救護活動を展開した。同時に，14日，日赤こころのケア先遣隊（こころのケア指導者2名）は，被災地の合同医療本部が設置されたつくば保健所，および避難所へ赴き，こころのケアのニーズアセスメントと情報収集を開始した。17日，医療ニーズの低下に伴って，外部からの医療支援は終了し，合同医療本部も撤収となった。しかしながら，被災地における精神医療，および保健・公衆衛生のニーズが継続していたため，これらのニーズに対し，引き続き，常総市役所内へ本部を移して，支援活動が行われる見通しであった。日赤は「こころのケア」活動を開始するにあたり，茨城県障害福祉課，茨城県精神科医療チームとの合同本部を設け，活動拠点を同じくして，活動を展開した。活動開始前の協議において，精神科医師を含むメンバーから構成される「茨城県合同こころのケアチーム」は，本部に常駐，および避難所等の巡回を担い，一方，日赤のこころのケア班は，市役所職員，被災病院の職員，保健師などの被災地の支援者支援を主たる対象とする支援計画が策定された。日赤は，9月20日から10月13日までの期間，市役所内に「日赤健康相談室」を設けて活動を行い，その後の支援については，茨城県合同こころのケアチームへ引き継いだ。

　他機関との合同本部を設けての活動は，初めての試みであったが，被災県本部と随時，情報の共有と意見交換を行いながら，日赤こころのケアチームを窓口として精神科医療へつなぐといった有機的な活動体制を整えることができた。また，日赤こころのケア活動の組織体制において，現地で活動するこころのケアチームは，ケアコーディネーターの下に，ケア要員を配置し，ロジスティクスを担う事務調整員を構成要員として定め，現地での活動に助言・指導を行なう「こころのケア指導者」であるアドバイザーを4名（看護師2名，支部職員1名，臨床心理士1名），そして他機関や本社，被災地支部と支援支部との窓口として，医療コーディネーターを位置づけるという組織体制を整えた（図3）。本事例のように，活動組織内での指揮命令系統の明確化，そして現地で活動する要員の支援体制を整えることが，組織としての意志決定の所在，および他組織に向けてカウンターパートの所在を明らかにし，他組織間，および自組織内における連携と協働の強化につながった点は，日赤のこころのケアにとって，貴重な体験となった。

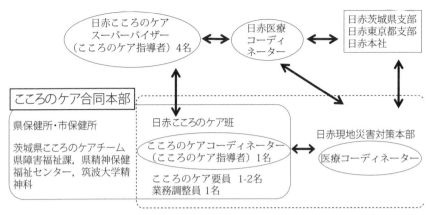

図3　平成27年9月関東・東北豪雨災害における日赤こころのケア組織図

IV　多職種・他機関との連携と協働に向けて

　日赤の救護活動の強みは，組織内に多様な専門性を持った人材を有することから，被災地の多様なニーズに応じた支援が展開できる点にある。活動事例に示したように，これらの人的資源は，個々の専門性を活かすためのコーディネート機能が働くことによって，初めて被災地の支援ニーズの変化に添った支援に応じることが可能となり，支援の継続性につながる。被災地の医療ニーズの把握，本社や支部に対して効果的，かつ効率的な災害医療活動についての専門的助言を行うために，2013（平成25）年に，日赤災害医療コーディネーターが配備された。その後，サポートにあたる多職種からなる専門性を備えたスタッフを加え，「日赤災害医療コーディネートチーム」が設置されている。チーム要員の選定は，コーディネーター，および各支部に一任されているため，現状では，全てのチームに臨床臨床心理の専門性を持ったスタッフが配置されてはいないが，筆者を含み臨床心理の専門性を持った者もスタッフの一員として登録されている。

　一方，日赤こころのケアについても，これまでの活動体験を振り返り，東日本大震災後に「こころのケア指導者のマニュアル改訂」（日本赤十字社，2012）が作成された。東日本大震災では，多数の「こころのケアチーム」が支援活動を行ったが，各チームの構成員が多種多様であったことから，必要とされる支援ニーズと提供できる支援サービスとの乖離を招くこととなり，被災地の混乱を招いたことは記憶に新しい。日赤こころのケアチームについても，自組織，そして他組織へ向けての周知が不十分であったことから，こうした被災地の混乱の一因とな

っていたことは否めない。一方で，日赤こころのケア要員自身が役割の不明瞭さに少なからぬストレスを抱えるケースも見受けられ，ケア要員に対するサポート体制の不十分さやコーディネート役の不足，他機関のチームとの連携などの課題も見えてきた。こうした経緯から，2016年（平成27年）4月より，本社が主導し，「日赤こころのケアあり方検討会」を組織し，活動内容や活動体制の見直しを図っている。検討会の委員は，本社職員，支部職員，医師，看護師，そして臨床心理士である筆者，さらに，日赤が連携すべき機関を想定し，災害時のこころのケア，および精神科医療に見識のある精神科医師から構成されている。本検討会では，こころのケア活動の組織内外の共同体制を構築することが大きな目的とされ，①こころのケアの指揮命令系統の整備，②日赤の「こころのケア」活動の範囲を明らかにすること，③それに伴うこころのケア要員や指導者の教育・研修内容について検討を重ねている。現段階では，①医療救護活動と同体系の指揮命令系統を構築すること，②日赤の活動の範囲を心理社会的支援として再定義し，精神科医療のつなぎ先として災害時精神科医療チーム（DPAT）との協力体制を構築すること，③活動計画をコーディネートする役割の必要性とその人材の養成を強化する方向性が固まりつつある。

　被災地支援を考える際に，個々の支援者が支援をしたいという思いが，実際の「支援」として機能するためには，個別の専門性と組織としての体制整備の基盤があって初めて，なしうるものであると考えられる。

文　献

今泉岳雄・金田和子・薗部友良ほか（1995）阪神大震災におけるストレス反応．日赤医学，47; 187.
Inter-Agency Standing Committee（IASC）(2007) IASC Guidelines on Mental health and Psychosocial Support in Emergency Settings. Geneva: IASC. http://www.who.int/mentl_health_psychosocial_june_2007.pdf
日本赤十字社（2008）災害時のこころのケア．
日本赤十字社（2012）こころのケア研修マニュアル（救護員指導用）平成24年6月改訂版．
日本赤十字社（2013）東日本大震災―救護活動から復興支援までの全記録．
日本赤十字社ホームページ（2015）www.jrc.jp（閲覧日 2015/12/31）
大野秀樹（1996）震災「心の電話相談」電話支援活動の記録. In：日本赤十字社 阪神・淡路大震災―救護活動の記録．pp.98-99.
The Sphere Project（2011）Humanitarian Charter and Minimum Standards in Disaster Response. Geneva: The Sphere Project. http://www.sphereprojects.org.

第16章
危機介入の電話相談

片岡玲子

I 電話相談の歴史と特性

　今や電話はひとり一台，もしくはそれ以上という時代になった。つい十数年前までは家の固定電話が主で，内緒の話は公衆電話で……ということもあったのではないか。電話機がグラハム・ベルにより発明されたのは1876（明治9）年，日本に輸入されたのはその翌年であったという。それから約140年の時を経て，「相談」のツールとしての電話機には，さまざまな相談形態のなかでも独特の意味があるのではないかと思われる。

　2000年代から携帯電話，スマートフォンと普及が進み，今やスマホを持たない人間は少々変人扱いという流れである。多くの人々にとって電話機は個人と一体化したかのように，常に共に動き，共にあるという状況となった。場所さえ選べば，他人に聞かれたくない胸の内も公衆電話に頼ることなく，相談できるのである。

　電話による相談は1953年，イギリスのロンドンで「サマリタンズ」という自殺予防を目的とした電話相談が開設されたのが始まりとされる。この運動は世界各地に広まり，日本では1971年に東京で「いのちの電話」が開設された。その後，ほぼ全国各地に広まっている。「いのちの電話」は電話相談の受け手をボランティアとして訓練し，自殺予防をメインとして24時間電話に対応する。

　その後電話相談の領域は広がり，法律，教育，いじめ，消費者問題，子育て，虐待，DV，介護，健康，メンタルヘルスなど多様な生活場面に関する電話相談が1970年代後半からさまざまな機関によって行われるようになった。人々は自分のニーズに合わせて相談機関を選ぶことができる。

　1997年，電話相談学の研究，実践をめざして日本電話相談学会が設立された。電話相談の特徴はなんといっても「電話機」というコミュニケーションツール

を使った相談であり，対面ではなく声のみを通して会話することである。原則としてどこでも，いつでも，名乗らずとも相談ができる。電話相談は何等かの理由で，孤独を感じやすい状況にいる人にとって，人の声で応じてもらえ，見守られ，支えられていることを実感できる相談方法であるといえよう。

　電話相談の特徴をあげると次のようになる（長谷川浩一らによるものから筆者作成）。

　　1）かけ手主導であること（コーラーの優位性）：コーラー（かけ手）が主導権をもっており，電話はいつでもコーラーが切ることができる。
　　2）即時性・即応性がある：予約なしで，その時の気持ちですぐ相談することができる。
　　3）時間・場所の制約がない：時間や場所をあまり気にせずかけられる。地域を超えて相談できる。
　　4）匿名性：名乗りたくなければ匿名のまま相談できる。場合によっては成りすましも可能である。
　　5）密室性：自分だけで行うことができ，他人に知られないで相談できる。
　　6）一回性：1回限りの相談としてその度に新しく対応する。受け手にとっては厳しい面もある。
　　7）経済性：電話代以外に費用がかからない。交通費がいらない。
　　8）親密性・隣人性：耳のそばで話す。声がするので，親しみを感じる。
　　9）さまざまな制約もある：
　　　　・かけ手の顔が見えない。
　　　　・受話器を通してのみのアセスメントが必要になる。
　　　　・相談後の結果が見えないことが多い。
　　　　・その都度の一回性。

　これらの特徴を理解した上で，電話相談では相談の聴き方，聴く姿勢が問われることになる。実際の電話相談では，傾聴を主としてコーラーの気持ちに寄り添うカウンセリング的聴き方と，知識や情報を提供するガイダンス的聴き方があると思われる。相談の場や領域によって，あるいは受け手の専門性などによって，聴き方が変わったり，その両面が必要とされたりすることを経験している。いずれにせよ相談員が丁寧にコーラーの話を聴くことが大切なことは言うまでもない。

まして，これから語ろうとする緊急時の電話相談では電話の向こうの音や雰囲気，コーラーの話し方などを注意深くアセスメントする力が求められる。コーラーの健康度，おかれた場の危険性などをできるだけ把握して進めることが大事である。

II 災害時の緊急支援電話

1．災害時緊急支援電話相談の経験

20世紀の終わりごろから，私たちはいくつかの大きな災害支援に係る経験をした。

1986年11月21日，東京都の大島三原山が噴火し，島民1万名の全島避難が行われた。筆者は避難された島民の方のために，職務として東京都内での避難所編成に関わった。全島避難は1カ月ほどで解除され，正月を前に島民は帰島された。その間，避難所への支援は食や寝具といったことが主となり，電話相談による支援があったという記憶はない。

2001年，三宅島の噴火があり，ふたたび島民全島避難があった。この時は小学校から中学・高校までの子どもたちが親元をはなれ，都立秋川高校の寮を借りてしばらくの間，共同生活を送ることになった。東京臨床心理士会のメンバーは東京都教育委員会の許しを得て，現地で子どもたちや教員のメンタルケアに当たった。三宅島の島民の帰島には4年の歳月を要した。しかしここでも専用の電話相談という明確な形はなかったと記憶する。

これに先駆けて1995年1月17日，阪神淡路大震災が起こった。約1カ月後の2月21日から5月31日までの82日間，兵庫県臨床心理士会が電話相談を開設した。この間の電話相談の総件数は260件，かけ手は女性86％，男性14％だったという（杉村，2005）。この時，日本精神衛生学会も電話相談を行ったが，他機関とコラボレートすることはなかった。当時は固定電話が中心であったと思われ，フリーダイヤルの1カ月の電話代は10万円程度で賄えたという。

2．東日本大震災・心の緊急電話相談

1）4団体による電話相談の立ち上げ

2011年3月11日，東日本大震災が東北地方を襲った。3日後，日本精神衛生学会が東京臨床心理士会，日本臨床心理士会，日本電話相談学会に呼びかけて電話相談開設の準備を始めた。高塚（2011）によれば，日本精神衛生学会が常設し

表1　研修プログラム

司会　高塚雄介（日本精神衛生学会理事長）
「心のケアの基本について」 　富永良喜（兵庫教育大教授，日本臨床心理士会被害者支援委員）
「地域特性に対する対応について」 　大西　守（㈳日本精神保健連盟理事・精神科医）
「原発事故に伴う心的外傷について――東海原発事故の体験から」 　吉川武彦（国立精神神経センター名誉所長・精神科医）

ている MCRT（メンタル・クライシス・レスポンス・チーム）は阪神・淡路大震災をきっかけに設立され，新潟県中越地震（2004年10月23日）やJR尼崎線脱線事故（2005年4月25日）などに際しても被災者支援の電話相談活動を行ってきた。しかし今回の東日本大震災は規模が大きく，情報も乏しいため，同学会のみでは対応しきれないとの判断があり，他団体にも呼びかけたとのことであった。

　呼びかけに応じた団体を加え，4者で協働するための実施細目を作成した。開設場所は東京都新宿区にある日本精神衛生学会事務局，3月19日には相談を開始した。各団体は会員の中からボランティアの相談員を募り，シフト表により交代で電話を受けることとし，3月21日に合同で相談員の研修を行い，意思統一を図った。研修には120名が参加，災害支援への熱意が感じられた。

　研修プログラムは表1のとおりである。

2）実際の電話相談活動

　電話はフリーダイヤル1回線から始め，3月26日には2回線に増やした。シフトを1時〜4時，4時〜7時，7時〜10時の3交代とし，1シフト4〜5名の相談員を用意する。1通話終わるごとに交代し，記録を書く。

　相談員は各団体から応募したボランティア。精神科医，臨床心理士，精神保健福祉士，保健師，いのちの電話相談員など多職種にわたった。サポートスタッフとして大学院生が常時待機し，必要な情報提供はパソコンなども駆使して行った。

　当初は緊急・短期の活動と考え，4月後半までの開設としていたが，現地の被災状況は過去に類を見ないほどであり，復興状況も進まないということがわかってきた。また電話の数も多いため，結果的に6月末まで延長することになった。3月19日から5月22日までの相談件数2,733件，連休明け5月8日までは当初どおり午後1時〜10時，5月9日からは午後7時から9時の夜間2時間に短縮

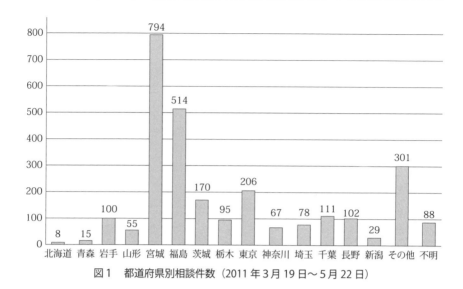

図1　都道府県別相談件数（2011年3月19日～5月22日）

した。電話は開設時間内，ほぼ絶え間なく鳴っていた。1日の平均相談件数は5月8日までは39.3件，以後受付時間が短くなってからは12.6件であった。

被災地域別にカウントすると，宮城29％，福島19％，岩手4％，茨城6％ということになり，宮城と福島で約半数を占める（いずれも日本精神衛生学会のまとめによる）。しかし大きな被害状況のあった岩手からの電話の割合が終始少ないことが目立った。現地の方の推測によれば，ことばを使う電話相談を利用する人は地域性から多くないのでは……とのことであった。電話をかけにくい状況もあったのではないかと思われる。

都道府県別相談件数は図1のとおりである。

3）相談の内容と事例

福島からの電話は日を追って原発事故や放射能被害に対する不安が語られることが増した。放射能の不安については福島だけではなく，被災地以外の場所からの声も多く聞かれた。福島から全国各地に避難されている方もあり，特に子どもたちへの影響を案じる内容も多くあった。

津波や地震災害の大きかった地域では失った家族への想いや避難所生活での辛さ，困難さが語られた。一方日本精神衛生学会が行っているということから，精神科受診中の方や既往歴のある方からの電話が3割程度あった。

実際に受けた電話の中から，いくつかの事例を紹介したい。いずれも電話相談

員を務めた筆者が経験したものであるが，複数の事例を合わせるなど，本質が変わらない範囲で変更していることをご理解いただきたい。

［事例1］福島から山形へ（高齢の女性）
　原発に近いところに住んでいた。逃げろといわれ，山形の知人のところにきている。ここにいつまでいられるか……。いつ帰れるか，先のことを思うと夜眠れない。

［事例2］宮城（女性　30代）
　地震が怖くて外に出られない。精神科に通院しているが，先生のところは休んでいるようだ。もうお薬がなくなってきている。遠いところまではいかれない。誰とも話をしていない。

［事例3］岩手（女性　60代）
　夫が亡くなった。津波ではなく，地震のあと家を片付けているときに心臓発作で死んでしまった。避難所にいる。隣の人は家族がみな行方不明。亡くなったことが解っているだけいい方，などといわれつらい。寂しい。誰にも言えない。

［事例4］福島から東京へ（男性　40代）
　子どもを連れて逃げてきた。仕事をさがしているが，まだ見つからない。
　福島に帰りたいが，妻は子どもが小さいので放射能が心配だという。
　このままでは経済的にも大変。どうしたものかと悩んでいる。

　人々は電話というツールを手にさまざまな想いの一端を低い声で語られた。もちろん解決策などすぐになく，寄り添い，聴くことのみであるが，少しでも「聴く」ことの意義はあると感じられた。
　阪神・淡路のときと違い，ほとんどが携帯電話からということで，被災者に経済的負担を課さないために設置したフリーダイヤルを維持する料金は，当時の20倍と高額になり，資金調達なども必要になった。約3カ月で4,000本近い電話相談を受けたことになる（日本精神衛生学会による）。
　その後，電話相談は2006年から日本臨床心理士会が設置している常設の電話相談が引き受けることになった。また東京臨床心理士会は東京に避難している福島県民のための電話相談を，訪問事業などとともに福島県から受託している。

3．熊本地震の心の緊急電話相談

　2016年4月14日，熊本県を中心に震度7の地震が起こった。東日本大震災の

経験から，日本精神衛生学会，日本電話相談学会，日本臨床心理士会が連携して，「心の緊急電話相談」を開設した。4月26日から5月31日までは毎日午後2時から午後8時まで，2時間交代で相談員がシフトを組み，被災者や被災支援者の電話を受けた。相談員は各団体から応募した臨床心理士，精神保健福祉士，保健師，精神科医などである。さらに要望に応えて6月から7月末までは土，日，月の週3日開設とした。

　この電話相談で特徴的に感じたことのひとつは，かけ手が被災の現状や行政の対応，近隣からの支援の有無などについて，自分の考えや不満，要望などを率直に語られることである。この点は東日本のときと少し違っていた。もちろん，被災の状況や範囲の違いも大きいとは思うが，やはり言葉を使う文化的背景の違いなどもあるように感じた。

　受けた電話からの事例を紹介する。内容は本質を変えない範囲で変更している。
［事例1］
　家が半壊している。避難所にいけといわれるが，障害のある子どもがいて，移動が難しい。行っても大変かもしれない。車がないのに誰も助けに来てくれない。役所は何をやってるのか……。
［事例2］
　主治医のところでカウンセリングを受けていたが，地震でお休みになってしまった。定期的に通院できないと不安が増す。この電話で話していると何とか落ち着くので，通院できるようになるまで，電話相談をやめないでほしい。
［事例3］
　とても感激して電話した。テレビの音楽番組で，全国のミュージシャンたちが，熊本応援のメッセージを伝えてくれた。全国の人たちが関心を持ってくれているとわかって，うれしかった。

　現地の相談機関の復興がみえてきたこともあり，心の緊急電話相談は7月一杯で終了した。62日間で413件の電話相談を受けた。

III　虐待予防と子育て支援機関

1．子どもの虐待防止と電話相談

　全国の児童相談所で対応した子どもの虐待に関する相談が，2015年は10万件を超えたという。厚生労働省が社会保障審議会児童部会の下に設置した「児童虐

待等要保護事例の検証に関する専門委員会」で2014年度に起きた子どもの死亡事例を検証した結果では，心中以外の虐待で死亡した子どもは44人（前年より8人増），そのうち0歳児が61％の27人（前年より11人増）という状況であった。加害者の6割以上は実母であり，望まない妊娠，若年妊娠，周囲からの孤立，などが背景にあるという。

虐待につながる要因としてはこのほかにもひとり親家庭，経済的困難，夫婦間不和，就労不安定，育児疲れ，育児不安，家族・近隣から孤立した「孤育て」などさまざまなものがあげられている。

そのような状況の特に母親にとって，身近な電話機というツールにより，人の声が聞こえる電話相談は追い詰められたときのSOSとしても有効な手段であり，虐待を予防し，発見する機会にもなるといえるだろう。

社会福祉法人「子どもの虐待防止センター」では母子のグループケアや講座，育児スキルトレーニングといったプログラムのほかに電話相談事業を行っている。育児不安・育児困難を感じている親，虐待をしているのではと自ら不安を感じている親，虐待されている子どもからの相談にも応じている。虐待ケースの支援者からの相談もある。相談員は養成講座を受けて電話相談に応じている。ここでは医師，弁護士，臨床心理士，ケースワーカー，保育士などが協働して虐待予防に当たっている。

児童相談所全国ダイヤル189（いちはやく）は虐待通告を公的支援につなぐ役割をもつ。

最近では市区などの自治体が子ども家庭支援センターや虐待対応の電話相談などを設置し，電話での相談のなかから緊急のケースを見分け，支援につなげる努力がされている。相談員の技量向上のための研修講師や事例検討のスーパーバイズなどに，電話相談の経験がある心理職が期待される場面も増えている。

2．東京臨床心理士会こども相談室

一般社団法人東京臨床心理士会は2001年から電話相談を中心にした「こども相談室」を常設している。はじめは東京都児童会館の中にあった子ども相談の電話を東京都が廃止するという機会に東京臨床心理士会に声がかかり，会として検討した結果，会員の社会貢献活動として，ボランティアで行うことになった。

2011年，東日本大震災の影響を受けて児童会館が閉館となったため，事務局のある文京区本郷3丁目に場所を移して継続している。日曜から土曜まで，月・

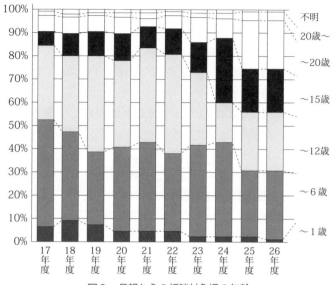

図2　母親からの相談対象児の年齢

表2　こども相談室年間相談件数

	相談件数	開室日数	相談員数	延相談員数
2014年度	1,007件	253.5日	60名	570名
2015年度	1,000件	238.5日	54名	563名

木を除き週5日，午前10時から午後4時という時間帯に会員の臨床心理士が交代で電話相談を担当する。1年に1,000件前後の相談を受けているが，内容的には乳幼児を子育て中の母親からの相談が多い。図2に母親からの相談対象児の年齢を示す。表2は最近の相談件数と担当した相談員の数である。

　子育て相談もときには緊急のSOSが飛び込んでくる。「今，子どもをたたいてしまった……」と泣き声の電話がある。「乳幼児期の子育て電話相談では，常に虐待のサインに気づけるようにアンテナをはっていなければならない」東京臨床心理士会が編集した『子育て電話相談の実際』の一節である。

　虐待を疑われるときは，丁寧に話や背景をきいて，必要があれば児童相談所など，他機関につなげる必要がある。

IV　子どもの権利擁護相談

　1989年，国連で「児童の権利に関する条約」が採択され，わが国も1994年

第16章 危機介入の電話相談

図3　東京臨床心理士会こども相談室

図4　「めぐろはあとねっと」のカード

にこの条約を締結した。児童の権利についてはそれまでも児童福祉法や児童憲章に謳われてはいたが、「子どもの最善の利益」を第一に考える条約の理念を活かすために、制度の修正も必要になり、2016年には児童福祉法の大きな改正も行われている。

　虐待、いじめ、親の離婚にともなう子どもの立場、生きる権利、教育を受ける権利、搾取からの保護など、子どもの権利を守るための相談機関が置かれるところも出てきた。筆者が関わっている自治体の子どもの権利擁護相談は面接のほか電話相談を設け、臨床心理士などの相談員が電話を受けている。

　電話番号を記したカード（図4）を地域の学校で配るなどして、子どもたちからもいじめや、学校とのトラブルなどの相談電話が寄せられている。

　スウェーデンにBRIS（ブリース）という子どもの電話相談がある。全国の子どもたちが存在を知っており、虐待、いじめ、学校での問題、親との問題などの悩みで電話をしてくる。企業や民間人からの寄付と国からの補助金で運営され、職員のほかボランティアとしての適性を認定された精神科医や心理士などが相談に当たっている（林, 2012）。以前筆者が訪れたとき、壁には有名人の子ども時代の写真がたくさん貼ってあり、「子どものころ、みんな悩みがあったけれど、頑張って夢をかなえた」というメッセージが添えられていた。これをトランプ大のカ

223

ードにして，相談利用法も入れ，全国の子ども達に配っている。

日本の子どもたちは自分の権利について自分から相談する力はまだ弱い。今後BRISのような工夫も必要ではないかと考える。

V　さまざまな危機介入電話相談とこれから

災害被災者支援や子育て支援のほかにも自殺予防で知られる「いのちの電話」をはじめ自死遺族支援，犯罪被害者支援，DV相談，少年非行相談，介護福祉相談，認知症相談，心の健康相談など，さまざまな領域で電話相談が行われている。それらは民間組織のものや，自治体や警察など行政が行っている公的なものもある。しかし多くの電話相談ではスタッフやトレーナーとして，心理専門職が関わっていることが多いといっても過言ではないだろう。

職務として関与しているものも，ボランティアとして関わっているものもある。さまざまな職種と連携するなかで，心理専門職としての役割がみえてくるのではないだろうか。

30年ほど前には，電話相談について，面接相談よりも軽く考えられる向きもあった。しかし実際に電話相談に携わってみると，声だけで読み取らなければならない（高塚，2015），匿名性の強い電話相談はむしろ対応が難しく，経験や訓練の必要なものだということがわかるはずである。

冒頭にのべたように，電話が人と一体化して見える現在，今後ともさまざまな領域で電話を用いた相談，そして危機介入の必要性に対峙することが増えてくるのではないかと思われる。その場でどう，心理職としての期待に応えられるかが，今後の課題である。

文　献

長谷川浩一（1992）電話相談のなすべきこと，できること．電話相談学研究，4; 1-10.
林康次郎（2012）BRIS子どもの電話相談．2011年度資生堂児童福祉海外研修報告書．
片岡玲子（2011）被災者支援電話相談活動について．臨床心理学，64; 553-557.
杉村省吾（2005）電話相談の実際：被災者支援と危機介入．In：村瀬嘉代子・津川律子編：電話相談の考え方とその実践．金剛出版，pp.88-100.
高塚雄介（2011）こころの相談緊急電話開設．日本臨床心理士会雑誌，69; 17-19.
高塚雄介（2015）電話相談へのいざない．In：吉川武彦・高塚雄介編：電話相談活用のすすめ：心の危機と向き合う．遠見書房，pp.10-15.
東京臨床心理士会編（2013）子育て電話相談の実際—聴くことから始めよう．創元社．

第17章
PFA（サイコロジカル・ファーストエイド）

大沼麻実・金　吉晴

I　はじめに

　日本では，1991年の雲仙普賢岳噴火や1993年の北海道南西沖地震（奥尻島地震）を経て，徐々に被災者のメンタルヘルスに関心が集まるようになり，1995年の阪神淡路大震災において全国各地からの精神科医師を含む「こころのケアチーム」の支援がなされたことに示されるように，大規模災害時の「こころのケア」の重要性が広く認識されるようになってきた。その後，「こころのケアチーム」は2004年の新潟県中越大震災，2011年の東日本大震災などでも活躍し，それ以降は，より体系的な支援を行えるよう，災害派遣精神医療チームであるDPAT（ディーパット：Disaster Psychiatric Assistance Team）が編成されるとともに，各都道府県から被災地に集まるDPATチームの動向や情報を共有するためのシステムであるDMHISS（ディーミス：Disaster Mental Health Information Support System）が作られた。2016年に起こった熊本地震は，被災都道府県外からのDPATの受け入れによってDMHISSが本格稼働した最初の災害となった。

　このように精神医療の専門家チームによる精神医療ないし「こころのケア」が発展してきた一方で，専門家以外による「こころのケア」の重要性も増してきた。なぜなら多くの被災者の不安や落ち込みといったストレス反応は，あったとしても一時的なものであり，基本的なニーズが満たされたり適切な心理社会的支援が受けられれば，時間とともに自然に回復していくことがほとんどであるからである（Kessler, et al., 1995）。つまり，全ての方が必ずしも精神医療の専門的なケアを必要とするわけではなく，側にいる人からの十分なサポートがあれば回復することから，発災の初期段階で被災者と接する一般支援者らの対応に目が向けられるようになってきたのである。

II 危機的状況下での心理的な初期対応とは

　災害後の心理支援のあり方については諸説があるが，もっとも重要なことは Do No Harm の原則に則り，支援による被災者への二次被害を避けることと，自然の回復経過を尊重することである。

　ここでいう二次被害を避けるとは，支援者の配慮を欠いた言動や，相手にとって何が役立つのかを支援者側で決めつけたり，考えを押しつけたりすることで被災者を傷つけてしまうことのないように留意することを意味する。特に心理的デブリーフィング（Psychological debriefing）のような手法により，体験したことを積極的に語らせたり，そのときの感情をむやみに聞き出したりすることは避けなければならない。心理的デブリーフィングは 1990 年代までは PTSD の発症を予防する手法として用いられたこともあったが，かえって悪影響を与える可能性があるという研究結果が出されるようになり，緊急時支援としては現在では国際的に否定されている(Van Emmerik, et al., 2002; Rose, 2009)。物理的な面からいっても，発災直後の混乱期においては，静かに語り合える場を整えることは難しく，たとえ実施できたとしても，不特定多数の被災者が行き交う避難所のような場所において，先々まで専門家が手厚くフォローすることは難しい。条件が整備されないままに手法だけが一人歩きすることには注意が必要である。

　次に重要なことは人間に本来備わっているレジリエンス（自然な回復力）を支えることである。危機的な出来事に対する心理的な反応は，それまでの経験や家族・友人との繋がり，心身の健康などさまざまな要因が影響するため，客観的な事実に基づくものではなく個人差があり，そこからの回復には個人の持つレジリエンスへの働きかけが重要となる。つまり同じ場所や時間に同じ災害に遭遇しても，どれだけ脅威と感じるかは人それぞれであるため，画一的な支援では過不足が生じることになる。そのため支援者は，一方的に支援を押しつけることがないように被災者のニーズに耳を傾け，様子を細やかに観察することで本人にとって必要な支援を柔軟に提供できるようにしたい。その際に気をつけたいのは，本人ができることを支援者が過度に代行しないことである。自分自身でニーズを満たすことは，自己効力感を高め，自然回復を促すことにつながる（Benight, et al., 1999）。支援者は，個人のレジリエンスを無理なく引き出すような支援が被災者の回復にとって大きな助けとなることを理解した上で，例えば歩ける人には自分で取りに行くことができるように配給場所を知らせるなど，間接的な方法をとる

ことも有効であることを知っておくべきである。

　これまでのところ初期対応によって将来のPTSDなどの疾患を予防する方法は見いだされていないが，BrewinらのメタアナリシスによればPI，災害後のPTSDの発症に関連する多くの要因のうち，災害後の社会的サポートの不足と，生活のストレスがもっとも重要であった。こうした点に着目した支援は，被災者の心理的回復の上で有効であると推測される（Brewin, et al., 2000）。

III　WHO版PFAの特徴

　災害直後の心理支援を円滑に進めるための方法として，近年注目を集めるようになったのが，心理的応急処置いわゆるPFA（ピーエフエー：Psychological First Aid）である。PFAは安全かつ有効なエビデンス（先行研究で効果があるとされている証拠）からの情報に基づいた支援方法として，IASC（アイザック）やSphere（スフィア）といった国際的ガイドラインや支援プロジェクトで広く推奨されるようになってきた。実際にPFAはここ十数年で，心理的デブリーフィングに代わる心理・社会的な回復のための初期のアプローチとして，急速な勢いで浸透してきている（The Sphere Project, 2011）。

　PFAのガイドラインはさまざまな団体によって作成されており，2005年から2013年までの間には少なくとも27本が公表されている（Shultz & Forbes, 2013）。なかでも普及が進んでいるものに，世界保健機構（World Health Organization：WHO）などにより作成された「心理的応急処置（サイコロジカル・ファーストエイド：PFA）フィールド・ガイド」（以下，WHO版PFA）と，アメリカ国立子どもトラウマティックストレス・ネットワーク（National Child Traumatic Stress Network：NCTSN）などによる「サイコロジカル・ファーストエイド実施の手引き 第2版」（以下，米国版PFA）がある。いずれも目的や基本的な考え方に大きな相違はないが，WHO版の方が一般市民にも分かり易く書かれているため，平易で理解し易いという特徴がある。

　WHO版PFAは，WHOがWar Trauma FoundationやWorld Vision Internationalと共同して2011年にリリースしたものであり，2016年末までに20カ国語に翻訳されている。作成にあたっては，アフリカや南アジアなどで支援にあたるNGOやNPOのメンバーによって実践的に培われた知見が多く取り入れられ，専門家によるコンセンサス（合意）も得られている。

　WHO版PFAは，自然災害だけではなく戦争や紛争といった大規模なものから，

規模は小さいものの事件や事故といった個人に大きな影響を与えるものまで，さまざまな場面への汎用性の高さを備えたつくりになっている。特に特徴的なのは，文化的側面への配慮である。それまでの PFA ガイドラインは，いずれも基本的な理念の面では共通していたものの，文化的な違いには適用しづらいという面があった。結果として，先進国による西洋的な支援のあり方が，場合によっては開発途上国や他の文化圏とはそぐわないケースも散見されるようになったため，多様な文化にも適用できうるガイドラインが求められた。

また，開発途上国では精神保健の専門家のいない地域もあったり，先進国であっても被災者と接する職種は，警察や消防，自衛隊に代表される救急救助員，身体医療の DMAT（ディーマット：Disaster Medical Assistance Team）隊員，避難所の運営者，ボランティアなど，精神保健の専門家ではないほうが圧倒的に多い。危機的状況下で円滑な支援を行うためには，組織や職種を越えた支援者同士の共通認識も重要になってくる。そうしたなかで，さまざまな職種の支援者が利用し易やすいよう簡潔にまとめられたガイドラインを求める声が現場から上がるようになり，WHO 版 PFA が作成されるに至ったのである。

IV WHO 版 PFA の活動原則

WHO 版 PFA の活動原則は，活動前の「準備 Prepare」と，活動中の「見る Look・聞く Listen・つなぐ Link」の三原則から成り立っている。

1．準備（Prepare）

活動を円滑に進めるためには，支援に入る前に現場の状況について可能な限り情報を収集しておくことが重要である。どのような出来事がいつどこで起こったのか，規模や範囲に加え，巻き込まれた人びとがどのくらいいるのかといった出来事の概要や現場の安全性を調べることで，起こりうる事態を予測し，対応策を練ることができる。また，すでにどのような支援が入っているのかを確認することによって，他の団体との支援内容や地域の重複を避けることができる。

2．見る（Look）

支援する前にはたとえ短い時間でも周囲を見渡す時間を取るべきである。事前に調べた情報が実際の現場の状況とは異なる場合もあるため，まず情報をアップデートすることが望ましい。そして支援に入ったら，身体医療など緊急の処置が

必要な人や深刻なストレス反応を示す人がいないかを確認する。なかには，震えや頭痛といった身体症状，不安や悲嘆といったストレス反応を示している人もいるため，助けが必要な場合もある。しかしストレス反応があるからといって，すぐに専門家による処置が必要とは限らない。発災直後のストレス反応は，異常な事態に対する正常な反応とであるとも言い換えることができる。辛い出来事が起これば悲しい気持ちになるのは当たり前のことであり，その気持ちに寄り添い落ち着くまで見守るということも支援者の大事な役目である。それでもなお現実感を喪失したり周囲の問いかけに全く反応しない場合には，専門家に相談する必要が出てくる。見かけ上は静かで落ち着いているような方は見落とされがちであり，自ら支援を求められないことも多いため，そうした人びとへの気づきが「見る」という支援で期待される。

3．聞く（Listen）

　支援が必要と思われる人びとに声をかけたり，必要なものや気がかりなことについて尋ね，気持ちを落ち着かせる手助けをする。話しかける際には安心してもらえるように丁寧に近づき，できるだけ穏やかな声で話しかける。話すことを無理強いしたり急かしたりせず，相手が話したい時には耳を傾けるという姿勢が求められる。もし辛い出来事や気持ちを吐露された場合には，その事実をしっかりと受け止め，相手の気持ちを汲み取りながら傾聴する。逆に会話を拒否する場合であっても，話したいときにはいつでも聞く準備があるということを伝えることで，すぐ側に自分を気にかけてくれる誰かがいるという安心感が気持ちを落ち着かせることもある。被災者のニーズやこころの様相は時間と共に変化することを念頭に置き支援することが大事である。

4．つなぐ（Link）

　被災者が生きていく上での基本的なニーズが満たされて，必要なサービスを受けられるようにサポートをする。飲食料や必需品の確保・提供など，一見すると心理的ケアとは関係がないようであっても，被災者は生活上の基本的ニーズが満たされることで安心し，落ち着きを取り戻すことがある。東日本大震災の直後には水や食料あるいはガソリンといった生活上の基本物資が必要とされたが，そのような現実的ニーズを無視して心理的側面に固執した支援を行うことは，被災者の心情を逆なでし，新たなこころの負担を生じさせることにもなりかねない。そ

のため，心理的側面に直接働きかけるというよりは，むしろ必要な基本的ニーズを確認・提供したり，身の安全を確保するといったような生活面での支援をするなかで，被災者に安心し落ち着きを取り戻してもらうことがふさわしい支援といえる。その上で，もし専門的な支援が必要であれば，それを提供する団体などを紹介するようにする。

また，被災者を必要な情報に「つなぐ」ことも支援者の重要な役割である。情報は被災者が最も必要とするもののひとつであり，出来事の続報や捜索状況，物資の配給予定など，自分の支援の範疇を越えた情報提供を求められることも少なくない。避難所では噂話が多く飛び交うこともあり，曖昧な情報は集団内に混乱や不安を引き起こす要因にもなりうる。そのため情報を伝える場合には，掲示板やアナウンスなどを用いて集団内に同じ内容が伝わるように工夫をしたり，提供する情報の出所や信頼性を可能な限り正確に伝えることが望ましい。逆に被災者から知らないことを尋ねられた場合には，情報を持ち合わせていないことを正直に述べ，調べてみる旨を伝えたり，最新の情報がどこで得られるかといった，情報を取得するための方法を伝えるのもよい。

V 支援者自身と同僚のケア

ここまでPFAに基づく被災者への支援について見てきたが，WHO版PFAでは，被災者支援だけではなく支援者へのケアも重視されている。長期的に安定して支援を続けるためには，支援者も心身ともに良好な状態を維持する必要がある。だが，支援者は過剰な労働状況に置かれていたり，時に被災者から苛立ちをぶつけられてしまうことも少なくない。場合によっては，支援者自身が被災者ということもある。

そのため支援前には，自分が支援活動に参加できる状態か判断するために自らの心身の健康状態をよく確認し，支援者が自らを最善の状態に保つ必要がある。また支援先での自分や同僚，チームの役割や担う責任の範囲を把握しておくことは，オーバーワークの抑止になる。長時間労働による不明確な業務内容の遂行はストレスを増大させ，特に被災者から解決できない問題を告げられたりニーズに応える資源を提供できない場合には，支援者の無力感にもつながる。そのため，どこまでが自分たちの組織で対応できる範囲であり，どこからが他の組織の手助けを必要にする範囲なのかを事前に組織内で話し合っておく必要がある。被災者から聞いた全ての問題を解決することは不可能であるということを確認することは，

意欲的に支援に取り組んでいた支援者が無力感や極度の疲労感によって心や体のバランスを崩してしまい，支援が続けられなくなってしまうこと（燃え尽き症候群：burnout）を防ぐのにも役立つ。

支援中には，できるだけストレスが過剰になりすぎないように，適度な休憩をとるようにし，普段しているストレス解消法を行ったり気分転換を図るようにする。支援者は事前の準備にも関わらず，予定していた状況とは異なる場面に直面することがあり，そうした予想外の出来事は支援者の心身の負担を大きくする。そのため，支援者同士で情報共有したり，お互いの様子を見ながら声かけや労い合うことも大切である。しかし場合によっては，支援に伴う困難を一人で抱え込むことで孤独感が高まり，仕事が手につかなくなったり睡眠に問題をきたすことも起こりうる。自分自身ではストレス状態に気がつかなかったり，休憩するのを忘れて働いてしまうこともあるため，交代制をとるなどして，できるだけ無理のない活動時間を守り，定期的な休息がとれるように組織として調整することも大事である。

支援後には，支援経験を仲間やリーダーと振り返りつつ，たとえ小さなことでも役に立ったことを確認し合えるとよい。目標が達成できなかったり，成果を実感できない場合にも，その状況下で活動することの限界について話し合い，受け入れることで支援に一区切りをつけることができる。注意が必要なのは，通常勤務への戻り方である。支援者の多くは職場を離れている間に，業務が蓄積してしまっている場合がある。十分な休みを取らずにすぐに仕事に取りかかることは心身への負担が大きいため，少しずつ日常を取り戻せるように組織としてできるだけ十分な休養の時間を設けることが望ましい。

VI　PFA の公益性と今後について

WHO 版 PFA には，ガイドラインに基づいた一日研修が開発されている。一日研修会は座学だけではなく，避難所での支援を想定したシミュレーションやケースシナリオによるロールプレイ，グループディスカッションなど，実践を意識したエクササイズを多く含んでおり，研修を受けるにあたって精神保健医療に関する特別な知識や準備の必要はなく，誰でも受講することができる。日本でのこれまでの一日研修会は，各地の精神保健福祉センター，警察，外務省，自衛隊，病院，大学などで行われており，受講者は 2016 年末の時点で 3,000 名を越えている。研修会の前後に行われている質問紙（Pre-Post Test）の結果からは，研修の

参加によって受講者の支援能力と知識の自己評価およびPFAの基礎知識に関する理解の向上が確認され、研修の有効性が認められている（Ohnuma, et al., 2014）。

　誰が、いつ、どこで巻き込まれるか分からないのが災害である。東日本大震災では、市町村の職員が遺体安置所の管理をされ、ご遺体を目の当たりにするご家族への寄り添い方や声のかけ方、要望への応対など、ご家族の心中に配慮しながら業務を進めることの重要性が明らかにされた（石井、2011）。こうした経験は、災害大国である日本においては誰もが支援する側に回る可能性があり、「こころのケア」がそれを目的とした場合だけではなく、さまざまな支援やサービスとともに提供されうるものであることを教えてくれる。人と人との繋がりから生まれる自然な「こころのケア」は、その地域の底力、言うなれば人びとのマンパワーから成る地域全体のレジリエンスを高めるであろう。できるだけ多くの人がPFAのような支援の基礎知識を有していることが、災害に強い国づくりの礎のひとつになっていくに違いない。

文　　献

Benight, C. C., et. al.（1999）Coping self-efficacy as a mediator of distress following a natural disaster. Journal of Applied Social Psychology, 29; 2443-2464.

Brewin, C. R., Andrews, B., & Valentine, J. D.（2000）Meta-analysis of risk factors for post-traumatic stress disorder in trauma-exposed adult. Journal of Consulting and Clinical Psychology, 68; 748-766.

石井光太（2011）遺体―震災、津波の果てに．新潮社．

Inter-Agency Standing Committee（IASC）（2007）IASC Guidelines on Mental Health and Psychosocial Support in Emergency Settings. Geneva; IASC. Downloadable from http://www.who.int/mental_health/emergencies/guidelines_iasc_mental_health_psychosocial_june_2007.pdf

Kessler, R. C., et al.（1995）Posttraumatic stress disorder in the National Comorbidity Survey. Archives of General Psychiatry, 52; 1048-1060.

National Child Traumatic Stress Network & National Center for PTSD（2006）Psychological First Aid: Field Operations Guide, 2nd Edition.（兵庫県こころのケアセンター訳（2009）サイコロジカル・ファーストエイド実施の手引き 第2版. Downloadable from http://www.j-hits.org/psychological/

Ohnuma, A., Ohtaki, R., & Kim, Y.（2014）Effectiveness of PFA training among different types of care providers in Japan. World Psychiatric Association（WPA）Section on Epidemiology and Public Health-2014 Meeting, 2014.10.16-18.

Rose, S.C., Bisson, J., Churchill, R., Wessely, S.（2009）Psychological debriefing for preventing post traumatic stress disorder (PTSD). Downloadable from http://onlinelibrary.wiley.com/

doi/10.1002/14651858.CD000560/abstract
Shultz, J. M., Forbes, D. (2013) Psychological First Aid: Rapid proliferation and the search for evidence. Disaster Health, 1(2); 1-10.
The Sphere Project (2011) Humanitarian Charter and Minimum Standards in Disaster Response. Geneva; The Sphere Project. Downloadable from http://www.refworld.org/docid/4ed8ae592.html
Van Emmerik, A. A. P., Kamphuis, J. H., Hulsbosch, A. M., Emmelkamp, P. M. G. (2002) Single session debriefing after psychological trauma: A meta-analysis. The Lancet, 360; 766-771.
World Health Organization, War Trauma Foundation and World Vision International (2011) Psychological First Aid: Guide for field workers, Geneva; WHO.（国立精神・神経医療研究センター，ケア・宮城，プラン・ジャパン（2011）心理的応急処置（サイコロジカル・ファーストエイド：PFA フィールド・ガイド．）Downloadable from http://saigai-kokoro.ncnp.go.jp/pdf/who_pfa_guide.pdf）

Essey
EMDR（眼球運動による脱感作と再処理法）

市井雅哉

　1989年にShapiroが発表したEMDRは，今日までにさまざまな機関，国，学会などによって，子ども，思春期，成人のPTSDに効果的であることが実証された心理療法として認められている（例えば，WHO，2013）。

　治療段階は8つからなり，1）生育歴・病歴聴取，2）準備，3）アセスメント，4）脱感作，5）植え付け，6）ボディ・スキャン，7）終了，8）再評価からなっている。

　1）「生育歴・病歴聴取」では，現在の症状に関連した過去の記憶を同定する。最近のトラウマのみでなく，人生全体を見渡して，関連した処理する必要のある否定的な記憶がないかを探っていく。また，同時に，肯定的な記憶（愛着対象，成功体験，ストレス対処方法など）についても把握しておくことが重要になる。このクライエントにEMDR適用が適当であるかどうかの判断を行う。例えば，自傷や自殺の恐れ，薬物依存，解離性障害が疑われる場合には，次の準備作業にしっかり時間をかけることが必要になるだろう。

　2）「準備」では，EMDRがどのような治療法であるかを教育すること，インフォームド・コンセントを取ること，安全な場所，資源の開発と植え付けを行い，安定化を図ることなどが課題である。もし，クライエントが否定的な記憶を回避や解離することでこれまで対処してきた場合，そうした記憶に直面化すれば，改善に向かうどころか不安定になる可能性がある。

　この1），2）段階をどのくらい時間をかけて行うかはクライエントにより千差万別である。養育者との不安定な愛着，死別や離別，幼少期から続く虐待的な環境や侵害的な対人関係，少ない成功体験などがあれば，トラウマに焦点を当てるよりも，肯定的な記憶を探す，対処能力を上げて，今現在肯定的な対人関係を築いたり，成功体験を積めるようにすることから始める必要があるだろう。

　EMDRの最も目を引く特徴的な手続きとしては，3）～8）の部分と指摘できる。この過程は記憶の数だけ，さらに1つの記憶に関しても何度も繰り返される

ことになる。

　3)「アセスメント」では，処理する対象の記憶について，①映像，②否定的認知，③肯定的認知，④ VOC，⑤感情，⑥ SUD，⑦身体感覚の場所，について同定する。これらの評価は脱感作前のベースライン測定の意味と，記憶へのアクセスを行い，再体験状態を起こす意味がある。すなわち，概念的に記憶にアクセスするのではなく，トラウマ当時に似た生理的覚醒状態を再現する。

　4)「脱感作」は，一方でこのトラウマ記憶を意識しつつ，水平方向の眼球運動や他の両側性刺激（左右交互の聴覚刺激や触覚刺激）を用いて，二重注意の状態を導く。1セットの刺激はおよそ25往復程度で，15〜20秒程度となる。そこで，深呼吸をして，イメージや思考，身体感覚に起こる変化を報告してもらう。さらに，次の1セットを加えることを繰り返す。この両側性の刺激は，出来事と距離を取ることを可能にし，また，連想を賦活することで，これまで忘れていたさまざまな側面に気づき，また肯定的な側面も想起される。これは記憶の再固定化という側面を持っており，記憶を思い出してももはや否定的な感情が伴わないところまで続けられる。

　5)「植え付け」では，肯定的認知の妥当性を上げていくために，同様の両側性刺激が加えられる。この過程でもさらに連想が賦活され，より肯定的な側面との連結が図られる。

　6)「ボディ・スキャン」では，元々の出来事と肯定的な認知を意識して身体的な違和感を探す。それが消えるまで，さらに肯定的感覚を強めるため両側性刺激を加える。

　7)「終了」では，面接を終えて日常に戻る準備を行う。不完全な状態で終わる場合には，コンテインメントと呼ばれる作業で記憶を包み込んだり，安全な場所を意識してもらい，安定化を行う。

　8)「再評価」では，次のセッションで，前回の処理が維持されているか，または逆戻りしているかなどをチェックして必要な処理に移る。すなわち，4)〜7) を繰り返すか，新しい記憶へ移り，3)〜7) を行うことになる。

　EMDRでの治療原理は，適応的情報処理モデルと呼ばれている。われわれの記憶は連想により成り立っている。たとえば，東日本大震災で津波を予測して妻と共に高台に避難した老人は，自宅が流されるさまを高台から見下ろした場面が頭に焼き付いていた。その時の光景と当時の寒さ，流された家がぶつかる音，クラクションや救急車のサイレンの音，命が助かった安堵感もありながら，絶望的な

感情，無力感，恐怖や力が抜ける感じなどが1つの情報パッケージとなって他の情報と結びつかない形で残っている。時間が経って旅行で訪れた地で見た川の流れ，同じような気温や天候，クラクションやサイレンの音などがきっかけとなって鮮烈に津波の記憶が甦ることとなる。我々の脳は本来，こうした辛い出来事をどうにか適応的な解決へと移行させようという力を持っている。こうした力が適切に働けば，津波の後に無事だった友人と再会した，離れていた家族が心配して連絡をくれた，ボランティアの活動に参加した，避難所の仲間と談笑したなどプラスの経験との連結が起こる。こうした過程には，REM睡眠が有効に働いているのかもしれない。右脳と左脳は機能差があることが知られている。我々は，イメージや感情という右脳に蓄積された短期的な情報を左脳に動かす。そこでは，言語化し，分析し，教訓を得られる。さまざまな五感の要素が集まったエピソード記憶が意味記憶となって容量を節約でき，圧倒されずに置いておけるようになる。しかし，機能的な情報処理過程が阻害されている場合には，PTSDやトラウマ状態となり，そんな時に，眼球運動（または，両側性刺激）が脳を刺激し，処理過程に再び乗せる助けになると考えられている。また，災害直後であれば，最近のトラウマのみに焦点を当てて，広く連想を促さないような方法（R-TEP；直近トラウマエピソードプロトコル）を実施する手順も提案され，緊急支援には適していると言える。

Essey
BASIC Ph の世界

新井陽子

2015年8月，私はBASIC Phの祖国，イスラエルに立っていた。真夏のイスラエルはじりじりと焼け付くように暑く乾燥している。その一方で，真っ白な砂浜と青い海が輝く地中海と緑の肥沃な農地を持つ美しく豊かな国でもある。何千年もの間，人々が憧れるにふさわしい美しい土地。レバノン，シリア，ヨルダン，エジプト，そしてパレスチナ自治区に隣接する国イスラエル。

イスラエルは，複雑で悲しい歴史を繰り返してきた国であり，ホロコーストで600万人ものユダヤ人が命を落としたトラウマ記憶は，現在でも人々に深い影を落とし続けている。そして新たなトラウマも生まれ続けており，それらに対応せざるを得ない中で，イスラエルはトラウマ治療の最先進国の一つとなった。

BASIC Phは，そのような背景の中で誕生したストレスコーピング・モデルなのである。BASIC Phとは，以下の6つのストレスコーピング・モードの頭文字を表したものである。

1. Belief（信念）：「やらねばならない」「神が守ってくれる」など信念に沿って解決を試みるモード。文化的・宗教的・家族のルールなど言語化されない無意識の考え方も含まれる。
2. Affection（感情）：泣いたり，笑ったり，怒ったりして感情を表出することでストレス発散させるモード。反対に，感情麻痺といった「感じない」という対処も含まれる。
3. Social（社会）：誰かと一緒にいる，誰かに助けを求める，SNSなどに発信するなど社会的なつながりを使って対処するモード。
4. Imagination（イマジネーション）：トラウマ体験を演劇や音楽，絵画，文学などの芸術に昇華させることや空想やユーモアなど想像力を使って対処するモード。
5. Cognition（認知）：情報収集をしたり，優先順位を決めて問題解決にあたったりといった，認知的思考により解決を図るモード。
6. Physical（身体）：食べる，走る，タバコを吸う，お酒を飲むなど身体活動を用いた対処モード。

BASIC Phの生みの親であり，トラウマ治療を専門とする心理学者であるラハド

博士は，ホロコースト・サバイバーや国内外の紛争でトラウマを負った人たちの治療する過程で，彼らの病理ばかりに注目されることに疑問を抱いてきた。同じトラウマ体験であっても，PTSD（心的外傷後ストレス障害）に罹患する人もいればそうではない人もいる。多くの人はストレッサーの影響で，一時的に機能不全を起こしたとしても，中長期的には自然に回復していく。彼は人々が持つレジリエンス（回復力）に興味を持ち，レジリエンスに焦点をあてた BASIC Ph を産み出したのである。

BASIC Ph では，人が用いるストレスに対処するための行動をストレスコーピングとして6つのモードでアセスメントする。

例えば，「誰かに相談をする（社会）」，「映画を見て（イマジネーション）泣く（感情）」，「ジョギングする（身体）」などとアセスメントすることができる。このように，人は状況に応じてそれぞれのコーピングモードを組み合わせて使っていることがわかる。自分自身の行動を BASIC Ph モデルに添ってアセスメントすると自分の得意とするモードに気づき，そして自身の強みを確認することができるのである。

災害や犯罪など，長期的なストレス状態や，想定外の甚大なストレスに遭遇した時，それまで機能していた対処法が使えず，有効な対処モードが減少し，機能不全を起こして人は危機に陥ってしまう。そのような時，失った対処法や対処モードを無理矢理に取り戻そうとするのではなく，いま機能している別のモードや他の得意なモードを強みとして拡充させることで危機的対処の提案をすることができる。

例えば，ホロコーストに翻弄されたユダヤ人は，自分たちの命が狙われる合理的な理由存在せず，正確な情報が得られず，明日殺されるかもしれないという絶望的な危機的状況で，認知的な対処が困難になった。しかし彼らは，「なぜこのようなことが起きているのか」という認知的な原因追及を深めることを一瞬手放し，現在機能している，あるいは得意としているモードを活用し，例えば，「仲間と共に（社会）歌や演劇で（イマジネーション），苦悩や希望を表現する（感情）」ことで，その瞬間を生き延びることを可能にしたと考えることができる。

さらに，BASIC Ph のおもしろさは，一見否定的に思える対処法に強みを見出すところにもある。例えば，ある人のストレス対処法が「飲酒（身体）」だったとする。飲酒に対して否定的な支援者は，飲酒をやめさせようとするかもしれない。しかし，BASIC Ph の考え方では，その危機的な一瞬を生き延びるために飲酒が必

要なのであればそれを否定しない。むしろ，お酒を飲むという身体的対処モードと，酩酊することで辛いことから意識を遠ざけるというイマジネーション的対処モードに着目し，それらをその人の得意とするモードとして一旦受け入れた上で，同じモード内のより適応的なアプローチへの置き換えを検討していくのである。

　初めて BASIC Ph が日本に紹介されたのは，東日本大震災の翌年 2012 年のことだった。震災後，まだ混乱が続く日本に，イスラエルから人道的支援の申し出が届いた。差出人はイスラエルトラウマ連合（ITC）。ITC はイスラエル国内にある複数の支援団体をとりまとめ，世界中で起きるテロ事件，紛争，自然災害によって人々やコミュニティに生じる精神的苦痛への人道的危機介入を，国や宗教を超えて行う団体である。その活動の一環として，ムーリー・ラハド博士，ルヴィ・ロジェル博士，ダリア・シヴァン氏，タリー・レヴァノン氏らが来日した。

　彼らは 3 年間で 7 回来日し，岩手県釜石市，大船渡市，盛岡市，宮城県塩釜市，仙台市，福島県郡山市，さらに東京と神戸で，BASIC Ph ワークショップを開催した。これらを通じて，BASIC Ph はのべ約 1,000 名近い参加者に伝えられたのである。

　BASIC Ph の良さは，誰にでも理解しやすいこと，そしてどのような心理療法にも干渉せず共存でき，人の強みに焦点を当てる視点を提供してくれる点にある。この BASIC Ph のおもしろさを理解するために，多くのグループワークが開発されており，実際に体験しながら学ぶことができる。イスラエルの歴史の中で生まれた BASIC Ph がより多くの人に体験され，理解され，そして広まっていくことを願っている。

Essey
緊急支援とアウトリーチでの失敗を防ぐ

岩壁　茂

　臨床心理士の仕事の4領域は，アセスメント，心理面接，地域援助，そして研究，とある。実際のところ，アセスメントと心理面接について大学院で学ぶ機会は多いが，研究と地域援助についてはかなり少ない。研究に関しては，修士論文の完成とともに離れてしまうのが大多数である。もっとも難しい位置づけにあるのが，地域援助である。地域援助は地域・コミュニティへ出ての支援活動であり，心理面接という密室の対話をもとにした関わりとはかなり大きく異なる。中でも，地域住民の災害被害の支援活動や危機介入はきわめて重要な活動であるが，そのための十分な訓練を受けている臨床家は少ない。

　米国では，危機介入の重要性が訓練において強調され，比較的大きなクリニックでは危機介入のための独立した部門が設けられている。しかし日本においては，地域援助に関しては，コミュニティ心理学の中で発展しており，個人開業を営む臨床家の多くにとって日常的な業務となっていないのも事実である。緊急支援に関しては，大学院において訓練を受けたとしても実際の緊急事態での臨床経験をもてる人は少ない。そのため，心理職が社会の中に出ていって援助を行うことには困難がつきまとう。一対一を基調とした臨床心理士のかかわり方が，地域に合わないのがその一因でもある。ここでは，地域援助で失敗を防ぐために，特に個人面接において役立つが地域援助においてあまり適切ではないポイントを挙げたい。

役割を出ること

　一般的に臨床面接では，臨床家が中立的であること，または適度に距離をとって自分自身を見せないことが適切な姿勢と考えられている。中でも，臨床心理士としての役割から外に出ることなく，クライエントと決められた役割の中で接することが倫理的にも要求される。この点は多重関係という倫理的な問題ともかかわっている。クライエントと面接外の場所で食事する，おしゃべりする，などの日

常的接触をすることは一般的に禁じられている。もう一方で，緊急事態における地域援助では，生活の場での接触が基本にあり，その地域の生活文化を知り，その中で起こっている問題や困難について肌で感じ取る必要がある。そのため，治療関係・ラポールも一対一の閉ざされた関係ではなく，より広がりがある生活の場でその地域の一員として臨床家が溶け込むことから作られる。そのため，心理の専門家という枠を見直す必要がある。

問題を抱えたクライエントとしてみること

　緊急支援では，被援助者は，なんらかの事故や災害によりトラウマを受けた被害者であり，問題をもち支援を必要とする人であると見なしやすい。しかし，何らかの被害や災害にあったからといって援助を必要としているとは限らない。また，被害者として見なされることに対して強い抵抗を示すことも少なくない。支援者は，基本的には健康な人間がある特定の状況に晒されたという点を忘れてはいけない。そのため，強みを理解することも大切であるが，それらを過度に誇張してほめたりすることもその人の人格を否定することになりかねない。また，打撃的な被害を受け，心理的機能が弱まっているとき，さまざまな問題があるときでさえも，支援者に対する依存を作り出すのではなくて，個人の主体性や積極性を常に尊重すること，そしてそれを促進する支援をする必要がある。

異常な反応を同定すること

　臨床心理学の援助は，健康的で，正常な行動を促進することである。ということは異常行動や問題行動が起こったとき，それを正確にアセスメントしてより健康な行動を導くことが求められる。ところが，災害などの突発的な出来事に対して一時的に「異常」とみられるような行動をとることは正常な反応である。感情的な混乱，強い心理的苦痛，周囲の人間との齟齬や衝突，極端なこだわりや不合理な要求，などはショックに対するよくみられる反応である。これらを和らげ，できるだけ早く痛みから解放することは心理職の仕事の一つであるが，これらのプロセスを生き抜くことを通して心理的成長や回復が起こることも忘れてはならない。

特定の理論的見方・手続きを踏襲すること

　新たな現場に入って介入・支援を行う場合，自分が得意としている，または専

門性をもって適用できる介入を使いたいと思うだろう。最新の緊急支援法，またはエビデンスがある支援法を用いればより適切な支援が可能となると考えるのももっともである。そうすることがもっとも倫理的であるし，効果を高めることにつながるはずである。しかし，実際のところ，利用者がそのような最新のやり方に合っているわけではない。そのような例の一つは「対話」である。心理的援助にとって話すことはもっとも効果的であり，有用性が高いが，時に役立たないこと，それがただ心理的苦痛を悪化させることもある。何が必要であるのか，どのような介入が適切なのかということは利用者のニーズおよびその人たちの生活のあり方に適合していなければならない。

支援を短期化させること

単発または一回限りのワークショップは企画しやすいし，実施も楽である。また，遠方から支援を行うとき，実質的にそのような関わりしかできないかもしれない。しかし，このような一度のかかわりが心理的に継続的な影響を与えるとは考えにくい。より長期的な見通しをもって支援を計画し，その効果もフォローアップを含めて構成することが必要である。

まとめ

緊急時の支援では，手続きにこだわるのではなく，心理学的援助の原則に立ち戻る必要がある。それは，クライエントのニーズを理解すること，その場の状況に応じて柔軟なやり方で信頼関係を作ること，介入によって何をどこまで変えることができるのか，状況に合わせて判断すること，最終的に自分の関わりがどの程度効果的に進んでいるのかという評価の基準を設定すること，などである。これらは，時に忘れてしまうが，個人療法にも共通して役立つはずである。

第3部　展望編

第18章
未然と予防

小俣和義

I 健康心理学における予防の概念について

心身の健康に対するリスク要因（risk factor）を解明することは，疾病・障害の予防と密接に関連している。予防には，一次予防（primary prevention），二次予防（secondary prevention），三次予防（tertiary prevention）という分類がある。一次予防は，疾病の兆候や症状を示していない人を健康な状態のままに保つことを狙いに定めて行う介入であり，健康な生活習慣の形成など，疾病や障害の発生を未然に防ぐ予防のことを指す。2015年12月に厚生労働省がストレスチェックを導入したおもな目的はこの一次予防に当たる。これは，労働者のメンタルヘルスの不調を未然に防ぐことをおもな目的とするとともに，ストレスチェックを行うことで労働者自身のストレスへの気付きを促すこと，ストレスの原因となる職場環境の改善につなげることも目標となっている。また，事件・事故や自殺が起きる前からの予防や未然，自然災害が起きる前からの防災や減災などもこれに含まれるといえる。二次予防は，疾病や障害を初期段階のうちに見つけ，効果的な処置を行い，改善を目指している。疾病の健診から治療に至る各段階での対応である。アセスメントなどでハイリスク群とされた方たちへの対処，早期発見，早期治療など，時期や方法が最適な介入を行うことによって，疾病の進行や重症化を防止することである。ここでは，問題への自覚が乏しい人たちや症状を抱えながらも援助を求めようとしない人たちをいかに発見するかが重要となってくる。三次予防は，すでに問題を持ち疾病や障害を負っている人に対して，リハビリテーションや職能訓練などにより，社会復帰を促進し，社会生活や職業生活の困難の発生を防ぎ軽減する予防である。災害・事件後による被災者・被害者に対する支援活動もこれにあたる。したがって，三次予防は問題の発症数や有症数を減少させるものではなく，問題を解決する方向に援助したり，さらなる症状の悪化を

食い止めるために介入を試みることを指している。

いずれにしても予防という概念は幅広く，その問題の対象や性質によってさまざまなアプローチが必要となってくる。とくに一次予防，二次予防を考えたときに，まずその後に起こり得る事態の深刻さについての危機意識をしっかりと持てるような啓発的な視点が必要となってくる。そのためには，こころの専門家が他章で述べられているような虐待や自殺，犯罪，いじめなどの実態を理解し，そのことによる甚大な影響についてしっかりと認識し，未然に防ぐ手立てを講じていくこととなる。また，地震，津波，台風，水害，噴火などの自然災害は，発生そのものを防ぐことは難しいが，日ごろの防災教育や避難訓練，有効な災害対策を講じることにより，被害の程度を減じていくことは可能である。そのためには，心理職自らが密室である相談室を出て，地域援助を行っていくというアウトリーチの活動が必要になってくる。

II 予防を行うためのアウトリーチ

予防教育・心理教育というのは，今後起こりうる問題の予防や，問題が生じた際の対応方法などについて教育啓発を行い，主体的な生活を営めるよう支援する活動である。アウトリーチは，臨床心理学的支援の利用が困難な人，アクセスの困難だけでなく，問題意識の低い人，サービス利用に不安や拒否的感情をもつ人などに対して，当事者もしくはその保護者等の要請をもとに現地に出向き，信頼関係の構築やサービス利用の動機づけを行うことから始まる。訪問した際に，当事者の生活状況をとらえ，日常生活場面での支援に活かす姿勢が求められる。保健所・精神保健福祉センターにおける当事者支援，家族支援では，うつ病，統合失調症などの精神障害やアルコール依存，ひきこもりからの回復を目指す自助グループの育成や活動支援，家族会の運営支援などが行われており，共通の問題を抱えた人々のエンパワーメントが図られている。また，発達支援センターや市町村保健センターでは，子どもの発達に関する検査に加えて，家庭への訪問相談や保育園等への巡回相談（保育士へのコンサルテーション）などアウトリーチ活動を行い，発達上の問題に対する適切な関わり等を助言指導する。また，保健センターでは，子どもが誕生すると乳児家庭に訪問し，児童虐待を未然に防ぐために家庭環境の把握に努め，育児不安の解消を図っている。

医療分野では，ACT（Assertive Community Treatment）という活動がある。これは，包括型地域生活支援プログラムと訳されている精神障害者の継続した地域

生活を可能にするために考えられたプログラムである。1970年代前半に，米国ウイスコンシン州で初めてモデル事業が行われ，その後オーストラリア，イギリス，フィンランドなどで取り組みが成されたという経緯を持つ。欧米諸国の実践では，精神障害者の再入院が減少したり，地域における定着率が高まったりと，生活の質が向上するという面から有効性が高く評価されてきている。ACTでは，24時間対応を前提に，精神科医・精神科看護師・精神保健福祉士・ケアマネジャー・心理職などの多職種による協働チームが，退院をしてきた精神障害者のケア（地域生活支援，社会復帰促進，再発予防のための訪問サービス，服薬管理，社会適応訓練など）を行っている。治療とリハビリテーションの両面を併せ持ち，生活の困難の発生や症状の再発，悪化を防ぐというおもに三次予防的な意味をもつものである。ACTでは，多職種連携によるアウトリーチ活動を通して，こうしたケアを地域に提供することに主眼を置いている。わが国では，精神障害者地域移行・地域定着支援事業として，ACT活動実践が行われている。

その他，精神科臨床では，デイケア，ナイトケア，就労支援による障害者の日常生活と社会参加への支援も行われている。病気や障害をもつ対象者が地域での生活を送りながら医療機関や社会福祉施設におけるケアを受けることで，生活時間の構造化や集団活動による社会スキルの回復を目的とした支援が行われている。同時にこれらのサービス利用は対象者にとって社会参加の機会となり，生きがいを得て生活の安定化が図られるなど重要な社会的リハビリテーションとなっている。

そして，心理職は地域住民への広報・教育活動にもかかわっていくことも期待されている。病気や障害をもつ人も暮らしやすい地域づくりを進めるため，住民の誤解や偏見を除去・軽減し理解を進めるために，地域の医療・保健・福祉機関のスタッフとして教育や研修に携わっている。またこれらの活動は，地域の民生委員や住民とともに企画・実践するなど，コミュニティ全体を考慮した心の情報整理や環境調整を行う活動ともいえる。また，一般的な生活環境の健全な発展のために，心理的情報を提供したり提言することも予防的なアウトリーチ活動として重要である。

III 自殺予防へのアプローチ

1998年以降3万人台に増え続けてきた年間自殺者数が，2012年以降は2015年まで2万人台に減少してきている（図1）。しかし，第9章でも述べられている

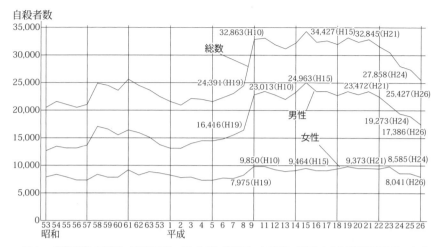

図1　自殺者数の推移（自殺統計；平成25（2013）年度版；警察庁自殺統計原票データより内閣府作成）　平成26年の自殺者は25,427人となり，対前年比1,856人（約6.8％）減。平成10年以来，14年連続して3万人を超える状況が続いていたが，3年連続で3万人を下回った。男女別にみると，男性は5年連続，女性は3年連続で減少した。また男性の自殺は，女性の約2倍となっている。

ように世界的に見るとわが国の自殺死亡率は高い値を示していることから，自殺予防対策は重要な課題といえる。

1．学校現場を通して

　第9章でも述べられている自殺問題についても「予防」という観点を中心に触れておきたい。学校現場において，児童・生徒が自殺を目撃した場合，激しいショックと恐怖にさいなまれる。また，周囲も「なぜ止められなかったのか」，「なぜ気づいてあげられなかったのか」と自責の念や他者への非難などの激しい動揺と混乱が生じる。また，生死につながるような事故や事件が起こると，児童・生徒のみならず，教職員，保護者，地域住民にまで影響がおよび，大きく揺らいでいくこととなる。こうした事態をできるだけ未然に防いでいくためには，自殺やいじめ，犯罪が起きにくくするためのおとな側の配慮が必要となってくる。学校現場ではスクールカウンセラーが教職員と学校内で連携し（図2），子どもたちの問題の兆候を早い段階で見極められるような予防的危機対応が重要となってくる。また，教育委員会や救急医療機関，保健所，児童相談所，保健所，学区の自治会，PTA連合会など，学外の関係機関とも危機対応組織として連携を密に取っておく

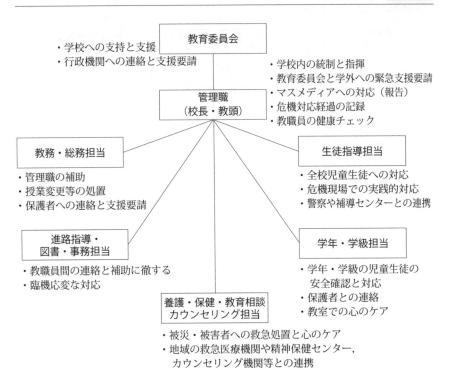

図2 学校危機対応チームの組織化と役割分担（上地「教師のための学校危機対応実践マニュアル」（2003）より）

ことが望ましい（図3）。できるだけお互いの組織で顔の見える関係をもとに地域のネットワークを作り，おとなは守っているというメッセージや命の大切さを伝えていくことが重要である。

心理職としては，まずは子どもが示す自殺のサインや自殺の背景にある心理的な背景についても十分に認識し，教職員や関係者にも伝えておく必要がある。思春期の自殺に至る子どもの心理について高橋祥友（2008）は，強い孤立感や無価値観，強い怒り，さらには苦しみが永遠に続くという思い込みや心理的視野狭窄などが特徴であると述べている。「居場所がない」，「誰も助けてくれるはずがない」という孤立感，「自分なんかいないほうがいい」という無価値観，「なぜ自分ばかりがこんなにつらい思いをしなくてはならないのだろう」という強い怒りの感情がこの先もずっと続いていくという絶望的な気持ちにさいなまれ，自殺に追い詰められていく児童・生徒の苦しみは察するにあまりあるものであるといえる。そして，「死ねば楽になる」，「一番の解決方法は自殺することである」と他に解

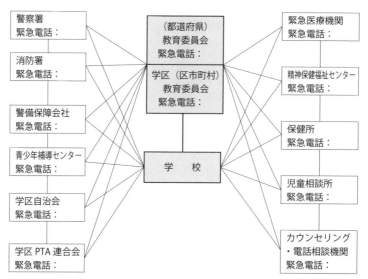

図3 学外危機支援機関によるバックアップ体制(上地「教師のための学校危機対応実践マニュアル」(2003)より)

決策が見当たらない状態になると自殺の危険は一気に増幅する。こうした状態にある児童・生徒は,自殺をほのめかしたり,大切なものを友人にあげたり身辺整理をするなど別れの準備をしたり,危険な遊びをする,成績が急に落ちたり,遅刻や無断欠席が増えるなどの自殺のサイン(上地,2003)を示してくる。心理職は教師や保護者と連携して,教室や校内の様子を見守り,授業の様子や職員会議での情報をもとに自殺を未然に防げるようなかかわりが重要である。いじめや恐喝,暴力被害などのはっきりした原因がある場合には,事実関係を確認したうえで,教育委員会や警察とも連携を取って適切な対応を取っていく必要がある。

自殺企図に至らしめないためには,生徒の訴えを真剣に聴くことである。自殺をほのめかす子どもの内面では「死にたいほど苦しい」,「楽になれるのであれば生きていたい」という,生きたい気持ちと死にたい気持ちとの間で闘っているのである(小俣,2003)。こうした葛藤や苦しみを抱える児童生徒には,誠実な態度で接し,話をそらさずに一生懸命に耳を傾け,絶望的な感情を理解するように真摯に努めていく。この時に,心理職として必要なことは,当事者の環境要因,友人関係,成績や出欠席などの学業状況,性格傾向などを総合的にアセスメントしつつ自殺の危険度を推定すること,さらに生命にかかわる深刻な訴えがあった場

合には秘密のままにしておかず，当事者の了承を得た上で共有し，心理職，教師，養護教諭など多職種間で連携してチームとして支えていくということである。

坂中（2015）グループワークを中心とした「教員向けの自殺プログラム」の実践的な取り組みを紹介し，子どもの自殺のサインに気づくこと，自殺の危険の高い子どもへの対応，校内外のネットワークを知ることを通して，教師の問題解決能力を高める効果があることを論じている。このように，心理職が専門家として日ごろ子どもたちに関わっている教師を対象に啓発的な研修を行うというアプローチも今後非常に有効になっていくと思われる。

また，自殺予防教育の土台として，自尊感情を高められるような学級作り，仲間作りを進めて安心して生活できる学校作り，児童・生徒が悩みを相談できる校内体制作りを挙げているが，これはいじめの発生を予防するクラス作り（菅野，2012）にもつながっていくものである。子どもたちにとって，安心できる居場所を学校内外に作ること，保護者との連携をしっかりと保ち信頼関係を作っていくことは，自殺やいじめだけでなく，非行や犯罪の芽を事前に摘み取ることにつながり，その後の被害の予防につながっていくものと思われる。

また，12章で述べられている東日本大震災における被災地でも巡回型スクールカウンセラーがそれぞれの担当地域で支援活動を続けている。そこでは，リラクセーションや表現活動，仲間作りなどの子どもたちを対象にした支援とともに，保護者を対象とした面接や講演会，さらには教職員に向けたコンサルテーションや研修を行い，アウトリーチによる心理支援活動を展開している（渡部，2013，2014）。こうした活動が，被災という傷ついた体験している子どもたちを守り，新たなる問題発生を未然に防ぐことにつながっている。

2．ゲートキーパー

図1の通り，1998年以降年間3万人を超える数に上っていた状況を改善するために，「自殺総合対策大綱」（2007年6月8日，閣議決定）において，9つの当面の重点施策の一つとしてゲートキーパーの養成を掲げ，かかりつけの医師を始め，教職員，保健師，看護師，ケア・マネージャー，民生委員，児童委員，各種相談窓口担当者など，関連するあらゆる分野の人材にゲートキーパーとなっていただけるよう研修等を行うことが規定された。「ゲートキーパー」とは，自殺の危険を示すサインに気づき，適切な対応（悩んでいる人に気づき，声をかけ，話を聞いて，必要な支援につなげ，見守る）を図ることができる人のことで，言わ

ば「命の門番」とも位置付けられる人のことさしている。現代社会では，誰もが心の健康を損なう可能性があることを踏まえ，国民一人ひとりが，自殺を特別なことではなく，身近な問題として受け止めて自殺対策の主役となるよう，共に支え合う共生社会を形成していくという視点を持って，幅広く周知していくことを目指している。具体的には，自殺や自殺関連事象，精神疾患等に対する偏見をなくしていくため，書籍や講習会，メディア等のさまざまな媒体を通して，これらについての正しい知識を全ての国民を対象に分かりやすく啓発する。また，孤立・孤独を防ぐことが自殺対策の有効な手段であることから，自殺の危険を示すサインにはどのようなものがあるのかという知識や，そのようなサインに気づいた時の対応方法，相談窓口の具体的な周知を含め，国民一人ひとりが悩んでいる人に気付き，声を掛け，話を聞いて，必要な支援につなげ，見守る「ゲートキーパー」としての意識を持ってもらうよう，啓発活動を展開している。なお，ゲートキーパーは，海外でも，自殺対策の分野でも広く使用されている用語，概念であって，WHO（世界保健機構）を始め，多くの国々で使用され，その養成プログラムが実施されている。自殺予防活動の一環としての「電話相談」「メンタルサポーター活動」「ゲートキーパー」へのスーパーバイズなど，自殺予防活動などにおいて地域でカウンセリングを学び，ボランティア活動をしていこうとする人々への知識提供や活動の支援が行われてきている。

　心理職は，保健機関のスタッフとして，また，専門ボランティアとして，相談員の研修や事例検討会などでスーパーバイズを行っている。自殺対策では，悩んでいる人に寄り添い，関わりを通して「孤立・孤独」を防ぎ，支援することが重要であり，ひとりでも多くの人にゲートキーパーとしての意識を持ってもらうことにより，専門性の有無にかかわらず，それぞれの立場でできることから進んで行動を起こしていくことが自殺予防につながっていくと考えられる。ゲートキーパー研修の中では，家族や仲間の変化に気づいて声をかける（気づき）と，本人の気持ちを尊重し，耳を傾ける（傾聴），そして早めに専門家に相談するように促す（つなぎ），さらには温かく寄り添いながら，じっくりと見守る（見守り）ことが重要な役割であるとされている。つまり，相手の様子を見極め，批判することなく受容的に接しつつ，温かく見守り，必要な関係機関につないでいくという臨床心理学的な観点をもった対応が基本にあると考えられる。ゲートキーパー養成では，メンタルヘルス・ファーストエイド（Mental Health First Aid）の考え方を基本に取り入れ，自傷・他害の恐れのある人の生命を守ること，メンタルヘル

表1　自殺の危険因子（高橋祥友，2008より）

1）自殺未遂歴	自殺未遂は最も重要な危険因子 自殺未遂の状況，方法，意図，周囲からの反応などを検討
2）精神疾患	うつ病（思春期以後では，統合失調症，パーソナリティ障害などが問題になることもある）
3）サポートの不足	学校での孤立，家庭での問題
4）性別	自殺既遂者：男＞女　自殺未遂者：女＞男
5）喪失体験	病気や怪我，学業不振，予想外の失敗
6）事故傾性	自己の安全や健康を守れない
7）性格傾向	未熟・依存的，衝動的，孤立・抑うつ的，極端な完全癖，反社会的
8）他者の死の影響	精神的に重要なつながりのあった人が突然不幸な形で死亡
9）虐待	心理的・身体的・性的虐待
10）その他	

スの問題がさらに悪化するのを防ぐ支援をすること，健全なメンタルヘルスの回復を促進すること，精神疾患を患う人が安心できるようにすることを目標としている。悩んでいる人への接し方として，まずは自傷・他害の可能性についてのリスク評価をすること，判断・批判せずに話を聞くこと，安心と情報を与えること，適切な専門家などサポートを得るように促すこと，さらには自分でできる対処法を勧めることなど，まず周囲の人たちができることを提唱している。リスク評価については，自殺の危険因子（表1）を複数の観点から考慮しておくことが必要である。日ごろ心理臨床実践に携わっている専門家が，こうした活動に積極的に関与していくことが重要となってくる。

3．市町村単位での取り組み

　新潟県松之山町では自殺死亡率が全国平均に比べ高く，うつの有病率も高く高齢者の自殺死亡率の高い地域であることから，自殺対策の必要性が論じられていた。そこで，1985年から5年間，先駆的に自己評価うつ病尺度（SDS）や研究用診断基準（RDC）を用いて，ハイリスク高齢者の拾い出しを行い，精神科医療機関による専門的治療や町立診療所における継続治療，保健福祉ケア，必要に応じた危機介入を行うことにより自殺死亡率の大幅な減少という成果をみている（高橋ら，1998）。自殺リスクのある高齢者を，自己評価うつ病尺度（うつスクリーニング）を用いて早期に発見しフォローする取り組みと，自殺の現状や予防につ

いての地域における教育啓発活動の2本柱からなり，松之山方式とも呼ばれアウトリーチによる自殺予防活動として継続されている。また，秋田県の合川町では，2001年に，うつ病のスクリーニングを含む健康作りの基礎調査を実施し，ハイリスク者を抽出し保健師による訪問個別面接を実施し事前事後指導を通して自殺の二次予防活動を行った。また，地域住民の中からボランティアとして「ふれあい相談員」を育成し，一人暮らしの高齢者への声掛けなどを実施するとともに，住民を対象とした自殺予防の講演会などの一次予防活動を行ったところ，多くの住民がこころの健康作りへの認識が深まり，「ふれあい相談員」を活用したふれあい訪問や公民館での世代間交流事業へと発展している（本橋，2003）。第3章で紹介した2011年の東日本大震災心理支援センターから宮城県臨床心理士会に引き継がれた南三陸町でのカフェによる支援活動でも，地元の住民である生活支援員をサポートするかたちで心理職が関わり，住民同士が顔の見える関係で支え合うという予防的なアプローチを試みている。アウトリーチによる予防活動は，心理職も含め専門職の枠を超えて取り組んでいくべき重要な課題であるといえる。

IV 非行や犯罪，虐待の予防

少年事件では，家庭裁判所調査官（以下，調査官）が，非行を犯したとされる少年や保護者と会って，その事情を聴く。ときには家庭訪問を行い，少年が非行や犯罪に至った動機や原因，生育歴，性格，生活環境などの調査を行い，彼らが立ち直るために必要な方策を検討していく。必要に応じて少年の資質や性格傾向を把握するために心理テストを実施したり，少年鑑別所，保護観察所，児童相談所などの関係機関と連携を図りつつ作成した報告書を裁判官に提出する。非行が悪化したり，犯罪行為を繰り返すことを予防するために裁判官は，少年の更生にとって最も適切な解決に向けて審判を行っていく。また，家事事件で調査官は，紛争の当事者である父母や，親の紛争のさなかに置かれている子どもに面接をして，問題の原因や背景を聴き，必要に応じ社会福祉や医療などの関係機関との連絡や調整などを場合によっては足を運びながら行っていく。家族にとって最善と考えられる解決方法を検討し，裁判官に報告する過程の中で，悩み事から気持ちが混乱している当事者に対しては，冷静に話し合いができるように傾聴し，エンパワーメントするような心理的な援助をしたり，ときには調停に立ち会って当事者間の話合いがスムーズに進められるようにしていくこともある。それを受けた裁判官が事件の適切な解決に向けて審判や調停を進めていくのであるが，こうした調

査官の役割が，非行や犯罪，虐待を未然に防いだり，再犯を抑制するなどの役割を果たしていると考えられる。審判が下される前のプロセスの中で行われる子どもの面接と親の面接を通じて，それぞれの思いに耳を傾けて傾聴し，ときに代弁していくことは，当事者だけでなく先々の家族関係にとっても非常に重要な意味をもっていると考えられる（小俣，2006）。この場合も，警察や司法，行政，相談機関などとの連携は不可欠である。心理職が，こうした支援者である調査官へのサポートや養成に携わることも非常に重要であると考えられ，筆者自身もできるだけ研修会や事例検討会にも参加し，アウトリーチによる連携や予防活動の重要も伝えられるように心がけている。

V 防災，減災について

自然災害は，地震，津波，洪水，台風，噴火など，その発生を人為的に防ぐことはできないが，できるだけ被害を最小限に抑制することは重要である。

1．災害時に起こる心理バイアスを知る

まずは，人間心理には防災意識を妨げるさまざまなバイアスが存在していることを知っておくことが大切である。例えば被害を過小評価しようとする正常性バイアスや，周囲の行動に沿ってしまうことで判断が鈍る同調性バイアスなどは，避難行動の遅れなどの致命的な事態につながってしまうので，注意が必要である。無意識的に働く認知システムなので，解決策を見出すのは困難であると考えられるが，木村（2015）は，バイアスを乗り越えるために有効な方法を次のように論じている。第1には，「バイアスは必ず生じる」ということを理解することである。「人間の認識は，無意識のうちに歪んでしまうものであり，それが命取りになることがある」ということをなるべく多くの人に理解してもらうことが対策となる。第2には，「状況と行動をパッケージ化する」ことが重要である。いくつかの危機的な場面を想定して，「非常ベルが鳴ったらどんなときでも必ず現場を確認する」などの非常時の行動計画を事前に作っておく。「どうせ誤報に違いない」と決めつけてしまうと，実際の災害時に行動に移すのは難しい。避難訓練も，いざという時に各種のバイアスを乗り越えてからだが動くようにしておくという意味では，非常に重要である。第3に，「機先を制して場の主導権を取る」ことが大切である。同調性バイアスという集団の圧力を覆すのは結構大変で，場の空気に反して自分だけが特異な反応をするのは非常に勇気がいる。まずは，危機状態のサインを感

じたら，率先して行動し，場の主導権を取ることを心がけていく必要があるといえ，こうした知見を防災教育に取り入れていくこと有用であろう。

2．防災訓練について

防災訓練の中でも，避難（誘導）訓練は災害から自らの命を守るために必須のものである。しかしながら，第9章にあるように被災体験をした当事者（とくに子ども）にとって避難訓練は，災害の記憶をまざまざと見せつけられる恐怖を伴う体験であり，事前の予告や心のサポート活動と併せて行うなどの配慮が必要である（冨永, 2014）。不安が喚起された場合は，深呼吸やからだのゆるめ等のリラクセーションを行ったり，「それはおかしなことではない」とノーマライズしていくことも重要である。また，図上訓練として，DIG（Disaster Imagination Game）や避難所運営ゲーム（HUG）などがある。DIGは，地図を使い，参加者が議論をしながら災害発生後の地域の被害状況や対応を予測することによって，地域の防災力を高め，被害を軽減するために有効な対策を自ら気づくようにする演習手法である。避難所運営ゲームでは，参加者メンバーが避難所の開設・運営責任者になったという想定の下，学校などの施設の図面を用いながら，避難所で起こりえるさまざま事態への対応を短時間で決定していくことを学ぶ演習である。避難所という空間的制約がある状況での場面を想定しているのでリアリティがあり，時間的制約の中での切迫した状況を疑似体験できるという特性を持っている。また，カードゲームとして災害時におけるジレンマ状況の中で意思決定を行っていくクロスロードという手法（矢守ら, 2005）もあり，防災教育の一環として実際の訓練と併用して取り入れていくことも有用だと考えられる。こうした想像力を駆使しつつ体験を行うグループワークは，心理職が予防活動の中でぜひ取り入れていきたい手法である。

災害被害の軽減には「自助，共助，公助」の効率的な組み合わせが重要であるといわれている（防災士教本, 2014）。自助とは，自分の命は自分で守るという日ごろからの備えであり，心身のセルフケアも含めて重要である。共助とは地域近隣住民，ボランティアも含めた助け合いであり，心理職も地域のさまざまな防災コミュニティ形成に積極的に関与していくことが求められよう。そして，消防や警察，学校など行政との連携を通して，防災訓練や市民啓発などにも関与していくことも課題となってくると思われる。

3．心理職としての今後の展望

　日本臨床心理士会の中で，横断的課題検討プロジェクトチームとして災害対策構想班が活動している。これは，今後起こり得る大規模災害に備えて，各都道府県同士でのネットワークを作り支援体制を構築しようという試みである。また，発災時にフットワーク良く動けるコアチームの設置，被災地との信頼関係を構築し被災地のニーズをくみ取りながら，円滑に支援活動ができる心理職としての人材の養成などが重要な課題となっている。つまり，緊急時には面接室の枠にとらわれずに現地への想像力を膨らませるというアウトリーチの発想も取り込んだ研修を行っていくことが重要である。心理職の今後としては，待ちの姿勢だけではなく，自ら現地に出向き，予防的な観点も含めて積極的に発信していくというパラダイムの転換をしてくことが，緊急支援においては重要な視点であろう。

文　　献

防災士教本（2014）特定非営利活動法人日本防災士機構．
木村玲欧（2015）災害・防災の心理学．北樹出版．
本橋豊（2003）秋田県における高齢者の自殺予防対策．公衆衛生，52(4); 317-321.
内閣府（2013）自殺者数の推移（自殺統計）平成25年度版．警視庁．
小俣和義（2003）子どもの心の問題と対応Ⅰ．In：平山諭・早坂方志編：発達の臨床からみた心の教育相談．ミネルヴァ書房，pp.141-164.
小俣和義（2006）親子面接のすすめ方．金剛出版．
坂中順子（2015）子どもの自殺予防ガイドブック．金剛出版．
菅野純・桂川泰典編著（2012）いじめ予防と対応Q&A73．明治図書．
高橋祥友編（2008）新訂増補　青少年のための自殺予防マニュアル．金剛出版．
高橋邦明・内藤明彦・森田昌宏ほか（1998）新潟県東頸城郡松之山町における老人自殺予防活動：老年期うつ病を中心に．精神神經学雜誌，100 (7); 469-485.
冨永良喜（2014）災害・事件後の子どもの心理支援．創元社．
上地安昭編（2003）教師のための学校危機対応実践マニュアル．金子書房．
渡部友晴（2013）巡回型スクールカウンセラーによる心理支援活動．In：小俣和義編：こころのケアの基本．北樹出版，pp.183-188.
渡部友晴（2014）東日本大震災で被災した地域におけるスクールカウンセラー活動，3年間のあゆみ―震災後の心理支援を問い直す．外来精神医療，14(2); 14-18.
矢守克也・吉川肇子・網代剛（2005）クロスロードへの招待―防災ゲームで学ぶリスクコミュニケーション．ナカニシヤ出版．

第3部　展望編

終章
アウトリーチの未来にむけて

小澤康司

　各章では，それぞれの分野の第一人者の方々に，心理職が行っている多様なアウトリーチ活動について，自らの先駆的な経験から得た知見を纏めて述べていただいた。どの領域においても，心理職としてのあり方，果たすべき重要な役割，状況に応じた働き方，配慮すべき事柄，効果のある介入や適切な対処の仕方等が整理されている。各章で示された知見が示すように，心理職のアウトリーチ活動は，すでに社会の重要な取り組みとなって位置付いてきているといえる。そして今後，心理職の国家資格化などにより，アウトリーチ活動の場はこれから拡大し，その活動のスタイルも多様なものになってゆくと考えられる。

I　アウトリーチができる心理職の養成

　これまでの心理職の養成課程では「機関来談型」での勤務を想定しており，アウトリーチ活動に従事するための養成や訓練はほとんど行われてこなかったといえる。特に，「緊急支援アウトリーチ」は治療構造が安定した相談室でのアプローチとは異なり，混乱した現場に赴き，状況を判断し，自らの活動の拠点を構築し，個人へのアプローチだけでなく，環境への働きかけや，システムの構築などを行うことも含む総合的なアプローチと考えられる。心理的支援である以上，ダメージを受けたクライエントの心理的回復を促進することが目的であり，クライエントの心理的変化を促進する点では同じであるといえるが，アウトリーチ活動では，支援者自身が現場で直面する困難な課題を，自らの力で解決することが求められる。

　この活動スタイルの違いは，支援者とクライエントやステークホルダー（利害関係者）との関係性構築のあり方，ケース全体のアセスメント・マネジメントの観点，使えるリソースの種類，連携する他職種＆機関，支援者が解決すべき課題等が異なり，実施するアプローチ方法や支援者に求められる資質等の相違を生み

出している。

　これまでの心理職は，その養成課程において，伝統的な「機関来談型」を想定した研修を受けてきており，実際に職場に入ると，「非構造・非定型」的な環境と仕事の仕方に直面し戸惑うことが多いといえよう。また，危機的な出来事が発生した際には，心理職は心理的ケアの担い手として「緊急支援アウトリーチ活動」等を率先して行うことが求められる。これまでの多くの心理職は，直面する課題を試行錯誤しながら，自分なりに解決し経験を積み重ねてきたといえるが，中にはうまくゆかずに事態が混乱したり，支援者自身がメンタルヘルス不全になることがあったと考えられる。

　アウトリーチ活動にとって，最も重要になる能力は，関係性の構築能力と考えられる。来談の意思がない人と，あるいは敵意をもつ人と，連携すべき多職種の人達と，短い時間で関係性を構築し必要な交渉をすることが求められる。どこにおいても，安全で安心できる信頼関係，治療的関係を築くことが自在にできなければ，すべてのアウトリーチ活動はうまくゆかないともいえる。次に大切なのは，システム全体を俯瞰するアセスメント能力である。岩壁（2016）は，災害時の心理的ケアにおいてもケースマネジメントの重要性を指摘しており，「ケースマネジメントは，個人の内的世界を理解するアセスメントを超えて，個人の生活環境，そしてその個人を取り巻く資源とその限界までも視野にいれる。加えて，長期的にどのような支援が必要とされるか時間軸に沿って広がりも持って将来像を描くトータルなアセスメントが必要であり」，「心理職にある者が，ある特定の介入を得意とする技術屋になることは危険である。むしろ個人の生活という文脈，長期的な心理的健康の維持について考えるケースマネジメントの視点を持つことが重要である」と述べている。3つめは，困難な環境に働きかけ主体者として活動する能力である。「非構造・非定型」的な環境での業務であり，混乱した状況に尻込みすることなく臨機応変に積極的に関与することができ，支援者が撤退することを前提にクライエントやコミュニティが持つ回復力へ多様にエンパワメントする能力である。

　4つめは支援者自身のメンタルヘルスを維持する能力である。Brammer, L. M.（2005）は，ケアする人だって不死身ではないとし，ケアギバーの支援の重要性を指摘している。緊急支援アウトリーチ活動では，①「構造化・定型化」された職場環境から災害や事件などのクライシス現場に出向くことは，支援者にとってもダメージを負う危険性がある。悲惨な現場や遺体への接触は訓練されていないこ

とが多く,初めての外傷体験としてショックを受けることが多い。また,②混乱した状況のなかで,定常業務とは異なる仕事を行わなければならない。慣れない状況・任務によるストレスに加えて,支援者はその使命感や役割の重要性から過重労働になりやすく,休息できない環境で疲労が蓄積しやすい。支援者の献身的な関わりにも関わらず,事態が好転する事は少なく不全感をいだきやすく,長期的な活動により二次受傷や共感疲労,燃え尽き症候群になることも多い。③このような過酷な現場での活動を終えて,従来の日常生活・業務にも戻ることは,本来,支援者のメンタルヘルスの回復になることであるが,一部の人にとっては,悲惨な現場の実情とは無縁の平和な日常生活に違和感や痛みを感じ再適応が困難になることがある。また,価値観や人生観が大きく変化する外傷後成長（PTG）体験となる人もいる。

　このような関係性の構築や全体を俯瞰するアセスメント能力,主体者として困難な環境に働きかけ活動する能力,メンタルヘルスの維持能力等は,実践の豊富な経験を経て獲得形成されるものではあるが,心理職の養成課程においてもこれらの能力を養成するプログラムや訓練の開発が課題といえる。医療や福祉分野においては,アウトリーチ活動を前提とした緊急支援のシステム構築や実地訓練を伴う養成プログラムが工夫されているが,今後,心理職の養成課程においても,アウトリーチを前提とした実践的な訓練による能力形成を行うこと,支援者の臨床的実践活動を通じての支援者の成長を支援するOJTやスーパービジョン制度の導入が重要といえる。

II　拡大が予想されるアウトリーチ活動

　機関来談型の活動スタイルは,今後も発展してゆくことは言うまでもないが,援助ニーズを抱えた人たちに,より良いサービスを提供するためのアウトリーチ活動は次のような観点から拡大すると予想される。

1．対応すべきクライシスの増加

　日本は地震や災害が多い国であるが,近年各地で地震や火山噴火が発生している。また,大規模な被害が想定される南海トラフ地震や,首都圏直下型地震への備えが求められている。また,地球温暖化に伴う異常気象の影響から各地で豪雨や台風・竜巻が発生して,土砂災害や水害などの自然災害が頻発している。また,

殺人や傷害，暴力事件，いじめ，虐待や自殺なども人為的被害も増加しているといえる。阪神・淡路大震災以降，「こころのケア」の重要性の認識が高まり，緊急事態に対して，心理職は，定常業務ではない緊急支援活動に適切に従事できることが求められるようになってきている。

　また，クライシスは自然災害や事件・事故だけでなく，社会生活上の危機や発達上の危機，人生の転機や変化する環境への不適応などさまざまな場面で生じており，生命や人権尊重の観点から被害者への支援活動が法的に整備される傾向にある。また，21世紀は社会全体が変化する不確実な時代であり，人生において多様な危機が誰にでも訪れるといえる。このような多様なクライシスへの心理的支援サービスは，行政機関や非営利活動法人等の活動だけでない新たなビジネスとして増加することが予想される。

2．緊急支援活動のシステム化，グローバル化，ネットワーク化

　大きな災害が起きると国内各地から，世界各国からアウトリーチ支援が届けられる。また，国内では災害救助法が適用されると，全国各地から自治体職員，警察官，消防官，保健師等の多職種の職員が急性期〜中長期にわたり派遣支援することが一般化してきた。繰り返される緊急事態に対し，緊急支援システムの改善が図られ，より迅速で効果的なアウトリーチ活動を多職種との連携で実施することが求められるようになってきている。今後，心理職もそのような支援活動システムのメンバーとして，緊急支援アウトリーチ活動に従事する機会が増えると考えられる。

3．訪問型アウトリーチの増加

　福祉・医療・看護分野等では，解決すべきニーズがあるが来談できない人達へ訪問型アウトリーチサービスを提供する機関が増えてきている。
　心理職においても，現在の巡回型SCや企業での支社や営業所への出張カウンセリングも訪問型アウトリーチ活動と位置づけることができるが，今後，ユーザの利便性の向上を目指し，地域社会や生活空間に積極的に心理的サービスを提供するアウトリーチ業務の形態が増えると予想される。

4．予防的活動の増加

　メンタルヘルス不全や過労死，自殺等を予防するためにストレスチェック制度

が法制化されたが，近年の脳科学の発展により，長期化するストレスがさまざまな病気の発症や進行に関与しており，ストレスコーピングや，心理的アプローチがその予防や回復に役立つことが次第に明らかになってきた。

第6章で述べられたように，今後，治療的ニーズはないため機関へ来談しないが，予防を必要とする人達がいる機関，施設，学校，事業所に出向いて，心理教育や心理的なケアを実施することが心理職の重要な活動になると考えられる。

5．専門職の派遣システムによるアウトリーチ化

心理的支援サービスを専任の常勤職で雇用し機関来談型でサービスを提供するのではなく，専門職を派遣従事者として雇用し，依頼元に派遣する形態が増えてきている。外部EAPなどで雇用されている心理職は非正規雇用で，派遣業務であることが多い。他の専門職種も同様な傾向にあるが，今後，心理職も非正規雇用者として，複数の事業所に派遣され非構造・非定型的な職場で仕事することが増えると予想される。

6．多職種連携の要として――心理的なコーディネーター

第3章でアウトリーチ活動の多職種連携と心理職のあり方を述べたが，多職種連携においては，依って立つ理論的基盤や価値観，方法論が異なるため，その調整役・コーディネーターの存在は重要であるといえる。小澤（1994）は，チーム医療において治療システムの一貫性を目指すために，治療目標や技法の有機的なマッチングの必要性を論じているが，アウトリーチ活動においても，クライエントの心理的回復を促進するためには，多様なステークホルダーの関係調整において，クライエントの心理的回復の観点を踏まえたコーディネートが重要であり，心理職は多職種連携において，心理的なコーディネート役の要としての活躍が期待される。

III　求められるアウトリーチ活動の研究と実践活動の発展

本書は，我が国でも社会の中で重要な位置づけとなってきた心理職のアウトリーチ活動について，これまでの知見を集大成し心理的支援が持つ新たな可能性を提示することを意図している。この試みが契機となり，今後アウトリーチ活動が発展することが望まれる。そのためには，心理的支援におけるアウトリーチモデルの理論体系の構築や，そのプロセス研究や効果のある介入方法，倫理的課題等

の検討がなされる必要がある。また，支援者の養成プログラムや養成システムの開発も必要であり，実践において困難な場面に直面する支援者を支援するシステムや支援者のセルフケアの方法やメンタルヘルス対策が検討・整備されることも重要な課題といえよう。

　このように取り組むべき課題は沢山あるが，アウトリーチ活動の発展により心理的支援サービスの可能性が広がり，多くの方々が健康で穏やかな生活を送れることが期待されている。

文　献

Brammer, L. M. & Bingea, M. L. (1999) Caring for Yourself While Caring for Others: A Caregiver's Survival and Renewal Guide. Vantage Press.
岩壁茂（2016）トータルなアセスメントとケースマネジメント．In：一般社団法人日本心理研修センター編：臨床心理学 臨時増刊号「公認心理師」．金剛出版，pp.112-116.
小澤康司・安部三弥子・本郷静孝・西川正（1994）SSTを活用した総合的援助（Ⅱ）―入院治療家庭の総合的分析．カウンセリング研究，27 (1); 62-71.

さくいん

A～Z

ACT（包括型地域生活支援プログラム） 16, 99, 246, 247
BASIC Ph 237-239
BRIS 223, 224
Code of conduct 196
DIG（Disaster Imagination Game） 256
DMAT（Disaster Medical Assistance Team） 20, 228
DMHISS（Disaster Mental Health Information Support System） 225
DPAT（Disaster Psychiatric Assistance Team） 20, 213, 225
DV（ドメスティック・バイオレンス） 126, 182, 192
　―被害 17, 183, 186, 187, 191
　―介入プロジェクト 184
EMDR（眼球運動脱感作再処理法） 129, 234, 235
ERU（緊急対応ユニット） 194, 198-201, 211
IASC（The Inter-Agency Standing Committee） 39, 48, 53, 64, 194, 195, 198, 206, 213, 227, 232
　―ガイドライン 39, 48, 194, 195, 198
ICRC（赤十字国際委員会） 193
IFRC（国際赤十字・赤新月社連盟） 193, 194, 196, 197, 199-201, 206
MCRT（メンタル・クライシス・レスポンス・チーム） 217
PFA（Psychological First Aid） 53, 157, 160, 196, 199-201, 225, 227, 228, 230-233
PTG（災害後成長） 178, 260
PTSD 21, 64, 129, 133, 137, 145, 154, 155, 157, 162, 163, 181, 186-189, 192, 226, 227, 232, 234, 236, 238
TALKの原則 144, 145
UNOCHA（国際連合人道問題調整事務所） 193, 200
WHO（世界保健機構） 200, 206, 227, 228, 230, 231, 233, 234, 252

あ行

アウトリーチ 11
　緊急支援― 13, 16, 18-20, 22-24, 258, 259, 261
　訪問型― 13, 16, 17, 261
アサーション 174
アセスメント 21-24, 36, 43, 53, 57, 84-86, 89, 95, 112, 132, 144, 208-211, 215, 216, 234, 235, 238, 240, 241, 245, 250, 258-260, 263
アドボカシー 191
一次予防 245, 246, 254
いのちの電話 16, 214, 217, 224
陰性感情 190
インフォームド・コンセント 61
うつ 36, 42, 79, 105, 144, 145, 148, 151, 152, 177, 186-189, 246, 253, 254, 257
　―状態 144, 187
エビデンス 70, 81, 227, 242
援助希求行動 142
援助構造 4, 51, 121, 123, 124
エンパワメント 21, 23, 24, 109, 111-113, 191, 259
　―プロセス 112
オーバーワーク 230
お茶っこ 97, 98

か行

改善動機 121-124
回避 25, 30, 35, 53, 130, 155, 157, 172, 187, 189, 192, 234
過覚醒症状 187, 189

学習性無力感 184
過重労働 260
カスタマー 34
学級ミーティング 161, 162, 166, 168
学校における緊急時派遣カウンセラー 160, 169
家庭裁判所調査官 36, 254
過度な介入 44
眼球運動脱感作再処理法→EMDR
機関来談型 13, 14, 16, 17, 20, 23, 258-260, 262
危機介入 11, 21, 24, 27, 53, 64, 93, 140, 192, 214, 224, 239, 240, 253
危機管理 25, 27, 97
危機対応 33, 138, 144, 147, 248-250, 257
危機的現場介入型 13, 16, 17, 18
虐待
　―予防 220, 221
　間歇的― 184
　身体的― 115, 116
　心理的― 116
　性的― 33, 53, 116, 253
共感競争 52
共感疲労 260
共助 39, 131, 256
協働関係 124
緊急外来型 13, 15
緊急対応ユニット→ERU
緊急派遣スクールカウンセラー 160, 169
クライシス・レスポンス・チーム 30, 35, 217
グループワーク 30, 160, 239, 251, 256
クロスロード 256, 257
ケアギバー 259
警察 28, 36, 47, 64, 116, 127-132, 134-136, 141, 142, 190, 209, 210, 224, 228, 231, 248, 250, 255, 256, 261
啓発活動 118, 142, 167, 252, 254
ケースマネジメント 259, 263
ゲートキーパー 138, 142-144, 251, 252
健康アンケート 161, 162
検察 128, 129, 131-136
権利擁護 191, 222, 223

公助 256
公認心理師 11, 263
後方支援 40, 42, 46, 47, 57
交流の場 41, 42, 48, 66
コーディネーター 40, 44-46, 211, 212, 262
コーピングスキル 174
コーラー 215, 216
こころの授業 171, 179
個人情報 53-55, 58-60
子育て支援 36, 103-107, 109, 110, 113, 114, 220, 224
個別的予防 139-142, 146-148
コミュニティ・カウンセリング 106, 108, 110, 112-114
コミュニティ回復支援型 13, 18, 19, 23
コラボレーション 106, 109, 113
コンサルテーション 24, 48, 109, 133, 149, 160, 161, 163, 246, 251
コンプレイナント 34

さ行

災害救助法 18, 205, 261
災害後成長→PTG
災害対策構想班 257
サイコロジカル・ファーストエイド→PFA
サバイバー 238
三次予防 245, 247
支援競争 52
指揮系統 43, 46, 47
自己完結型の支援 202
事後対応 138-141, 145, 147, 148
自殺
　―の危険因子 253
　―のサイン 249-251
　―ハイリスク者 140
自殺予防 16, 138-143, 148, 149, 214, 224, 247, 248, 251, 252, 254, 257
　―教育 142, 143, 148, 149, 251
事実の共有 146, 147
自助 39, 134, 246, 256
　―グループ→セルフヘルプ・グループ
時・所・位 88, 89

自傷 139, 140, 144, 234, 252, 253
システム構築 22-24, 260
自然災害 21, 25, 26, 37, 38, 58, 86, 127, 129, 155, 181, 193, 206, 227, 239, 245, 246, 255, 260, 261
児童虐待の防止等に関する法律(児童虐待防止法) 17, 54, 63, 115, 116, 123
児童憲章 223
児童相談所 13, 15, 17, 31-33, 36, 54, 63, 104, 105, 115-117, 136, 164, 220-222, 248, 254
　―全国ダイヤル 221
児童の権利に関する条約 222
児童福祉法 54, 63, 123, 223
市民協働 112
主体性 30, 52, 53, 156, 241
　―の回復 30
ジュネーブ条約 204
守秘義務 47, 53, 54, 58-60, 62-64
少年鑑別所 36, 254
情報(の)共有 43-45, 47, 53-55, 112, 193, 200, 211, 231
情報提供 96, 131, 132, 140, 188-190, 196, 217, 230
職業倫理 50, 61
女性相談センター 17, 136
人権侵害 182, 183, 188, 189
震災関連死 166
人道援助活動 193, 200
侵入・再体験症状 187, 189
信頼関係 21, 22, 31, 44, 47, 56, 189, 242, 246, 251, 257, 259
心理教育 4, 21, 29, 30, 58, 97, 123, 129, 130, 133, 137, 140, 146, 148, 150, 151, 154, 155, 175, 188, 189, 246, 262
心理社会的支援 37, 39, 194-200, 205, 206, 213, 225
心理的応急法→PFA
心理バイアス 255
スクールカウンセラー 3, 23, 35, 36, 134, 142, 151, 159, 169, 181, 248, 251, 257
スクリーニング 21, 139, 253, 254
ステークホルダー 258, 262

ストックホルム症候群 184
ストレス対処 140, 156, 157, 234, 238
ストレスチェック 245, 261
ストレスマネジメント 21, 109, 150, 151, 153, 154, 156, 181
スフィア・プロジェクト 196, 206, 227
正常性バイアス 255
性的虐待 33, 53, 116, 253
性犯罪被害 155
世界保健機構→WHO
セルフコントロール 23, 174
セルフヘルプ・グループ 109, 110, 134, 246
全体的予防 139-142, 146-148
選択的予防 139-148
喪失体験 20, 253
ソーシャル・サポート 109
ソーシャルスキル 174
組織の危機 30, 31

た行

多重層的支援 195, 198
多職種連携 36, 48, 126, 136, 200, 247, 262
脱感作 129, 234, 235
段階的エクスポージャー 156, 158
治療関係 241
治療構造 11, 258
通報努力義務 190
つなげる支援 110
デブリーフィング 53
　心理的― 157, 226, 227
電話相談 5, 13, 16, 20, 85, 132, 209, 213-224, 252
動機づけ 34, 35, 246
動作法 49, 150-154, 156, 158, 174
　リラックス― 151-154, 156
同調性バイアス 255
動的家族画 119
ドメスティック・バイオレンス→DV
トラウマ
　―体験 53, 129, 130, 155, 157, 237, 238

―反応 130, 135, 155, 172, 174, 189, 192
トラウマティック・ボンディング 184
トラウマフォーカスト認知行動療法 129, 133

な行

ナラティブ 23, 93, 94
二次受傷 260
二次被害 127, 129-131, 190, 226
二次予防 245, 246, 254
日本司法支援センター 131
日本赤十字社 18, 150, 194, 198, 204, 212, 213
　―心のケアチーム 150
人間力 71, 72, 79, 84, 86, 88
認知行動療法 70, 129, 133
ネグレクト 116
ネットワーク 36, 47, 54, 104, 105, 109, 136, 165, 181, 193, 200, 205, 227, 249, 251, 257, 261
ノーマライゼーション 129

は行

配偶者からの暴力の防止及び被害者の保護等に関する法律（DV防止法）54, 63, 183
バタードウーマン 184, 192
場のケア 30, 31
「パワーとコントロールの車輪」モデル 184
犯罪被害者支援 126, 128, 136, 224
　―室 136
犯罪被害者等基本法 17, 127
ピア・サポート 161
被害者支援センター 17, 131
被害者支援の本質 81
ビジター 34
悲嘆反応 130
否定的認知 145, 147, 148, 155, 235
避難訓練 77, 179, 181, 246, 255, 256
避難所運営ゲーム 256
表現活動 176, 178, 179, 251
フォローアップ 22, 143, 242
プライバシー 52, 53, 55, 58, 60, 62, 64, 201

プライバシー保護 53
ブリーフ・セラピー 34, 35
包括型地域生活支援プログラム→ACT
防災教育 246, 256
防災訓練 256
法的責務 18
法テラス 131, 136
暴力的支配 188, 189
暴力のサイクル理論 184
保護観察所 136, 254
ボディ・スキャン 234, 235
ボランティア 20, 31, 40-42, 57, 74, 95, 106, 107, 134, 150, 151, 153, 154, 158, 198, 200, 205-207, 214, 217, 221-224, 228, 236, 252, 254, 256

ま行

未然防止 138, 140, 142
無理しない 81, 83
無力感 34, 145, 147, 184, 186, 187, 190, 230, 231, 236
メンタルトレーニング 174, 175
メンタルヘルス・ファーストエイド 252
燃え尽き 166, 231, 260
目標設定 124
問題意識 4, 34, 35, 124, 246

や・ら・わ行

遊戯療法 171
ラポール 241
リスクアセスメント 144
リラクセーション 41, 133, 160-162, 172-175, 178, 179, 209, 251, 256
リレー型派遣 45, 46
倫理 4, 47, 50, 51, 59-61, 63, 64, 191, 192, 240, 242, 262
レジリエンス 96, 190, 197, 200, 226, 232, 238
ロジスティクス 211
ワンストップセンター 132

編者略歴

小澤　康司（おざわ・やすじ）

　立正大学心理学部臨床心理学専攻主任教授。一般社団法人日本産業カウンセリング学会会長，NPO法人日本キャリアカウンセリング研究会会長，日本キャリア開発研究センター顧問。

　1994年，広島大学大学院生物圏科学研究科博士後期課程満期退学。その後，精神科臨床，発達障害児療育，大学学生相談，スクールカウンセラー，産業カウンセラーなどの臨床実践に携わり，2003年，立正大学に就任，2010年より現職。文部科学省国際教育課在外教育施設心のケア派遣指導員として，1999年，台湾地震の際に台中日本人学校支援活動，2001年，米国同時多発テロ事件に関するN.Y.地区日本人学学校支援活動，2005年，スマトラ沖地震・津波に関するバンコク日本人学校およびシンガポール日本人学支援活動等に従事する。2011年，東日本大震災の際に東日本大震災心理支援センター運営・研修委員となり，日本赤十字社とのコラボレーション事業を担当する。また，同年9月より岩手県教育委員会職SCのスーパーヴァイザーとして，釜石市と大槌町の心のケア活動を3年間支援活動する。

受賞：日本カウンセリング学会奨励賞（1994年）

主著：『危機への心理支援学』（遠見書房，2010，共編），「危機介入—自傷・自殺・他害の防波堤」（『カウンセリングテクニック入門—プロカウンセラーの技法30』金剛出版，2015，共著），「学校における緊急支援の経験から—準備・初期・中長期の支援概要」（『子どもの心と学校臨床　第6巻』遠見書房，2012），「過去の災害支援から学ぶ」（『臨床心理学　第1巻第4号』金剛出版，2011），「惨事ストレスに対するカウンセリング」（『現代のエスプリ：臨床心理クライエント研究セミナー』至文堂，2007）など。

中垣　真通（なかがき・まさみち）

　子どもの虹情報研修センター研修課長，臨床心理士。

　1991年，金沢大学大学院文学研究科哲学専攻修士課程修了。1991年，静岡県に心理判定員として奉職。精神科病院，児童相談所，情緒障害児短期治療施設，県庁健康福祉部，精神保健福祉センター等に勤務し，精神医療，児童福祉，事業企画，地域精神保健等の業務を経験した。その中で，児童虐待対応，被虐待児の生活支援，災害支援，学校緊急支援，自殺予防などアウトリーチによる心理支援を行った。2015年から現職。2009年に日本臨床心理士会の被害者支援委員会の委員になり，2011年から副委員長を務めている。また，2012年から福祉領域委員会社会的養護部会の委員も務めている。

主著：「被虐待児に対する臨床上の治療技法に関する研究」（平成19年度厚生労働科学

研究，2007，共同研究者），『危機への心理支援学』（遠見書房，2010，分担執筆），「心に"ランボー"を抱えた子どもたちとの生活」（『臨床心理学　第11巻第5号』金剛出版，2011），「システム論に基づく支援と親子関係のアセスメント」（『子育て支援と心理臨床 vol.7』福村出版，2013），「子どもへの心理教育」（『やさしくわかる社会的養護シリーズ4　生活の中の養育・支援の実際』，明石書店，2013，分担執筆）など。

小俣　和義（おまた・かずよし）
　青山学院大学教育人間科学部心理学科教授，臨床心理士。
　1990年，青山学院大学文学研究科心理学専攻博士前期課程修了。精神科臨床（常勤），大学学生相談非常勤カウンセラーなどの臨床実践に携わり，2001年より青山学院大学に就任。専任講師，助教授（准教授）を経て，2011年より現職。2011年に東日本大震災心理支援センター運営委員となり，被災地宮城県での心理支援活動に携わる。現在，日本臨床心理士会／災害対策構想班協力委員，外来精神医療学会編集委員長などを務めている。
受賞：日本心理臨床学会奨励賞（2002年），青山学院学術褒賞（2007年）
主著：『親子面接のすすめ方』（金剛出版，2006，単著），『こころのケアの基本』（北樹出版，2013，編著），「子どもの心の問題と対応Ⅰ」（『発達の臨床からみた心の教育相談』ミネルヴァ書房，2003，分担執筆），『臨床心理学入門事典』（至文堂，2005，分担執筆），「傾聴ボランティア（こころのケア）」（『被災地のこころと向き合って』エリート情報社，2016，分担執筆）など。

執筆者一覧（50音順）

小澤康司（本書編者・前頁に掲載）
中垣真通（本書編者・前頁に掲載）
小俣和義（本書編者・前頁に掲載）

青戸泰子（関東学院大学教育学部）
新井陽子（BASIC Ph JAPAN／被害者支援都民センター）
池田美樹（桜美林大学心理・教育学系／元武蔵野赤十字病院精神科）
市井雅哉（兵庫教育大学大学院）
岩壁　茂（お茶の水女子大学）
大沼麻実（国立精神・神経医療研究センター精神保健研究所成人精神保健研究部）
奥村茉莉子（日本臨床心理士会）
片岡玲子（立正大学心理臨床センター）
菊池陽子（東北福祉大学）
金　吉晴（国立精神・神経医療研究センター精神保健研究所成人精神保健研究部／災害時こころの情報支援センター）
窪田由紀（名古屋大学大学院教育発達科学研究科）
後藤幸市（兵庫教育大学）
下田章子（心理相談室グリーンフィールド）
鶴田信子（被害者支援都民センター）
冨永良喜（兵庫教育大学大学院）
平木典子（統合的心理療法研究所）
槙島敏治（日本赤十字社医療センター国際医療救援部）
村瀬嘉代子（日本臨床心理士会，日本心理研修センター）
米田弘枝（立正大学心理学部臨床心理学科）
渡部友晴（岩手県巡回型スクールカウンセラー）

緊急支援のアウトリーチ
現場で求められる心理的支援の理論と実践

2017 年 1 月 15 日　初版発行

編著者　小澤康司・中垣真通・小俣和義
発行人　山内俊介
発行所　遠見書房

〒 181-0002 東京都三鷹市牟礼 6-24-12
三鷹ナショナルコート 004
TEL 050-3735-8185　FAX 050-3488-3894
tomi@tomishobo.com　http://tomishobo.com
郵便振替　00120-4-585728

印刷　太平印刷社・製本　井上製本所
ISBN978-4-86616-025-2　C3011
©Ozawa Yasuji, Nakagaki Masamichi, & Omata Kazuyoshi 2017
Printed in Japan

※心と社会の学術出版　遠見書房の本※

遠見書房

危機への心理支援学
91のキーワードでわかる緊急事態における心理社会的アプローチ

日本心理臨床学会監修／同支援活動プロジェクト委員会編

人生に大きな影響を与える〈危機〉は，重篤な精神疾患の引き金になる場合も少なくない。危機への心理支援に関する重要なポイントを詳しく解説した本書は，必携の基本書である。3,000円，B5並

訪問カウンセリング
理論と実践

寺沢英理子編著

不登校やひきこもり，長時間家を離れられない人のため，セラピストがクライアントの家に赴く訪問カウンセリング。その長年の経験をもとに，理論と実践を詰め込んだ1冊！　2,400円，四六並

ディスコースとしての心理療法
可能性を開く治療的会話

児島達美著

世界経済や社会傾向の変動のなかで，心理療法のあり方は問われ続けている。本書は，そんな心理療法の本質的な意味を著者独特の軽妙な深淵さのなかで改めて問う力作である。3,000円，四六並

サビカス　ライフデザイン・カウンセリング・マニュアル
キャリア・カウンセリング理論と実践

M・L・サビカス著／JICD監修

キャリア構成理論を基礎に生まれた「ライフデザイン・カウンセリング」の手引き。自伝的な物語りを手掛かりに人生を再構成していく。2,000円，A5並

子どもの心と学校臨床
SC，教員，養護教諭らのための専門誌。第15号 特集 新しいSC：チーム学校をめぐって（村山正治・西井克泰・羽下大信編）。年2（2，8月）刊行，1,400円

コミュニティ・アプローチの実践
連携と協働とアドラー心理学

箕口雅博編

コミュニティのなかでどう動き，協働し，効果ある実践を行うか。この本は，心理・社会的なコミュニティへの支援のすべて描いたもので，多くの読者の臨床現場で役立つ一冊である。3,800円，A5並

その場で関わる心理臨床
多面的体験支援アプローチ

田嶌誠一著

密室から脱し，コミュニティやネットワークづくり，そして，「その場」での心理的支援，それを支えるシステムの形成をつくること──田嶌流多面的体験支援アプローチの極意。3,800円，A5並

学校における自殺予防教育のすすめ方
だれにでもこころが苦しいときがあるから

窪田由紀編

痛ましく悲しい子どもの自殺。食い止めるには，予防のための啓発活動をやることが必須。本書は，学校の授業でできる自殺予防教育の手引き。もう犠牲者はいらない。2,400円，A5並

森俊夫ブリーフセラピー文庫①　心理療法の本質を語る
ミルトン・エリクソンにはなれないけれど

森　俊夫・黒沢幸子著

未来志向アプローチ，森流気質論など独特のアイデアと感性で，最良の効果的なセラピーを実践できた要因は何か。死を前にした語り下ろし。2,200円，四六並

N：ナラティヴとケア
人と人とのかかわりと臨床・研究を考える雑誌。第7号：看護実践におけるナラティヴ（紙野雪香・野村直樹編）新しい臨床知を手に入れる。年1刊行，1,800円

価格は税抜きです